transtec

THE EUROPEAN IT FACTORY

transtec IT-Kompendium

Herausgegeben von
Andrea Schneider / Dieter Weißhaar

Impressum

Autor:
Björn Gruner

unter Mitarbeit von:
Andreas Ackermann, Wolfgang Bauer, Stefan Barth,
Corinne Brucker, Dieter Bodemer, Franz Bochtler, Milka Kriegelstein,
Senol Meral, Marco Poggioli, Winfried Reiser, Marco Sanna,
Benjamin Schnaufer, Ute Textor, Guido de Vries

Gestaltung:
Björn Gruner

Layout und Satz:
Grufi Design, Stuttgart

Druck und Bindung:
Stürtz AG, Würzburg

THE EUROPEAN IT FACTORY

Waldhörnlestrasse 18
72072 Tübingen
www.transtec.de
transtec@transtec.de
Tel.: 07071/703-0

1. Auflage 2003

ISBN 3-00-011427-0
Englische Ausgabe:
ISBN 3-00-011425-4
Französische Ausgabe:
ISBN 3-00-011426-2

Die Informationstechnologie begegnet uns mittlerweile überall. Ob in Ausbildung oder Beruf, unterwegs auf Reisen oder in den eigenen vier Wänden. Die IT unterstützt uns nahezu überall im Alltag. Dabei stossen wir, wenn es um das Verständnis komplizierter Begriffe geht, schnell an unsere Grenzen. Dies führt dazu, dass wir einzelne Dinge nicht verstehen, ja sogar ganze Prozesse nicht mehr nachvollziehen können. Der objektive Nutzen kann also durch fehlendes Wissen vermindert werden. Wobei auch die IT Fachleute durch ihre Fachsprache zu dieser Verwirrung beitragen. Eine Verwirrung, die wir auch gerne selber wieder auflösen wollen.

Es besteht daher ein sehr hoher Bedarf an einfach strukturierten und aufbereiteten Informationen. Das nun aktualisierte und als Buch verlegte IT-Kompendium soll dieses Defizit beheben und dazu beitragen, die IT besser zu verstehen. Dabei ist die jahrzehntelange Erfahrung der kompetenten Mitarbeiter der transtec AG in das Nachschlagewerk eingeflossen. Komplizierte Begriffe und Vorgänge werden Ihnen so verständlicher gemacht.

Die transtec AG zählt zu den wichtigsten Serverproduzenten und IT-Systemherstellern Europas. Mit unserer Produktstrategie konnten wir uns im angesehenen IDC-Ranking der Serverproduzenten in Europa auf Platz 9, in Deutschland sogar auf Platz 6 positionieren.

Dieter Weißhaar, Vorstandsvorsitzender der transtec AG

Mit der Idee, ein Buch über die gängigen IT-Fachbegriffe und die detaillierten IT-Produkte zu entwerfen, lag die transtec AG als IT-Spezialist für Hardware-Lösungen genau richtig. Es ist die kontinuierliche Weiterentwicklung des gelben Infoteils des halbjährlich erscheinenden Produktkataloges, der seit vielen Jahren ein geschätzter Bestandteil der Kommunikation ist. Vom Vorstandschef über den Entwickler, Systemadministrator, IT-Einkäufer bis hin zum Chefredakteur der IT-Zeitschrift nutzen viele diese Quelle.
Es sind Menschen, die täglich mit der Informationstechnologie konfrontiert sind und immer wieder vor neuen Fragen stehen. Was sind AIT-Laufwerke? Was gehört zur drahtlosen Übertragung? Welche Rechnerarchitekturen gibt es?

Das IT Kompendium beantwortet diese und viele weitere Fragen kurz, einfach, verständlich und umfassend. Es wendet sich an IT-Verantwortliche im öffentlichen und Unternehmensbereich, Studenten, Schüler, sowie natürlich an alle Interessierten der Informationstechnologie.

Das neue Nachschlagewerk soll Ihr ständiger Begleiter sein, wenn es um Fragen aus dem komplexen Bereich der IT geht. Es überzeugt gleichermassen durch den umfassenden Inhalt wie durch die einfache Verständlichkeit.

Andrea Schneider, Director of Marketing der transtec AG

Tübingen, im Mai 2003

Inhaltsverzeichnis

1. Rechnerarchitekturen

In den folgenden Abschnitten soll ein kurzer Überblick über Intel-basierende Rechnersysteme sowie die wichtigsten aktuellen RISC-Workstations von Sun und transtec gegeben werden. Das zentrale und wichtigste bei grösseren Systemen - oft auch der teuerste Teil eines Computersystems - ist die CPU.
Im Bereich der Prozessoren ist zur Zeit der Übergang von 32-bit- auf 64-bit-Architekturen das wichtigste Thema. Bei den meisten RISC-Architekturen, wie z.B. SPARC, ist dieser Schritt bereits vollzogen, bei der Intel IA64-Architektur wurde mit dem Itanium im Sommer 2001 der erste Prozessor dieser Architektur fertiggestellt. Der Nachfolger Itanium 2 ist seit Ende 2002 verfügbar. AMD wird den Athlon 64 (Desktop Version) und den Opteron (Server Version) im 2. Quartal 2003 ausliefern. Wichtig ist hier nicht nur die Verfügbarkeit der Hardware, sondern auch der passenden Betriebssysteme. Microsofts Windows Server 2003, der Nachfolger von Windows 2000, wird 64-bit-Unterstützung beinhalten. Für die ersten Systeme hat Microsoft eine spezielle, um 64-bit Funktionalität erweiterte Windows 2000 Version zur Verfügung gestellt. Im Linux-Bereich steht bereits ein Kernel mit 64-bit-Unterstützung bereit. Für den Benutzer werden die Performancevorteile der 64-bit-Architekturen jedoch erst dann richtig zum Tragen kommen, wenn auch die Anwendungen mit 64-bit-Unterstützung verfügbar sind.

1.1 Intel-basierende Rechnersysteme

1.1.1 Prozessoren

In PCs werden vor allem Prozessoren des Herstellers Intel eingesetzt, wobei Konkurrenzprodukte von AMD stark auf dem Vormarsch sind und Intel sogar Geschwindigkeitsrekorde öfters an AMD abgeben muss.
Während zu Zeiten von Pentium und Pentium Pro die Wahl des Motherboards noch relativ einfach war, wird es durch die unterschiedlichen Bauformen der Prozessoren und durch die Vielzahl von Chipsets immer schwieriger, das richtige Motherboard zu finden. Alleine bei den Steckplätzen für Prozessoren gibt es zahlreiche Möglichkeiten, ausserdem hat sich die Lebenszeit der Technologien erheblich verkürzt. Aus diesem Grund ist es praktisch unmöglich, Systeme, die älter als ein Jahr sind, z.B. mit den neuesten Prozessoren auszurüsten. Deshalb sollte bei der Planung davon ausgegangen werden, dass nur Hauptspeicher und Festplatten zu einem späteren Zeitpunkt problemlos aufgerüstet werden können. Bei der Leistungsfähigkeit der heute aktuellen Prozessoren besteht auch in den meisten Fällen kein Bedarf zum Update der Prozessorleistung.

1.1.2 Rechnerbusse

Die Entscheidung, welches interne Bussystem gewählt werden soll, ist relativ einfach, da es momentan nur zwei massgebliche Bustypen für PC-Systeme gibt: PCI-Bus und der AGP-Bus. Andere Bussysteme, wie zum Beispiel der ISA-, EISA- oder Microchannel-Bus, spielen keine Rolle mehr. Praktisch jedes aktuelle System enthält PCI-Steckplätze und einen AGP-Steckplatz. Der AGP-Bus unterstützt jedoch nur Grafikkarten.
Im Folgenden soll ein kurzer Überblick über alle Bussysteme gegeben werden, die momentan in PCs und Servern eingesetzt werden.

PCI-Bus
Der PCI-Bus arbeitet in der ersten Version bereits mit 32-bit- und 33-MHz-Bustakt. Mit dem PCI-Bus kann eine maximale Transferrate von bis zu 133 MB/s erreicht werden. In der 64-bit-Version liegt die maximale Transferrate bei 267 MB/s. Ein entscheidender Vorteil des PCI-Busses ist die Unabhängigkeit vom Prozessortyp. Damit ist der Einsatz des PCI-Busses auch mit „Nicht-Intel-Prozessoren", wie z. B. in Rechnern mit SPARC-Architektur, möglich. Der PCI-Bus wird von der PCI Special Interest Group unterstützt. Dieser Vereinigung gehören alle bedeutenden Hersteller aus den Bereichen Prozessoren, Systemplatinen, Festplatten, Controller und Grafikkarten an.

PCI-X
Mit den ständig weiter steigenden Anforderungen an die Leistung von Servern ist in absehbarer Zeit die Leistungsfähigkeit des PCI-Busses nicht mehr ausreichend. Aus diesem Grund hat das PCI Steering Committee die PCI-X-Spezifikation entworfen. PCI-X wurde ursprünglich von IBM, Compaq und Hewlett-Packard entwickelt. PCI-X erlaubt den Betrieb eines Slots mit 133 MHz und weiterer Slots mit 66 MHz oder 100 MHz. Damit sind bis zu 1 GB/s an Durchsatz möglich, was einer Verdoppelung gegenüber PCI entspricht. Ein wesentlicher Punkt bei PCI-X ist die Abwärtskompatibilität, das heisst PCI-X-Karten funktionieren in PCI-Systemen und umgekehrt. Für die weitere Erhöhung des Datendurchsatzes ist PCI-X 2.0 vorgesehen. Mittels Double Data Rate und Quad Data Rate soll die maximale Transferrate auf 2,1 bzw. 4,2 GB/s erhöht werden. Mehr Informationen sind auf der Homepage der PCI-SIG zu finden: www.pcisig.com

PCI Express
Zu einem späteren Zeitpunkt soll PCI-X von dem PCI Express abgelöst werden, der unter dem Namen 3GIO (3rd Generation I/O) ins Leben gerufen wurde. PCI Express ist als serieller „Schienenbus" skalierbar auf bis zu 32 Schienen gleichzeitig, die jeweils in zwei Richtungen fahren können. Pro Gleis sind bei der geplanten Übertragungsfrequenz von 2,5 GHz 250 MB/s in jede der beiden Richtungen möglich, im Vollausbau also maximal 2 x 8 GB/s. PCI Express soll ab 2004 verfügbar sein.

InfiniBand

Ein weiterer Vorschlag für eine Hochleistungs-Schnittstelle für Server ist InfiniBand der InfiniBand Trade Association. Diese ist aus der Verschmelzung der Future und NGIO-Gruppen hervorgegangen. Im Gegensatz zu PCI-X bietet InfiniBand keine Abwärtskompatibilität, hat dadurch aber den grossen Vorteil, ganz neue Funktionen bieten zu können. InfiniBand ähnelt in den Grundkonzepten sehr stark Fibre Channel: Systeme werden mittels eines oder mehrerer Host-Channel-Adapter (HCA) an eine I/O-"Fabric" angeschlossen. An diese Fabric werden wieder mit Target-Channel-Adaptern (TCA) Storage- oder auch Netzwerk-Controller angeschlossen. Die Adressierung erfolgt mit InfiniBand mit IPv6-Adressen, so dass praktisch unbegrenzt viele Geräte zusammenarbeiten können. Die Bandbreite ist dabei um bis zu 6 GB/s beliebig skalierbar. Die Verkabelung kann dabei bis zu 17 m mit Kupferkabel und bis zu 100 m mit Glasfaser lang sein. Durch dieses Design erlaubt InfiniBand den Bau wesentlich kleinerer Systeme, da auf Bussysteme im Server völlig verzichtet werden kann. Mehr Informationen sind auf der Infiniband TA Homepage zu finden:
www.infinibandta.org

AGP

Der **A**ccelerated **G**raphics **P**ort stellt einen von Intel entwickelten, einzelnen Steckplatz für eine Grafikkarte dar. Bei den herkömmlichen Grafikkarten wird ein Teil des Grafikspeichers für Texturen verwendet. Um immer höhere Auflösungen immer detailreicher darstellen zu können, wurde mehr und mehr Grafikspeicher auf den Karten integriert. Dieser Speicher liegt bei Standardapplikationen allerdings brach. Das Konzept von AGP beinhaltet, dass die Grafikkarte direkt auf im Hauptspeicher abgelegte Texturdaten zugreifen kann. Die Grafikanwendung kann die Texturdaten hinsichtlich Grösse, Farbtiefe und Auflösung optimal auswählen und der AGP-Karte im Hauptspeicher bereitstellen. Der Mainboard-Chipsatz und AGP tauschen die Daten mit 66 MHz und 32 bit aus, entsprechend einer Übertragungsrate von 266 MB/s. Zusätzlich kann die AGP-Karte den so genannten x2-Modus bzw. x4-Modus verwenden. Im x2-Modus werden die Daten an beiden Flanken des Taktsignals übertragen, die Übertragungsrate erreicht dann mit 533 MB/s das Vierfache des PCI-Busses. Eine weitere Steigerung ist durch 4x möglich. Bei AGP 4x kommen noch die komplementären Strobe-Signale AD_STB0# und AD_STB1# dazu, die mit den Standard-Strobes differenzielle Leitungspaare bilden. Diese vier Strobes arbeiten dann tatsächlich mit 133,34 MHz. Auch bei AGP 4x erfolgt die Übertragung mit der fallenden und steigenden Flanke der AD-Strobes. Durch die 133,34 MHz der Strobe-Signale ergeben sich vier Zyklen pro AGP-Takt, was effektiv 266,67 MHz entspricht und somit eine theoretische Bandbreite von 1017 MB/s bedeutet. AGP ist abwärtskompatibel zu PCI: PCI-Busmaster wie z. B. Framegrabber-Karten können Daten über den PCI-Bus in die AGP-Grafikkarte schreiben. Die hohe Bandbreite, mit der die AGP-Grafikkarte auf den Hauptspeicher zugreifen kann, bedingte den Wechsel zu SDRAM mit 133 MHz oder Rambus-Modulen als Hauptspeichertechnologie.

I2O

Auch I2O (Intelligent I/O) ist eine Intel-Entwicklung. I2O basiert auf dem Intel i960RP I/O-Prozessor, welcher ein komplettes Subsystem auf einem Chip darstellt. Aufgrund der On-Chip PCI-to-PCI Bridge kann der i960RP ohne zusätzliche Chips direkt an den PCI-Bus angeschlossen werden. Der i960RP befreit dann die CPU von der Abarbeitung von Interrupts und erhöht so die Gesamt-Performance des Systems, allerdings wird speziell für diesen Prozessor entwickelte Software benötigt. Trotz dieser Vorteile konnte sich I2O nie so richtig durchsetzen und wird heute praktisch nicht mehr eingesetzt.

PC-Card-Schnittstelle

Die PC-Card-Schnittstelle ist ein Standard für scheckkartengrosse Steckkarten, der von der **P**ersonal **C**omputer **M**emory **C**ard **I**nterface **A**ssociation (**PCMCIA**) im September 1990 definiert wurde. Erste Produkte nach diesem Standard waren reine Speicherkarten. Nach und nach wurde der Standard erweitert, so dass auch andere Hardware nach dem PC-Card-Standard entwickelt und eingesetzt werden konnte, zum Beispiel Schnittstellenkarten, Modems und LAN-Adapter.

Die PC-Cards haben eine einheitliche Fläche von 85,6 x 54 mm und besitzen eine zweireihige Buchsenleiste mit 68 Anschlüssen und je nach Typ unterschiedliche Kartendicken: Typ I, 3,3 mm, meist für Speicherkarten; Typ II, 5 mm, für Karten und Typ III, 10,5 mm, z. B. für Festplatten. Eine Typ III-Karte passt meist in zwei übereinander liegende Typ II Slots. Die neueste Weiterentwicklung des PC-Card-Standards heisst CardBus und beinhaltet Erweiterungen hinsichtlich geringerem Stromverbrauch, verbesserter Kompatibilität und höherer Performance. Die Spezifikation des CardBusses beschreibt einen PCI-ähnlichen busmasterfähigen 32-bit-Bus zum Rechner mit 33-MHz-Takt und einer maximalen Datentransferrate von 132 MB/s. Dadurch bringt der CardBus die Leistungseigenschaften des PCI-Busses auf scheckkartengrosse Peripherie, und für Notebooks kann durch diesen modernen Bus anspruchsvolle Hardware mit hoher I/O-Leistung angeboten werden (z. B. Fast Ethernet). Der PC-Card-Standard ist abwärtskompatibel zum PCMCIA-Standard, das heisst alte PCMCIA-Karten funktionieren im neuen CardBus-Slot; neue PC-Card-Karten in alten PCMCIA-Slots werden nicht unterstützt. Einsatzgebiete der PC-Cards sind vor allem bei Notebooks und Laptops zu finden. Da diese Rechnerarten in der Regel nur eine beschränkte Anzahl an externen Schnittstellen und gewöhnlich keine internen Steckplätze für Erweiterungskarten besitzen, bieten PC-Card-Steckplätze eine einfache und vielseitige Erweiterbarkeit.

1.1.3 Festplatte

Vor dem Kauf einer Festplatte stellt sich zunächst die Frage, ob es sich um eine EIDE- oder eine SCSI-Lösung handeln soll. Die Grösse der Festplatte richtet sich nach der Anwendung und dem verwendeten Betriebssystem. Der Standard bei Komplett-PCs liegt inzwischen bei etwa 40 GB, was auch durch den rasch fallenden Preis pro MB Speicherkapazität zu erklären ist.

1.1.4 Monitor und Grafik

Bei der Wahl der Grafikkarte sollte man beachten, ob Treibersoftware für das verwendete Betriebssystem angeboten wird oder im Betriebssystem (wie z. B. bei Windows XP) bereits enthalten ist. Nur in Kombination mit der geeigneten Treibersoftware lassen sich die maximale Auflösung einer Grafikkarte und die maximale Bildschirmfrequenz nutzen. Die Qualität einer Grafikkarte wird hauptsächlich vom verwendeten Grafikprozessor und dem Videospeicher auf der Karte bestimmt. Wichtig ist auch die Wahl des passenden Monitors, da er sowohl alle Anforderungen an einen ergonomischen Arbeitsplatz erfüllen muss (hohe Auflösung, strahlungsarm, hohe Farbtreue usw.) als auch den Leistungswerten der Grafikkarte entsprechen sollte. Eine Grafikkarte, die mit einer höheren Videosignal-Frequenz betrieben wird als der Monitor maximal gestattet, kann den Monitor beschädigen. Da der Monitor in der Regel zukünftigen Anforderungen an das Rechnersystem länger gerecht werden sollte als die anderen Rechnerkomponenten, sollte man beim Kauf den höheren Preis für einen guten Monitor nicht scheuen.

1.1.5 Betriebssysteme

Empfehlungen für Betriebssysteme sollen hier nicht gegeben werden. Die Wahl eines bestimmten Betriebssystems ist meistens abhängig von den einzusetzenden Anwendungsprogrammen. Diese Wahl bleibt jedem Anwender selbst überlassen.
Ein wichtiger Punkt bei den Betriebssystemen ist die Grösse des benötigten Hauptspeichers, um vernünftig arbeiten zu können. Dabei kann es sein, dass der tatsächlich benötigte Hauptspeicher deutlich über der Empfehlung des Betriebssystemherstellers liegt.

Der empfohlene Mindest-Hauptspeicherausbau beträgt bei einigen Systemen 16 MB. Dies ist für heutige Anwendungen nicht mehr ausreichend. Sobald Windows 98 oder Windows Me eingesetzt wird, sollten mindestens 32, wenn Pakete wie z. B. Microsoft Office eingesetzt werden, mindestens 64 MB auf der Systemplatine vorhanden sein. Ansonsten wird zuviel Rechenzeit des Prozessors für das Ein- und Auslagern von Daten vom Hauptspeicher zur Festplatte und umgekehrt vergeudet. Unter Windows NT bzw. 2000 werden 128 MB für eine akzeptable Arbeitsgeschwindigkeit benötigt. Bei Windows XP sollten es schon 256 MB sein. Beim Einsatz von Unix-Betriebssystemen hängt die Anforderung von dem verwendeten Unix-

Derivat ab. In Verbindung mit einer grafischen Benutzeroberfläche sollten jedoch mindestens 64 MB vorhanden sein.

1.1.6 Standardanwendungen

Standardanwendungen sind: Textverarbeitung, Datenbanken, Tabellenkalkulation und Grafikpräsentationen. Vor der Zusammenstellung des Rechnersystems sollte überlegt werden, ob der Rechner den ganzen Tag über eingeschaltet bleibt und daher eine Stromsparfunktion auf der Systemplatine sinnvoll ist. Als Ergänzungsoption ist ein Bandlaufwerk oder ein CD-Brenner bei Datenbankanwendungen und Grafikpräsentationen zu empfehlen, da hierbei meistens Datenmengen anfallen, die sich nicht mehr einfach auf Disketten sichern lassen. Zusätzlich sind bei Grafikanwendungen noch DVD-ROM-Laufwerke und Soundkarten bei Multimedia-Anwendungen geeignet. Wer Präsentationen über den PC in Vorträgen oder Schulungen zeigen möchte, sollte sich auch noch für einen LCD-Projektor entscheiden.

1.1.7 Spezialanwendungen

Spezialanwendungen wie z. B. Multimedia, Computer Aided Design (CAD), Grafikbearbeitung oder Desktop Publishing (DTP) stellen deutlich höhere Anforderungen an das Rechnersystem als Standardanwendungen. Entsprechend höherwertig muss die Ausstattung des Systems vor allem im Bereich des Prozessors und des Hauptspeichers sein. DVD-Laufwerke sind in diesen Bereichen inzwischen auch schon eine Grundvoraussetzung. Als Ergänzungsoption sollte in jedem Fall ein geeignetes Backup-Medium vorhanden sein.

1.1.8 Netzwerkanwendungen

Bei einem Netzwerkserver spielt die Grafikausgabe eine geringe Rolle. Daher reicht für diese Anwendung ein einfacher VGA-Monitor aus. Umso mehr müssen bei einem Servereinsatz die Prozessorgeschwindigkeit, das Bussystem und der Festplattencontroller mit dem Speichermedium optimal zusammenwirken. Auch die verwendete Netzwerkkarte sollte im oberen Leistungsbereich angesiedelt sein. Einige Serverlösungen gestatten einen non-dedicated Serverbetrieb. Das heisst, dass der Server auch noch als Workstation eingesetzt werden kann. Von diesem Verfahren ist jedoch abzuraten, da dadurch die Leistungsfähigkeit der Serverfunktionen stark eingeschränkt wird.

Systemplatinen mit Power-Management können zwar auch in Servern eingesetzt werden; diese Funktion sollte man jedoch hier nicht nutzen, da die Antwortzeiten für angeschlossene Stationen nach einem Stand-By (Modus mit minimalem Stromverbrauch) einige Sekunden betragen können.

Eine sinnvolle Ergänzung zu einem Netzwerkserver ist ein geeignetes Backup-Medium, das entweder im Server oder in einer Workstation eingerichtet wird. Dies reicht jedoch nur bedingt

aus, um den Server vor Datenverlust zu bewahren. Eine optimale Lösung stellt ein RAID-System dar. Auf jeden Fall sollte eine unterbrechungsfreie Stromversorgung (USV) zum Serversystem dazugehören, da ansonsten selbst ein RAID-System keine Datensicherheit garantieren kann.
Ein noch so gut ausgebauter Server stösst mit wachsender Zahl der angeschlossenen Stationen an die Grenzen seiner Leistungsfähigkeit.
Bei Netzen mit sehr hoher Auslastung sollte daher untersucht werden, ob die Belastung eines Servers durch die Trennung in mehrere Unternetze - verbunden über Bridges oder Router - oder durch den Einsatz von mehreren Servern gesenkt werden kann.
Die Konfiguration eines Arbeitsplatzrechners ist abhängig von den Aufgaben, die damit durchgeführt werden. Ein Arbeitsplatzrechner benötigt nicht unbedingt eine eigene Festplatte, mit einem BootROM auf der Netzwerkkarte ist es möglich, direkt von der Serverfestplatte zu booten.

1.2 RISC-Rechner von Sun und transtec

1.2.1 Prozessoren

Sun Microsystems stellt die dritte Generation der UltraSPARC Microprozessorfamilie vor. Der UltraSPARC III Prozessor wurde entwickelt, um dem rasanten Wachstum des Internets und den damit verbundenen Datenmengen Rechnung zu tragen. Er setzt neue Massstäbe an Skalierbarkeit, Leistung und Datendurchsatz und ist das Herz der neuen Produktgeneration von Sun und transtec. Sun Microsystems bietet somit momentan drei Prozessortypen an: **Ultra IIe**, **UltraSPARC III** und neu den **UltraSPARC IIIi**. Diese Prozessoren gibt es wiederum in verschiedenen Taktraten.
Die UltraSPARC-Prozessoren von Sun sind mit 360, 400, 450, 480 MHz getaktet und haben bis zu 8 MB L2-Cache. Diese Prozessoren kommen in allen UltraSPARC-Modellen zum Einsatz. In einem Enterprise-Server können bis zu 106 CPUs installiert werden (Sun Fire 15K). Die Modelle mit Ultra IIe gibt es nur als Single-Prozessor-Version mit 500 MHz. Der neue UltraSPARC III Prozessor ist momentan mit 600, 750, 900 und 1050 MHz getaktet. Die Roadmap von Sun sieht Taktraten von bis zu 2,1 GHz vor. transtec bietet in vielen Bereichen Alternativen zum original Sun-Modell an, die sich entweder gar nicht oder nur in kleinen Details unterscheiden.

1.2.2 Rechnerbusse

Zwei unterschiedliche Bussysteme für Erweiterungskarten kommen in Sun-Systemen zum Einsatz:
Den **SBus** gibt es in zwei Varianten, zum Einen als 32-bit mit einer Transferrate von 40 MB/s, zum Anderen mit 64-bit und einer Transferrate von 100 MB/s. Das System erkennt automatisch, welcher Kartentyp installiert ist und stellt die Geschwindigkeit darauf ein.

Das zweite Bussystem, das in allen aktuellen Modellen wie z. B. Ultra60 und Ultra450 und auch in den ganz neuen Ultra III-Systemen „Blade 1000" und „SunFire 280R" zu finden ist, ist der PCI-Bus. Die PCI-Modelle unterstützen die PCI-Bus-Spezifikation in einer 64-bit, 66 MHz-Konfiguration und erreichen einen Durchsatz von theoretisch 528 MB/s. Das Angebot von Zusatzkarten ist momentan noch stark begrenzt. Die meisten Kartenhersteller liefern nur Treiber für die Windows-Betriebssysteme mit. Für Solaris werden spezielle Treiber benötigt.
Der **PCI-Bus** hat in allen Rechnersystemen den SBus komplett abgelöst.
Als Prozessorbus dient der UPA-Bus, der in allen UltraSPARC-Systemen zum Einsatz kommt.
Je nach Rechnermodell stehen bis zu 64 UPA-Steckplätze zur Verfügung.
Die Ultra Port-Architektur (UPA) nutzt einen internen Cross Bar Switch, der die CPU, Memory, und I/O-Komponenten des Systems verbindet und koordiniert. Mit einem Durchsatz von bis zu 2,4 GB pro Sekunde erzielt die UPA eine herausragende Leistung. Die UPA nutzt in höchst effizienter Weise die Leistung des 64-bit UltraSPARC-Prozessors mit integriertem 64-bit Processing.

1.2.3 Peripheriebusse

Die neuen Modelle von Sun sind mit FireWire (IEEE 1394) und USB ausgestattet. Der **U**niversal **S**erial **B**us dient in erster Linie zum Anschluss von Tastatur und Maus. Ein Fibre-Channel-Arbitrated Loop ist in Zukunft sowohl für die internen Festplatten als auch für externe Storage Arrays geeignet. Eine UltraSCSI Schnittstelle ist auch weiterhin für externe Peripherie vorhanden. Das Netzwerk wird über ein 100 Base-T Interface angeschlossen. Für alle High-End-Anwendungen im Grafikbereich stellt der CREATOR Frame Buffer, der in einen UPA-Steckplatz gesteckt wird, hohe Performance zur Verfügung. Die CREATOR-Karte kombiniert den grossen linearen Speicher eines Framebuffers und den direkten Anschluss an die 128-bit breite UPA-Systemarchitektur mit dem mächtigen Visual Instruction Set (VIS) der UltraSPARC-CPU.

1.2.4 Betriebssysteme

Das auf den SPARC-Rechnern eingesetzte Betriebssystem ist meistens Solaris, das als sehr ausgereift und stabil bekannt ist. Die aktuelle Version, Solaris 8, ist voll 64-bit-fähig und erfüllt höchste Ansprüche an Sicherheit und bietet beste Performance für Java Applikationen.
Weitere Informationen zu Solaris sind im Kapitel Betriebssysteme zu finden.
Linux als Betriebssystem ist ebenfalls verfügbar, aber noch nicht sehr verbreitet.

2. Betriebssysteme

In den folgenden Abschnitten wird ein kurzer Überblick über die Betriebssysteme von Microsoft und die gängigsten Unix-Betriebssysteme gegeben.

2.1 Windows

2.1.1 Windows 2000

Microsoft Windows 2000, früher unter der Bezeichnung Windows NT 5.0 bekannt, wurde gegenüber Windows NT um etliche Eigenschaften und Funktionen erweitert. Dazu gehören die Bereiche Administrierbarkeit, Skalierbarkeit und Erweiterbarkeit sowie Storage- und Hardware-Management. Microsoft bietet Windows 2000 in vier Versionen an:
Windows 2000 Professional entspricht der Windows NT Workstation und unterstützt bis zu vier GB Hauptspeicher und zwei Prozessoren.
Windows 2000 Server ist der Nachfolger des Windows NT Server und bietet Hardware-Unterstützung für max. vier GB Hauptspeicher und vier Prozessoren. Bereits in dieser Server-Version sind die Windows Terminal Services enthalten, welche die Windows NT 4.0 Terminal Server Edition ersetzen.
Die Windows NT Enterprise Edition wird als **Windows 2000 Advanced Server** weitergeführt. Hier werden bis zu acht GB Hauptspeicher und acht Prozessoren unterstützt. Zusätzlich zu den Funktionen des Windows 2000 Servers sind noch IP-Loadbalancing (mit bis zu 32 Servern) und Failover-Clustering für zwei Server enthalten.
Der **Windows 2000 Datacenter Server** bildet das obere Ende; er unterstützt bis zu 32 Prozessoren und 64 GB Hauptspeicher und bietet gegenüber dem Windows 2000 Advanced Server folgende zusätzliche Funktionen: Failover-Clustering für vier Server und Prozess-Kontrolle für Workload-Management. Ein wichtiges Feature ist auch die Unterstützung von virtuellen Servern. Dabei können auf Multiprozessor-Servern mehrere Instanzen des Betriebssystems laufen, z. B. können auf einem 8-Prozessor-Server zwei virtuelle Server mit jeweils vier Prozessoren eingerichtet werden.

Installation von Windows 2000: Die Installation von Windows 2000 auf einem Rechner ohne Betriebssystem erfolgt mit einer bootfähigen CD. Plug-and-Play hält nun auch bei Microsoft Windows 2000 Einzug, was die Installation vereinfacht. Eine weitere Vereinfachung gegenüber Windows NT ist, dass ein Reboot seltener notwendig ist. Ebenso ist die USB-Unterstützung in Windows 2000 implementiert. Im Gegensatz zum Windows NT Server muss nicht bereits bei der Installation festgelegt werden, ob der Windows 2000 Server als Domänencontroller genutzt werden soll. Mittels des Assistenten zur Serverkonfiguration kann der Dienst für das Active Directory (Verzeichnisdienst insbesondere zur Benutzerverwaltung) auch nachträglich installiert werden.

Reparaturmechanismen: Windows 2000 ist mit einem verbesserten, abgesicherten Boot-Modus ausgestattet. Ein weiterer verbesserter Reparaturmechanismus ist in der Kommandozeile implementiert.

Administrierbarkeit: Microsoft Windows 2000 implementiert Active Directory als zentrale Plattform, die den Zugriff auf und das Management von Netzwerk- und Systemressourcen vereinfacht. Benutzer können - anders als im Benutzermanager für Windows NT - im Active Directory, hierarchisch in Container gegliedert, angelegt und verwaltet werden. Bei Windows 2000 ist die Benutzerverwaltung nicht nur strukturierter, die Grenze von ca. 20-40.000 Benutzern pro Domäne unter NT wurde bei Windows 2000 faktisch aufgehoben. Weitere Features sind ein zentralisiertes Konfigurationsmanagement sowie die konfigurierbare und erweiterbare Microsoft Management Console (MMC).
Die IntelliMirror-Technologie erlaubt die zentrale Konfiguration von Windows 2000-Arbeitsplätzen. Mit Hilfe des Active Directory werden dabei die Konfigurationsvorgaben für Benutzer oder Gruppen zentral angelegt. Der Benutzer findet dann immer an allen Windows 2000-Arbeitsplätzen genau die gleiche Konfiguration vor, vom Benutzer benötigte Software wird dabei automatisch auf dem jeweiligen Arbeitsplatz installiert. Dabei kann auch festgelegt werden, dass die Konfiguration vom Benutzer nicht verändert werden kann.

Skalierbarkeit und Erweiterbarkeit: Windows 2000 unterstützt bis zu 64 GB physischen Speicher. Mit dem Microsoft Cluster Server können zwei oder mehr Server im Verbund arbeiten. Dabei überwachen sich die Geräte gegenseitig, um bei einem Ausfall eines Servers ohne Unterbrechung den Betrieb aufrecht zu halten. Während des normalen Betriebes können die Server die Arbeitslast untereinander aufteilen, um eine höhere Produktivität zu erreichen.

Storage Management: NTFS implementiert nun auch eine Quotierung, wodurch der den Benutzern maximal zur Verfügung stehende Plattenplatz festgelegt werden kann. Die NTFS-Erweiterung EFS (Encryption File System) ermöglicht die Verschlüsselung sensibler Daten auf Datei- oder Verzeichnisebene.

Mit dem verteilten DFS-Dateisystem lassen sich die auf Windows 2000/NT-, NetWare- und Unix-Servern verteilten Strukturen von Ordnern und Dateien zusammenfassen und übersichtlich präsentieren. Auf diese Weise können Benutzer Dateien im Netzwerk wesentlich einfacher finden.

Hardware-Management: Plug-and-Play ermöglicht den problemlosen Betrieb von PC-Cards in mobilen Rechnern. Zusätzlich soll durch Erweiterung des Windows Driver Models (WDM) erreicht werden, dass in Windows 98 und Windows 2000 identische Treibersoftware zum Einsatz kommen kann.

Sicherheitsfunktionen: Zur Erhöhung der Betriebssicherheit verhindert Windows 2000 das Löschen von für das Betriebssystem wichtigen Dateien. Ausserdem erlaubt es nur die Installation von zertifizierten Treibern.

Netzwerksicherheit: Bereits in Microsoft Windows NT 4.0 ist das Security Service Provider Interface (SSPI) implementiert, zum Beispiel im NT LAN Manager und im Secure Sockets Layer (SSL). In Windows 2000 wird SSL erweitert und zusätzlich die Kerberos-Authentizierung nach Kerberos 5 eingeführt. Des Weiteren ist in Windows 2000 die Unterstützung von Smart-Cards integriert, womit sich die Sicherheit bei der Anmeldung von Benutzern oder bei der digitalen Signierung von E-Mails steigern lässt.

2.1.2 Windows XP

Windows XP fällt sofort durch das deutlich verbesserte und klare Design auf, das auch von weniger geübten Anwendern intuitiv bedient werden kann. Neben dem neuen Design wurden jede Menge weitere Funktionen entwickelt.
Im **neu gestalteten Startmenü** sind die am häufigsten verwendeten Anwendungen gruppiert, so dass einfach darauf zugegriffen werden kann. Die fünf bevorzugten Programme werden zuerst angezeigt, das Standard-E-Mail-Programm sowie der Standard-Web-Browser sind jederzeit verfügbar. Zusätzlich kann mit der **neuen Taskleisten-Gruppierung** Ordnung in die Taskleiste gebracht werden. Geöffnete Dateien werden nun nach Anwendungen gruppiert angezeigt.
Neben dem Design gibt es in Windows XP eine Reihe von weiteren Neuheiten, die den **Bedienkomfort steigern.** Windows erwacht viel schneller aus seiner Schlaffunktion, d.h. die Akkus des Laptops müssen nicht mehr umsonst laufen, da alle Anwendungen auf Abruf sofort wieder einsatzbereit sind. Auch mehrere Personen können nun einen PC zusammen bzw. parallel verwenden. Für jeden Benutzer wird ein eigenes Konto angelegt. Die Benutzer können schnell und einfach gewechselt werden, wobei Anwendungen der anderen Person weiterhin laufen. Damit muss beispielsweise ein Download einer Datei aus dem Internet auch bei einem Benutzerwechsel nicht abgebrochen werden, denn alle geöffneten Anwendungen laufen im Hintergrund weiter.

Auch die **Hardwareunterstützung** wurde stark verbessert. Geräte wie Digitalkamera, Scanner oder DV-Videokamera werden automatisch erkannt und alle Aufnahme-, Bearbeitungs- und Wiedergabefunktionen, die Windows XP bereitstellt, können durchgängig genutzt werden.
Die Performance wurde ebenfalls deutlich verbessert. Schon beim Einschalten des Computers wird unter Windows XP die erste Leistungssteigerung sichtbar. Nach mehreren Starts mit derselben Soft- und Hardware arrangiert Windows XP die Startdateien auf der Festplatte für einen schnellen Zugriff. Zusammen mit dem so genannten **„Prefetching"** und einem optimierten Netzwerk-Login startet das System bis zu 34 % schneller als mit früheren

Windows-Versionen. Dieselbe Funktion bewirkt auch ein schnelleres Starten von Programmen.

Die **gesteigerte Multitaskingleistung** wird u.a. gestützt durch das Nutzen von Stillstandzeiten für Systemaktivitäten, Anpassen der Benutzeroberfläche an die Möglichkeiten des Computers und eine effiziente Verwaltung des Arbeitsspeichers.

Bei Laptops helfen der **Standby- und der Ruhezustandsmodus.** Im Standby-Modus schaltet das System Monitor, Festplatten und andere Geräte aus, versorgt aber weiterhin den Hauptspeicher, in dem die offenen Dokumente und Programme gespeichert sind. Nach dem Wiedereinschalten kann die Arbeit dort fortgesetzt werden, wo sie beendet wurde, und das bei neueren Laptops schon in weniger als 2 Sekunden. Versetzt man den Laptop in den Ruhezustand, so werden die Daten aus dem Hauptspeicher in komprimierter Form auf die Festplatte geschrieben und der Computer wird komplett ausgeschaltet. Das Einschalten dauert aus diesem Modus etwas länger, der Arbeitsplatz präsentiert sich dann aber wie vor dem Ruhezustand. Die in Windows 2000 eingeführten Power-Management-Funktionen wurden nochmals verbessert. Ruhezustand und Standby arbeiten nun wesentlich schneller und zuverlässiger, was Notebook-Batterien schont und mobile Laufzeiten erhöht.

Windows XP erlaubt mit **Remote-Desktop** von überall den Zugriff auf den eigenen Computer-Desktop der Firma mit all seinen Applikationen, Dokumenten und Netzwerkverbindungen.

Über eine sichere, verschlüsselte Internet- oder Wählverbindung kann man sich mit dem Firmen-PC verbinden und dort eine virtuelle Sitzung eröffnen, die den gewohnten Windows-Desktop auf dem entfernten Computer bereitstellt. Da alle Programme auf dem Firmen-PC laufen und lediglich Tastatur- und Mauseingaben sowie Display-Ausgaben übertragen werden, eignet sich Remote-Desktop ideal auch für Modem- oder ISDN-Verbindungen.

Funknetzwerke (etwa 802.11b-WLANs) unterstützt Windows XP Professional serienmässig. Windows XP Professional erkennt und konfiguriert alles automatisch, sobald eine WLAN-Verbindung besteht oder ein Funkzellen-Roaming stattfindet. Für höchste Abhörsicherheit bei Übertragungen (sowohl in verkabelten Ethernet- als auch in Funknetzwerken) sorgen verteilte oder auf Smart-Cards gespeicherte Zertifikate sowie das 802.1X-Authentifizierungsverfahren. Windows XP Professional erkennt Netzwerke und ihre TCP/IP-Einstellungen, so dass die **Netzwerk-Connectivity** des PCs automatisch besteht und auch beim Roaming erhalten bleibt. Sieht das Netzwerk keine automatische Konfiguration vor, bietet Windows XP Professional an, mit alternativen TCP/IP-Einstellungen zu arbeiten. Auf diese Weise kann ein Notebook-Benutzer im Firmennetzwerk seine TCP/IP-Konfiguration dynamisch von einem DHCP-Server beziehen und zu Hause mit statischen TCP/IP-Adressen arbeiten.

Windows XP ist eine konsequente Weiterentwicklung der bewährten Windows 2000-Technologie und arbeitet damit noch stabiler als seine Vorgängerversionen. Die neue Windows-Engine basiert auf der bewährt zuverlässigen 32-bit-Architektur von Windows 2000, die sich durch ein vollständig geschütztes Speichermodell auszeichnet. Bereits bei der Installation kann das Setup-Programm des Betriebssystems auf Wunsch Treiber-, Kompatibilitäts- und Sicherheits-Updates über das Internet mit einbeziehen, auch wenn diese erst nach Erscheinen der Windows XP-CD-ROM auf den Markt gekommen sind. **Windows Update** hält das System auf dem aktuellsten Stand. Service Packs, Problembehebungen und Treiber für neue Hardware-Geräte können mühelos, wenn gewünscht auch automatisch, von Microsoft aus dem Internet heruntergeladen werden.
Unter Windows XP läuft eine Vielzahl von Programmen, die unter Windows 2000 nicht gelaufen sind. Wenn ein Programm nur unter Windows 95 oder Windows 98 ausgeführt werden kann, kann es jetzt höchstwahrscheinlich auch unter dem neuen Betriebssystem ausgeführt werden. Sollte eine ältere Applikation von Windows XP trotzdem einmal nicht unterstützt werden, kann diese in einem speziellen **Kompatibilitätsmodus** ausgeführt werden, der die Charakteristika früherer Windows-Versionen aufweist.

Windows XP misst der **Qualität von Gerätetreibern** höchste Priorität bei, da sie massgeblich zur System-Stabilität beiträgt. Bereits bei der Installation einer neuen Komponente wird angezeigt, ob der Treiber von Microsoft getestet und zertifiziert worden ist. Wurde ein nicht-zertifizierter Treiber installiert, der nicht richtig funktioniert, kann binnen Sekunden wieder auf den früheren, funktionierenden Treiber zurückgegriffen werden. Durch das Konzept der so genannten „Side-by-Side DLLs" können zusätzlich mehrere Versionen einer Komponente parallel genutzt werden, so dass jede Applikation mit der für sie am besten geeigneten arbeitet. Sollte trotz des stark verbesserten Treiber-Handlings mal etwas schief gehen, kann man mit der **Systemwiederherstellung** einen früheren Zustand des PCs wieder herstellen und so alle zwischenzeitlichen Konfigurations-Änderungen - selbst nach Wochen noch - rückgängig machen.

Sicherheit wird in Windows XP gross geschrieben. Sensible Dateien können verschlüsselt gespeichert werden, ebenso wie Kennwörter und Benutzernamen in speziellen Bereichen vor unberechtigten Zugriffen geschützt sind. Das **verschlüsselnde Dateisystem (Encrypting File System - EFS)** ermöglicht es, Dateien, die besonders sensible Informationen enthalten, verschlüsselt auf der Festplatte des PCs oder auf Netzwerk-Servern zu speichern. So werden Daten - einschliesslich Offline-Ordnern - zuverlässig vor Zugriffen Unbefugter geschützt. Die neue Multi-User-Unterstützung von EFS gestattet es dabei mehreren (legitimierten) Anwendern, sensible Dateien zu verschlüsseln und gemeinsam einzusehen.
Mit der in Windows XP integrierten **Internet-Firewall** (**Internet Connection Firewall - ICF**) sind Daten automatisch vor unerlaubten Zugriffen aus dem Internet geschützt. Die Funktion muss lediglich für die gewünschte DFÜ- oder LAN-Verbindung aktiviert werden. Bei allen

Verschlüsselungs-Operationen verwendet Windows XP Professional 128-bit-Schlüssel. Darüber hinaus gibt es viele weitere Sicherheitseigenschaften in Windows XP, wie beispielsweise das Kerberos V5-Authentifizierungsprotokoll, Internet Protocol Security (IPSec), zentral definierbare Sicherheitsrichtlinien und vieles mehr.

Eine Reihe von Features in Windows XP erleichtert die Installation und Administration des Betriebssystems und hilft somit, im Unternehmen Kosten für diese Aufgaben zu senken. Hier nur eine Auswahl der entsprechenden Features.
Für Firmen, die Windows XP Professional auf mehreren PCs installieren möchten, hat Microsoft ausgereifte und erprobte Mechanismen zur **automatischen Installation** vorgesehen. Damit lassen sich unbeaufsichtigte Windows XP Installationen vorkonfigurieren, so dass der eigentliche Setup-Prozess zuverlässig und ohne Benutzer-Interaktion ablaufen kann. Betriebssystem-Images auch für PCs mit unterschiedlicher Hardware-Ausstattung lassen sich bequem erstellen und mithilfe der zu Windows 2000 kompatiblen Remote-Installationsdienste (RIS) über das Netzwerk automatisch installieren.
Für internationale Unternehmen und Bildungseinrichtungen interessant: Windows XP Professional unterstützt das **„Multilingual User Interface"** (**MUI**): Dabei kann ein PC gleichzeitig mit mehreren Oberflächen (englisch, deutsch, spanisch etc.) versehen werden. So erhält jeder Benutzer das Windows-Desktop in seiner bevorzugten Sprache.
Um die Ausführung unerwünschter Applikationen auf Windows XP Professional-PCs zu verhindern, können Administratoren auf die **Software-Einschränkungsrichtlinien** zurückgreifen. Auf diese Weise lassen sich Arbeitsplätze auf die für das Unternehmen wichtigen Programme begrenzen.
In Ergänzung zu den bereits bei Windows 2000 vorhandenen Gruppenrichtlinien stehen bei Windows XP Professional zahlreiche neue zur Verfügung - für eine noch umfassendere, richtlinienbasierte Verwaltung über das Active Directory. Mit dem neuen Windows XP Professional-Tool **„Resultant Set of Policy" (RSoP)** erhalten Administratoren ein leistungsfähiges Werkzeug, um die Wirkung der verschiedenen angewandten Gruppenrichtlinien auf bestimmte Benutzer und Computer umfassend zu planen und zu überwachen. Für Anwender, die mit ihrem Notebook häufig unterwegs sind, erweisen sich die standortbezogenen Gruppenrichtlinien als überaus nützlich: Befindet sich der Anwender im Büro, kommen die Gruppenrichtlinien des Unternehmens zum Tragen. Unterwegs oder zu Hause jedoch kann der Anwender die für Einzel-PCs oder in kleinen LANs nützlichen Funktionalitäten von Windows XP Professional nutzen - und zwar ohne dass hierfür eine Neukonfiguration durch einen Administrator oder den Benutzer selbst erforderlich wird.
Das **USMT (User State Migration Tool)** erlaubt die leichte Übernahme aller Daten und persönlicher Einstellungen eines Anwenders vom ursprünglichen System auf Windows XP. Bevorzugte Desktop-Einstellungen, Ordner-Optionen des Windows-Explorers, Internet-Konfiguration und Favoriten, E-Mail-Zugang, -Nachrichten und -Adressbuch, Netzlaufwerke und -drucker, bestimmte Ordner etc. sind so mühelos zu übertragen.

Windows XP bietet durchgängige **Unterstützung** und End-to-End-Integration **für alle digitalen Medien.** Überspielen und Aufnehmen, Anzeigen und Wiedergeben, Archivieren und Versenden - kontextsensitiv begleitet Windows XP durch jeden Schritt und schlägt komfortabel alle in Frage kommenden Aufgaben automatisch vor. Audio, Foto und Video erschliesst Windows XP wie niemals zuvor. Über separate Plugins kann der Media Player MP3-Dateien erstellen sowie DVD-Videos über den PC wiedergeben. Wird eine Digitalkamera oder ein Scanner mit dem PC verbunden, erkennt Windows XP diese automatisch.
Windows XP erkennt, welche Dateien sich in einem Ordner befinden und zeigt nicht nur eine Miniaturansicht an, sondern schlägt die wahrscheinlichsten Aktionen für den jeweiligen **Medientyp** in der neuen Aufgabenleiste vor: Audiodaten, im Ordner „Eigene Musik“ etwa, werden sofort per Mausklick abgespielt.
Mit der im Hilfe- und Support-Center von Windows XP integrierten **Remote Assistance** können jederzeit Kollegen oder ein firmeninternes Support-Center zu Hilfe gerufen werden. Anstatt das Problem einem Spezialisten über das Telefon mit Worten zu beschreiben, kann der Experte die Lösung ferngesteuert klar und verständlich direkt auf dem eigenen Bildschirm zeigen. Wird an den helfenden Experten über die Online-Kontakte des Windows Messenger oder per E-Mail eine Einladung geschickt, so erhält dieser die Berechtigung, sich den Bildschirm des „Problem-PCs“ auf seinem PC anzusehen, um bei der Lösung zu helfen oder diese auf Wunsch sogar selbst durchzuführen - wobei der Anwender jeden Schritt nachvollziehen kann und zu jedem Zeitpunkt die volle Kontrolle behält. Automatisch verfällt nach Beenden der Sitzung die Remote-Unterstützungs-Berechtigung des Experten für den PC des Anwenders.
In Unternehmen lassen sich durch dieses umfangreiche und zentrale Support-Werkzeug von Windows XP Support-Anfragen an das eigene Support-Center reduzieren und damit die Kosten für den Support bei Problemen mit Hard- und Software senken.

2.1.3 Windows Server 2003

Seit April 2003 ist der neue Microsoft Windows Server 2003 verfügbar. Gegenüber dem Windows 2000 Server wurden viele Eigenschaften und Funktionen weiter- bzw. neu entwickelt. Windows Server 2003 wird in diesen Versionen verfügbar sein:

Windows Server 2003, Standard Edition

Zweifache symmetrische Multiprozessorverarbeitung (Symmetric Multiprocessing, SMP)
Vier GB Arbeitsspeicher

Windows Server 2003, Enterprise Edition

Achtfache symmetrische Multiprozessorverarbeitung (Symmetric Multiprocessing, SMP)
Clustering mit bis zu acht Knoten
32 GB RAM in 32-bit-Versionen und 64 GB RAM in 64-bit-Versionen
Hot Add Memory
Non-Uniform Memory Access (NUMA)

Windows Server 2003, Datacenter Edition
32-fache symmetrische Multiprozessorverarbeitung (Symmetric Multiprocessing, SMP)
64 GB Arbeitsspeicher in 32-bit-Versionen und 128 GB RAM in 64-bit-Versionen
Windows Sockets: Direktzugriff für SANs
Diese Version wird nur über das Windows Datacenter-Programm erhältlich sein, das ein Paket aus Hardware, Software und Dienstleistungen bietet.
Windows Server 2003, Web Edition
Zweifache symmetrische Multiprozessorverarbeitung (Symmetric Multiprocessing, SMP)
Zwei GB Arbeitsspeicher
Windows Server 2003, Web Edition ist speziell auf den Einsatz als Web-Server ausgerichtet. Server mit diesem Betriebssystem können Mitglied einer Active Directory-Domäne sein, den Active Directory-Dienst jedoch selbst nicht anbieten. Diese Version wird nur über spezielle Partner verfügbar sein.

Die wichtigsten Features von Windows Server 2003 in der Übersicht:
XML-Webdienste: Die XML-Webdienste enthalten wieder verwendbare, auf Industriestandards basierende Komponenten, die Funktionen von anderen Anwendungen aufrufen - unabhängig von dem Verfahren, mit dem die Anwendungen erstellt wurden, ihrem Betriebssystem oder ihrer Plattform oder den Geräten, mit denen auf sie zugegriffen wird. Die IIS 6.0-Sicherheitseinstellungen sind bei der Installation gesperrt, damit nur die erforderlichen Dienste ausgeführt werden können. Über den Lockdown-Assistenten für die IIS-Sicherheit wird die Serverfunktionalität je nach den Anforderungen des Administrators aktiviert oder deaktiviert.

Verzeichnisdienste: Active Directory-Sicherheitseinstellungen für Benutzer und Netzwerkressourcen umfassen das gesamte Netzwerk und tragen zu einem sicheren End-to-End-Netzwerk bei. Dank einer effizienteren Synchronisation und Replikation sowie der Zwischenspeicherung von Anmeldeinformationen in Zweigstellen-Domänencontrollern ist Active Directory nun selbst bei unzuverlässigen WAN-Verbindungen schneller und stabiler.

Aktualisierungsverwaltung: Die automatische Aktualisierung bietet die Möglichkeit zum systematischen Herunterladen wichtiger Betriebssystemaktualisierungen, wie etwa Sicherheits-Updates und Patches. Administratoren können wählen, wann diese wichtigen Betriebssystemaktualisierungen stattfinden sollen.

Internet-Firewall: Die Internet-Firewall des Servers macht die Verbindung zum Internet sicherer.

Serverhardwareunterstützung: Spezielle Tools testen neue Gerätetreiber, um den korrekten Betrieb des Servers sicherzustellen.

Anwendungsprüfung: Anwendungen, die auf Windows Server 2003 ausgeführt werden, lassen sich zuvor testen, beispielsweise auf Beschädigung des Anwendungsspeichers (Heap) und auf Kompatibilität.

Nachverfolgen von Server-Events: Mithilfe der neuen Protokollierung können Administratoren die Betriebszeit genau aufzeichnen. Sie schreibt die Windows-Ereignisse beim Herunterfahren des Servers in eine Protokolldatei.

Serverkonfigurationsassistent: Der Serverkonfigurationsassistent führt Administratoren schrittweise durch das Einrichten verschiedener Server-Typen wie zum Beispiel Dateiserver, Druckserver oder Remotezugriffsserver. Das stellt sicher, dass die jeweiligen Komponenten von Anfang an richtig installiert und konfiguriert werden.

Serververwaltungsassistent: Der Serververwaltungsassistent bietet eine Schnittstelle für die fortlaufende Verwaltung des Servers an und erleichtert allgemeine Aufgaben, wie das Hinzufügen neuer Netzwerkteilnehmer und das Entwickeln von Freigaben.

Remote-Server-Verwaltung: Mit dem „Remote-Desktop für Verwaltung" (früher bekannt als Terminaldienste im Remote-Verwaltungsmodus) können Administratoren einen Computer über praktisch jeden anderen Rechner im Netzwerk verwalten.

Schattenkopie: Diese Funktion ermöglicht zeitgesteuerte Netzwerkfreigaben. Administratoren können mit ihrer Hilfe den Inhalt der Netzwerkverzeichnisse sichern und sich auch später noch über den Zustand der Ordner zu diesem Zeitpunkt informieren. Desktop-Nutzer können versehentlich gelöschte Dateien oder Ordner auf Netzwerkfreigaben wiederherstellen, ohne dass der Systemadministrator eingreifen muss.

Terminalserver: Der Terminalserver gestattet, dass ein Nutzer auf Programme zugreifen kann, die auf dem Server ausgeführt werden. Der Nutzer kann beispielsweise auf einen virtuellen Windows XP Professional-Desktop und x86-basierte Windows-Anwendungen zugreifen, auch wenn seine Hardware diese Programme nicht lokal ausführen kann. Der Terminalserver bietet diese Möglichkeit sowohl für Windows- als auch für nicht Windows-basierte Clientgeräte.

Die zusätzlichen Funktionen der Enterprise Edition umfassen:
Clusterdienst: Der Clusterdienst bei Windows Server 2003, Enterprise Edition und bei Datacenter Edition unterstützt Cluster mit bis zu acht Clusterknoten. Dies steigert die Flexibilität beim Hinzufügen und Entfernen von Hardware in einer geografisch verteilten Clusterumgebung. Verbesserte Skalierungsoptionen ergänzen die Clusterverwaltung. Möglich sind verschiedene Clusterkonfigurationen:

- Einclusterkonfigurationen mit zugewiesenem Speicher
- Mehrclusterkonfigurationen in einem Speichernetzwerk (Storage Area Network, SAN)
- Mehrere Sites überspannende, geografisch verteilte Cluster.

Metadirectory-Dienste: Mithilfe von Microsoft Metadirectory Services (MMS) können Unternehmen persönliche Daten aus mehreren Verzeichnissen, Datenbanken und Dateien in Active Directory integrieren. MMS ermöglicht es, persönliche Daten in einer einheitlichen Ansicht anzubieten, Geschäftsprozesse in MMS zu integrieren und persönliche Daten organisationsübergreifend zu synchronisieren.

Hot Add Memory: Dieses Merkmal ermöglicht das Erweitern des Arbeitsspeichers des Computers für Betriebssystem und Anwendungen während des laufenden Betriebs. Ein Neustart des Servers ist dabei nicht erforderlich, so dass keine Ausfallzeiten entstehen. Hot Add Memory ist derzeit nur bei Servern möglich, die über die entsprechenden Hardwareunterstützung verfügen.

Non-Uniform Memory Access (NUMA): Die Firmware des Systems kann eine Tabelle namens „Static Resource Affinity Table" erzeugen, die die so genannte NUMA-Topologie des Systems beschreibt. Mithilfe dieser Tabelle kann Windows Server 2003, Enterprise Edition NUMA auf Anwendungsprozesse anwenden, ebenso Standard-Affinitätseinstellungen, Threadplanung und Speicherverwaltungsfeatures. Ausserdem werden die Topologie-Informationen Anwendungen zur Verfügung gestellt, die NUMA-APIs nutzen.

Session-Verzeichnis für Terminal-Dienste: Diese Lastenausgleichsfunktion erlaubt es Nutzern einer unterbrochenen Terminal-Verbindung, die getrennte Session wieder aufzunehmen. Dieses Merkmal ist mit dem Lastenausgleich von Windows Server 2003 kompatibel und wird von entsprechenden Produkten von Drittanbietern unterstützt.

Die zusätzlichen Funktionen der Datacenter Version umfassen:
Erweiterter physikalischer Speicher: Auf Intel-Plattformen mit 32-bit-Architektur unterstützt Windows Server 2003, Datacenter Edition die physikalische Adresserweiterung (Physical Address Extension, PAE). Sie erhöht die Kapazität des Arbeitsspeichers auf 64 GB. Auf Intel-Plattformen mit 64-bit-Architektur erhöht sich die Speicherunterstützung auf ein Maximum von 16 Terabyte.

Windows Sockets: Direktzugriff für SANs: Mithilfe dieses Leistungsmerkmals können Windows Sockets-Anwendungen auf TCP/IP-Basis die Leistungsvorteile von Speichernetzen (System Area Networks, SANs) ohne eine spezielle Änderung nutzen. Der Grundbaustein dieser Technologie ist ein mehrschichtiger Windows Socket-Dienst, der TCP/IP über systemeigene SAN-Dienste emuliert.

2.2 Unix-Betriebssysteme

Derzeit noch vorherrschend in der Workstationwelt sind Unix-Betriebssysteme. Eigentlich muss hier von einer Betriebssystemfamilie gesprochen werden, denn praktisch jeder Workstation-Hersteller liefert sein eigenes Unix aus, das sich zumindest in der Benutzerschnittstelle deutlich unterscheidet. Es gibt hier allerdings eine Tendenz, die Vielfalt an Oberflächen zu überwinden, da einzelne Hersteller angefangen haben, ihr System auf Fremdarchitekturen zu portieren.
Die Unix-Implementationen lassen sich in zwei Standards zusammenfassen: Berkeley Unix (BSD) sowie AT&T's System V Release 4 (SVR4). Letzteres ist momentan dabei, den Vorrang zu gewinnen - neu entstehende Unix-Versionen folgen diesem Standard. Im Allgemeinen gilt: Ist ein Programm für einen der beiden Standards geschrieben, so lässt es sich ohne allzu grosse Probleme auf ein anderes System des gleichen Standards portieren.
Auch bei den verwendeten Benutzeroberflächen (GUI - Graphical User Interface) gibt es unterschiedliche Standards. Die neueren folgen aber alle der X11 Definition. Seit einigen Jahren ist die - ebenfalls auf X11 basierende - MOTIF Definition klar auf dem Vormarsch. Mehr und mehr Unix-Implementationen bedienen sich dieser Oberfläche, während der Einsatz konkurrierender Oberflächen, wie OPENLOOK, eher rückläufig ist.

2.2.1 Linux

Linux ist ein frei verfügbares Multitasking- und Multiuser-Betriebssystem. Linux wurde von Linus Torvalds und von einer Vielzahl von Entwicklern in aller Welt weiterentwickelt. Linux wurde von Anfang an unter die GPL, die General Public License, gestellt. Es kann frei und kostenlos verteilt, eingesetzt und erweitert werden. Entwickler haben so Einblick in sämtliche Quellcodes und können dadurch sehr einfach neue Funktionen integrieren bzw. Programmierfehler schnell finden und eliminieren. Treiber für neue Adapter (SCSI-Controller, Grafikkarten etc.) können dadurch sehr schnell integriert werden.

Linux wird mittlerweile von mehreren Millionen Anwendern weltweit erfolgreich eingesetzt. Die Benutzergruppen reichen von privaten Anwendern über Schulungsfirmen, Universitäten, Forschungszentren bis hin zu kommerziellen Anwendern und Firmen, die in Linux eine echte Alternative zu anderen Betriebssystemen sehen.
Der umfangreiche Netzwerksupport von Linux, der verschiedene Server, wie z. B. Appletalk-, Netware- oder Lan-Manager-Server umfasst, sowie die Vielzahl an unterstützten Netzwerkprotokollen macht Linux zu einem sicheren und stabilen Netzwerk-Serversystem.

Linux kann auf zwei verschiedene Arten bezogen werden: Alle benötigten Teile können kostenlos aus dem Internet geladen werden. Damit kann fast zum Nulltarif ein individuelles Betriebssystem zusammengestellt werden. Einfacher ist der Einsatz einer so genannten Distribution; diese wird von verschiedenen Firmen angeboten und enthält neben einer Vielzahl

von Anwendungen auch Installationsprogramme, welche die Installation von Linux wesentlich vereinfachen.
Die Distributionen unterscheiden sich vor allem in den beigefügten Komponenten, wie Programmierumgebungen, Netzwerksoftware und grafische Benutzeroberflächen. Wir empfehlen Distributionen von SuSE oder Red Hat. Diese beiden Linux-Distributionen sind sehr ausgereift und enthalten eine umfangreiche Dokumentation sowie eine grafisch geführte Installation. transtec Linux-Systeme werden grundsätzlich mit den aktuellen Versionen von SuSE und Red Hat zertifiziert und angeboten.

Neben ihren Distributionen für PCs und Workstations bieten sowohl SuSE als auch Red Hat für den Serverbetrieb spezielle Pakete an. Bei SuSE ist dies der SuSE Linux Enterprise Server. Neben der Zusammenstellung des Paketes speziell für den Serverbetrieb unterscheidet es sich noch durch die folgenden Punkte von der „normalen" Distribution. Zum Einen führt SuSE umfangreiche Tests durch, um die Kompatiblität der einzelnen Pakete untereinander und mit wichtigen Businessanwendungen zu gewährleisten. Ausserdem garantiert SuSE den Support für das Paket auch nach der Abkündigung der jeweiligen Version, und zwar bis zu 2 Jahre. Für das Businessumfeld ebenso wichtig ist die Bereitstellung wichtiger Patches und Updates.
Des Weiteren bietet SuSE fertige Pakete für spezielle Einsatzzwecke, wie z.B. E-Mail-Server oder Firewall an.
Die Entwicklung dieser Pakete spiegelt den allgemeinen Trend wider: Linux kommt immer mehr auch in kommerziellen Systemen zum Einsatz und bietet hier für viele Einsatzzwecke eine kostengünstige und zuverlässige Basis.

2.2.2 SunOS/Solaris

Solaris 8

Die Version Solaris 8 ist die zweite Generation in 64-bit-Technologie. Mit der Unterstützung für IP Version 6 macht Solaris 8 Schluss mit den Beschränkungen von Windows und anderen Welten. Unterstützt werden praktisch unbegrenzt viele Internet-Adressen (mehr als eine 1 mit 38 Nullen), 18 Exabyte-Hauptspeicher (d.h. 10 hoch 18 Bytes) und bis zu eine Million gleichzeitiger Prozesse. Das Betriebssystem Solaris 8 unterstützt ebenfalls die neuesten Technologien vom Desktop bis zum Internet. Dazu gehören das unternehmenskritische Java 2SE für die Entwicklung Web-zentrischer Software-Applikationen, das Java Media Framework für das Media-Streaming, X-Server Video-Erweiterungen, die Synchronisierung von PDAs (z.B. Palm Pilot) und die Networked Real Time-Verarbeitung. Solaris 8 bietet auch zusätzliche Mainframe-typische Fähigkeiten: Jobs, Projekte und Buchhaltungsfähigkeiten für die Abrechnung der Computerbenutzung (ideal für Service-Provider); automatische dynamische Rekonfiguration zur Verbesserung der Uptime; und Hot Patching zur dynamischen Änderung des Betriebssystems ohne Herunterfahren des Systems. Ein Web-Install-Werkzeug macht die Software-Installation sehr einfach. Bereits vorhandene Solaris-Applikationen sind mit der Solaris 8

Software kompatibel. Für alle Systeme mit Ultra III oder Ultra IIe Prozessor ist Solaris 8 unumgänglich.

Solaris 9

Mit einer Vielzahl standardmässig integrierter Softwarekomponenten wird die Betriebssystemumgebung Solaris 9 zur umfassenden Service-Plattform. Ein Applikationsserver auf J2EE-Basis (Java 2 Platform, Enterprise Edition) und ein LDAP Directory Server (Lightweight Directory Access Protocol) als Grundlage der Identitätsverwaltung gehören ebenso zum Lieferumfang wie Solaris Volume Manager, Solaris 9 Resource Manager und eine Vielzahl weiterer Produkte. Durch deutlich verringerte Anschaffungskosten für Schlüsselapplikationen der Infrastruktur trägt die Betriebssystemumgebung Solaris 9 zur Senkung der Gesamtbetriebskosten bei. Die Integration mit dem **Sun Open Net Environment (Sun ONE)** eröffnet neue Möglichkeiten zur Effizienzsteigerung und erschliesst neue Einsatzgebiete für Computersysteme. Indem Services über die Sun ONE-Plattform bereitgestellt werden, lassen sich Webserver, Application Server und Directory Server ebenso integrieren wie Dateisysteme, Volumenmanagement, Sicherheit und Kapazitätsplanung.

Mit dem vollständig integrierten **Sun ONE Directory Server** und dem im Lieferumfang enthaltenen **Sun ONE Application Server** vereinfacht Solaris 9 die Bereitstellung skalierbarer und verlässlicher Services on Demand ohne Zusatzkosten. Im Zuge weiterer Updates wird auch der Sun ONE Application Server komplett eingebunden, so dass Solaris 9 dann als einzige Betriebssystemumgebung von Haus aus über einen J2EE Application Server und einen LDAP Directory Server verfügt, die vollständig in das Kernbetriebssystem integriert sind und sich mit gängigen Einzellösungen messen können.

Auch durch neue Merkmale für die **Kapazitätsplanung** und das Änderungsmanagement trägt die Betriebssystemumgebung Solaris 9 zur Kostensenkung bei. Systemerweiterungen sind schnell und reibungslos installiert, und Vorgänge, für die bisher vier Stunden und mehr veranschlagt werden mussten, dauern mit Features wie der **Solaris Flash Software** nur noch ganze zwanzig Minuten. Durch eine umfassende und präzise Konfigurationssteuerung sparen IT-Mitarbeiter bei Routineaufgaben wertvolle Zeit und das Systemmanagement gestaltet sich insgesamt effizienter. **Solaris 9 Resource Manager** schafft durch eine integrierte Ressourcenverwaltung die Voraussetzungen für eine Serverkonsolidierung mit den Mitteln des Betriebssystems, so dass hierfür keine Zusatzprodukte angeschafft werden müssen. **Solaris Volume Manager** sorgt für hohe Datenverfügbarkeit und maximale Verlässlichkeit bei der Arbeit mit der Betriebssystemumgebung Solaris 9.

Mit standardmässig mitgelieferten Sicherheitslösungen und vollständig **integrierten Sicherheitsservices** gewährleistet die Betriebssystemumgebung Solaris 9 das hohe Sicherheitsniveau, das für die Bereitstellung vernetzter Services unerlässlich ist. Mit einer ganzen Reihe von Schlüsselmerkmalen sorgt die Betriebssystemumgebung Solaris in der neuen Version für das entscheidende Mehr an Sicherheit. Mit **SunScreen 3.2** wird eine Firewall mitgeliefert, die den Vergleich mit separat erhältlichen Produkten nicht zu scheuen braucht. **Solaris Secure**

Shell stellt integrierte Funktionen für den sicheren, verschlüsselten Fernzugriff bereit. Zu den weiteren Sicherheitsmerkmalen von Solaris 9 gehören Secure LDAP, die Version 5 von Kerberos Server sowie der sichere Zugang über den Sun ONE Portal Server. Alle diese robusten Sicherheitsmerkmale sind gleichfalls Bestandteil des Kernbetriebssystems, sodass für eine umfassende Sicherheit aller Applikationen ohne Zusatzkosten gesorgt ist.
Die Anforderungen im Enterprise-Bereich und im High Performance Computing (HPC) machen hochgradig verlässliche und skalierbare 64-bit-Umgebungen erforderlich. Mit Solaris 9 und den UltraSPARC III Prozessoren in Kupfertechnologie laufen Applikationen ohne Neukompilation, ohne Eingriffe in den Quellcode und ohne Änderungen an der Architektur schneller. Zur Leistungssteigerung tragen unter anderem die folgenden neuen Merkmale bei:
Bis zu viermal schnelleres **Online Analytical Processing (OLAP)** durch optimierte Multithreading-Bibliothek (nach den Ergebnissen interner Sun Tests mit Oracle Express)
Die im **Chip integrierte Speichersteuerung** des UltraSPARC III Prozessors ermöglicht die Daten- und Code-Lokalisierung, so dass sich die Systemleistung durch entsprechende Optimierungen bei High-End-Servern um 5 bis 40 Prozent erhöht.
Der UltraSPARC III Prozessor verfügt über einen **Dual Translation Lookaside Buffer (DTLB)** mit Unterstützung für grosse Speicherseiten, der die HPC-Leistung um fast das Dreifache steigert (Messung nach SWIM-Benchmark).
Durch einen neuartigen Algorithmus für das Page Coloring erhöht sich die Systemleistung bei typischen Serverlasten um bis zu zehn Prozent.
Das neue Solaris wartet mit zahlreichen Features für eine **erhöhte Verfügbarkeit** und geringere Gesamtbetriebskosten auf. Hierzu gehören unter anderem die erweiterte Integration mit der **Sun Cluster 3.0** Software und Funktionen für die Konfigurationsverwaltung. Darüber hinaus bieten sich die Sun RAS-Profile mit ihren Technologien und Prozessen als ideale Lösung zur Optimierung von Kundenplattformen an. Eine geringere Fehlerhäufigkeit, vereinfachte Störungsbeseitigung, weniger ungeplante Ausfallzeiten und eine höhere Produktivität führen unter dem Strich zu Kosteneinsparungen und mehr Effizienz.

2.3 Computerviren

Ein trauriges Kapitel auf fast allen Computerplattformen und Betriebssystemen sind Computerviren. Heutzutage werden diese praktisch nur noch über E-Mail und das Internet verbreitet.

Virenarten

Ein Computervirus ist eine Befehlsfolge, deren Ausführung einen Speicherbereich verändert, in dem es eine Kopie von sich in diesen hinein kopiert. Der Speicherbereich kann eine ausführbare Datei oder ein Programm auf Diskette, Festplatte etc. oder auch im RAM sein.

Dateiviren
Dateiviren lagern sich an ausgewählte Programme an und bedienen sich dabei unterschiedlicher Techniken. Die Verbreitung erfolgt immer dann, wenn ein bereits infiziertes Programm aufgerufen wird. **Residente Dateiviren** stellen insofern eine Steigerung dar, dass sie sich nach ihrem Aufruf resident im Speicher festsetzen. Somit wird bei jeder Programmausführung neu infiziert. Diese Gattung von Viren ist schwerer zu eliminieren, sie überlebt in manchen Fällen sogar einen Warmstart des Rechners. Die überwiegende Anzahl der heute bekannten Viren fällt in diese Klasse. So genannte **Stealth-Viren** wurden entwickelt, um Viren-Scanner, Prüfsummenprogramme oder Wächterprogramme zu unterlaufen. Ähnlich wie die amerikanischen Tarnbomber verfügen sie über einen Tarnmechanismus, der es ihnen ermöglicht, ihre eigene Existenz zu verschleiern. **Polymorphe Viren** sind die derzeit modernsten und gefährlichsten Varianten der Dateiviren. Unter diese Klasse fallen Viren, die bei jeder neuen Infektion ihr Erscheinungsbild ändern. Gewöhnlich wird dies erreicht, indem sie den Virus-Code mit einem wechselnden Schlüssel bei jeder Infektion neu verschlüsseln.

Systemviren nutzen bestimmte Programmbestandteile wie Masterbootrecord, Partitionsbootrecord, Diskettenbootsektor, FAT und Wurzelverzeichnis (Root) des Betriebssystems als Infektionsmedium. Diese Systembereiche sind an den jeweiligen Datenträger gebunden, und eine Übertragung setzt das Arbeiten mit den jeweiligen Datenträgern voraus.

Bootsektor-Viren greifen ausschliesslich den Bootsektor auf Disketten und Festplatten an. Die Verbreitung geschieht langsam, da eine Infektion nur beim Booten von Disketten möglich ist.

transtec empfiehlt Systeme mittels geeigneter Virensoftware ständig zu überprüfen.
So können massive Schäden im Vorfeld vermieden werden.

3. Cluster

High-Availability Cluster

Ein **High-Availability** Cluster ist die Verknüpfung mehrerer Systeme zu einer Gruppe, die über eine Cluster-Software verwaltet und gesteuert wird. Physisch gesehen ist ein Cluster eine Gruppe von zwei oder mehreren unabhängigen Servern, die auf dieselben Daten zugreifen können und dieselbe Gruppe von Clients bedienen. In Anbetracht des heutigen Stands der Technik bedeutet dies meistens, dass die Server mit gebräuchlichen I/O-Bussen und einem normalen Netzwerk für den Client-Zugriff verbunden sind. Logisch betrachtet stellt ein Cluster eine einzelne Verwaltungseinheit dar, in der ein beliebiger Server jedem autorisierten Client jede verfügbare Leistung anbieten kann. Die Server müssen Zugriff auf dieselben Daten haben und ein gemeinsames Sicherheitssystem besitzen. Dem heutigen technischen Standard entsprechend bedeutet dies, dass in der Regel Server in einem Cluster dieselbe Architektur besitzen und unter der gleichen Version des gleichen Betriebssystems laufen.

Obwohl es verschiedene Möglichkeiten gibt, wie Cluster aufgebaut sein können, bieten alle die folgenden drei Vorteile:

- Fehlertolerante Hochverfügbarkeit bei Anwendungen und Daten
- Skalierbarkeit von Hardware-Ressourcen
- Einfachere Verwaltung grosser oder schnell wachsender Systeme.

Höhere Verfügbarkeit

In unternehmenskritischen Umgebungen bildet die Hochverfügbarkeit von Diensten (z.B. Webserver, Datenbanken oder Netzwerk-File-Systemen) die Voraussetzung für den Erfolg des Unternehmens. Häufige Gründe für Verfügbarkeitsprobleme von Diensten sind unterschiedliche Formen von Systemstörungen. Die Störung kann in der Hardware, Software, Anwendung oder im Ablauf begründet sein. Man kann sich gegen diese Störungen absichern, indem ein Cluster als Anwendungs- oder Datenserver verwendet wird. Cluster bieten neben Redundanz bei Rechenleistung, I/O- und Speicherkomponenten auch die Möglichkeit, dass beim Ausfall eines Servers ein anderer Server dessen Arbeit unterbrechungsfrei übernimmt. Somit ermöglichen Cluster eine hohe Verfügbarkeit der Server-Dienste auch bei einer Störung.

Die Abbildung zeigt ein einfaches Cluster, bestehend aus zwei vernetzten Servern und einem RAID-System zum Speichern der Daten.

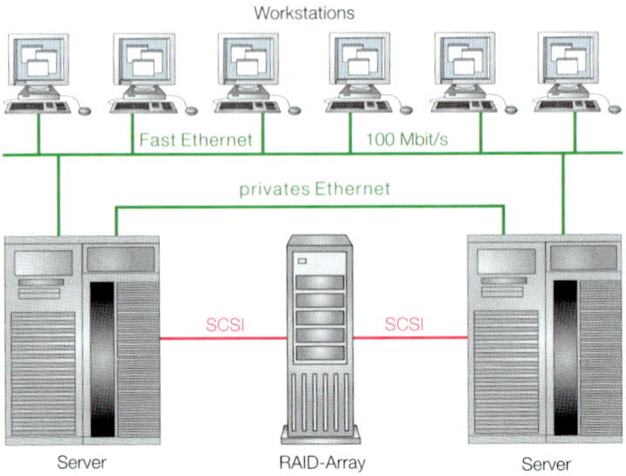

Wenn an einem Server Hard- oder Softwarestörungen auftreten oder der Server abstürzt, kann der andere Server dessen Funktion übernehmen:

- Wenn die Netzwerkschnittstelle eines Servers ausfällt und dadurch die Verbindung zu den Clients abbricht, können die Clients weiterhin auf die Leistungen des zweiten Servers zurückgreifen.
- Wenn ein I/O-Bus oder -Adapter ausfällt, kann über einen alternativen Pfad auf die Daten des RAID-Systems zugegriffen werden.
- Wenn eine Platte ausfällt, sind die Daten durch das RAID-System weiterhin verfügbar.

In allen Fällen müssen Server und Clients die Störung erkennen und beheben. Zwar kommt es hierbei zu einer Unterbrechung der Leistung des Cluster-Dienstes, diese beträgt jedoch bei der Verwendung von Clustern normalerweise nur wenige Sekunden, im Gegensatz zu Minuten oder Stunden bei sonst üblichen Wiederherstellungsmethoden.

Skalierbarkeit

Ein weiterer Vorteil einiger Cluster-Architekturen ist die Skalierbarkeit, die ein Anwendungswachstum über die Kapazität eines einzelnen Servers hinaus ermöglicht. Viele Anwendungen besitzen mehrere Threads relativ abgegrenzter Aktivitäten, die nur gelegentlich interagieren. Anwendungen mit mehreren Threads können als pseudo-parallele Prozesse auf einem Server mit einem Prozessor laufen oder als echte parallele Prozesse in symmetrischen Multiprozessorsystemen (SMP). In einem Cluster können Gruppen der Anwendungs-Threads auf verschiedenen Servern ausgeführt werden, da die Server auf dieselben Daten zugreifen können. Wenn eine Anwendung zu gross für einen Server wird, kann ein zweiter Server installiert werden, um ein Cluster zu erstellen und so die Anwendungskapazität zu erhöhen. Damit die Server auf dieselben Daten zugreifen können, ist Koordination erforderlich. Diese Koordination kann durch eine Anwendung, einen Datenbank-Manager oder ein verteiltes Dateisystem erfolgen.

In einem Cluster, in dem diese Koordination fehlt, ist der gleichzeitige direkt Zugriff mehrerer Server auf eine beliebige Datei nicht möglich. Jedoch lassen sich selbst mit diesem begrenzten Zugriff einige Anwendungen skalieren. Die Anwendungen können so aufgeteilt werden, dass die einzelnen Programme unterschiedliche Daten verwenden.

Einfachere Verwaltung

Der dritte Vorteil von Clustern ist die einfachere Verwaltung. Cluster vereinfachen die Komplexität der Systemverwaltung, indem sie den Umfang der von einem einzelnen System verwalteten Anwendungen, Daten und Benutzerdomänen vergrössern. Die Systemverwaltung umfasst unter anderem folgende Bereiche:

- Betriebssystem
- Middleware
- Anwendungspflege
- Verwaltung von Benutzer-Accounts
- Konfigurationsverwaltung
- Datensicherung

Komplexität und Kosten für die Systemverwaltung hängen von der Grösse und insbesondere von der Anzahl der verwalteten Systeme ab. Beispielsweise ist die tägliche Datensicherung für alle Server nötig, die wichtige Daten speichern - unabhängig von der Menge der zu sichernden Daten. Auch Änderungen von Benutzer-Accounts müssen auf allen Servern aktualisiert werden, auf die der Benutzer zugreift.
Cluster verringern die Anzahl der einzelnen Systeme - und somit die Kosten für die Systemverwaltung -, indem sie eine grössere Anzahl von Anwendungen, Daten und Benutzern zu einem einzigen Rechnersystem zusammenfassen. Ein Vorteil davon ist, dass in einem Cluster-System nur jeweils ein einziger Satz von Benutzer-Accounts, Dateizugriffsberechtigungen, Datensicherungsregeln, Anwendungen, Datenbank-Managern etc. enthalten sein muss. Obwohl die durch unterschiedliche Cluster-Architekturen erstellten Einzelsysteme variieren können, ist es normalerweise günstiger, ein einzelnes Cluster anstatt der entsprechenden Anzahl unverbundener Server-Systeme zu verwalten.

Die Lastverteilung zwischen den einzelnen Cluster-Servern erfolgt automatisch. Sowohl Unix- als auch OpenVMS-Cluster bieten automatische Lastverteilung und Skalierbarkeit, Windows 2000 Cluster bieten zur Zeit lediglich eine bessere Verfügbarkeit. Mit dem Cluster-Server des Windows 2000 Advanced Servers können zwei Server, beim Windows 2000 Datacenter Server vier Server zu einem Cluster verbunden werden. Die vom Cluster-Server unabhängige automatische IP-Lastverteilung erlaubt die Verteilung von Web-Applikationen auf bis zu 32 Systeme.

High Performance Computing Cluster (HPCC)/Beowulf Cluster

Die Beowulf-Cluster-Architektur besteht im Prinzip aus einer Anzahl von Rechenknoten und einem oder mehreren Zugangsrechnern. Die Zugangsrechner werden als Front End oder als Server Node bezeichnet. Ein Nutzer loggt sich, meist remote, nur auf diesem Server Node ein. Von dort aus kann er eine beliebige Menge von Rechenknoten für seine Arbeit (seinen Rechenauftrag) für sich reservieren und benutzen. Dementsprechend benötigen die Rechenknoten keinerlei Ein- oder Ausgabe-Peripherie wie Tastatur, Maus oder Bildschirm. Sowohl Zugangsrechner als auch Rechenknoten erfordern keinerlei spezielle Hardware, in der Regel kommen Standardsysteme mit x86- oder Alpha-Prozessoren zum Einsatz. Die Koppelung der Systeme kann mit jeder beliebigen Netzwerk-Infrastruktur erfolgen. Als Betriebssystem kommt in der Regel ein freies Betriebssystem (Linux, FreeBSD usw.) zum Einsatz.
Ein Beowulf Cluster dient zur preisgünstigen Lösung von Aufgaben, die sehr viel Rechenleistung erfordern. Die Einrichtung eines solchen Clusters ist jedoch keine einfache Aufgabe, da es kein fertiges Paket gibt. Das Cluster muss, den Anforderungen entsprechend, aus mehreren Softwareteilen zusammengestellt, und die Anwendungen müssen dann noch parallel programmiert werden. Allerdings ist es auch möglich ein Cluster mit nicht parallelen Jobs als Computerfarm zu nutzen.

Hochverfügbarkeits-Cluster mit Linux Failsafe

Die Linux-Failsafe-Clustersoftware ist ein universelles, frei konfigurierbares und fehlertolerantes Hochverfügbarkeitssystem, mit dem einzelne Dienste (Services) redundant aufgebaut werden können. Mit Hilfe dieser Software kann ein Dienst im Fehlerfall automatisch oder manuell auf einen anderen Node (Server) migriert werden. Ein Fehler muss nicht unbedingt in defekter Hardware liegen: Applikationsfehler, desolate Prozesse und kritische Systemzustände werden ebenfalls als solcher erkannt und entsprechend behandelt. Die einzelnen Nodes des Clusters müssen in den meisten Fällen auf gemeinsame Datenbereiche zugreifen können, um den Datenbestand im Fehlerfall zu übernehmen. Hierzu kann eine SCSI RAID- oder SAN-Architektur genutzt werden, die es den Servern ermöglicht, Datenbereiche im Fehlerfall zu übernehmen. Wurden die Datenbereiche erfolgreich übernommen, kann der aktive Cluster-Server die Dienste neu starten und unter der gleichen IP wieder zur Verfügung stellen. Die Downtime eines Dienstes ist somit kalkulierbar und in gewissem Rahmen sogar steuerbar, da man verschiedene Kriterien für die Dienstmigration konfigurieren kann. Mit entsprechend redundanten Serversystemen ist mit dieser Lösung eine Verfügbarkeit von 99,99 % realisierbar.

4. Speicherbusse

4.1 Einleitung

Unter Speicherbussen versteht man Peripheriebusse, die die Anbindung von Festplatten, Bandlaufwerken und optischen Speichern an den Systembus (PCI, SBus und ähnliche) erlauben. Während es anfangs eine ganze Reihe proprietärer Busse gab, die heute keine oder nur noch eine geringe Rolle spielen (z.B: IPI, DSSI im Digital Umfeld, SSA hauptsächlich von IBM) haben sich drei Standards durchgesetzt: ATA (IDE) als preiswerte Lösung für interne Speichersysteme, der SCSI-Bus vor allem im Workstation-Bereich und der ebenfalls das SCSI-Protokoll benutzende Fibre Channel für hohe Performance. Vor allem für Workstations und Notebooks werden ausserdem die allgemeinen Peripheriebusse FireWire und USB (Universal Serial Bus) auch für die Anbindung von Speicherprodukten verwendet, indem mit Hilfe von Adaptern ATA auf diese Busse umgesetzt wird.

4.1.1 Parallele versus serielle Busse

Von parallelen Bussen hatte man sich anfangs ein hohes Potential an zusätzlicher Bandbreite versprochen: Im Vergleich zu seriellen Verbindungen steigert sich ja der Durchsatz um das 8-, 16- oder gar 32-fache. So wurde der SCSI Bus anfangs mit 8 bit definiert, später mit 16-bit. Nicht realisierte Pläne gab es auch mit 32 bit. IDE wurde von Anfang an mit 8 bit Busbreite betrieben.
Neue Standards mit höherer Performance wurden dann ausser durch intelligentere Protokolle und grössere Übertragungssicherheit jeweils durch Vergrösserung der Taktrate gewonnen. Diese zunehmende Übertragungsgeschwindigkeit stösst allerdings an ihre Grenzen: Die Synchronisation der parallelen Datensignale wird zunehmend schwieriger. Dadurch ergibt sich bei der Entwicklung paralleler Busse eine Sackgasse, mit der Folge, dass heutige serielle Busse teilweise schneller sind als parallele. Zukünftige Speicherbusse werden daher alle seriell sein: ATA wird zu Serial ATA (S-ATA) und SCSI zu Serial SCSI. Der Fibre Channel war von Anfang an als serieller Bus konzipiert.

4.2 SCSI-Schnittstelle

SCSI (Small Computer Systems Interface) ist ein in seiner ursprünglichen Form 8 bit breiter, paralleler, später auch seriell definierter I/O-Bus, der für den Anschluss von Massenspeicherlaufwerken aller Art, aber gelegentlich auch von Scannern und anderen Peripheriegeräten an verschiedenen Rechnersystemen verwendet wird und sehr weite Verbreitung gefunden hat. Die Vorteile von SCSI waren von Anfang an eine relativ hohe maximale Übertragungsrate sowie eine flexible und einfache Konfiguration.
Bei SCSI ist viel Intelligenz im Laufwerk selbst vorhanden, denn die SCSI-Schnittstelle ist

keine Schnittstelle im klassischen Sinne, sondern ein Peripheriebus, über den Laufwerke und Hostadapter miteinander kommunizieren. Die erste SCSI-Norm wurde bereits 1986 von ANSI als Standard verabschiedet. Hinter SCSI verbirgt sich ein dreischichtiges Regelwerk mit Kommando-, Protokoll- und Interfaceebene. Den Kern von SCSI bilden die so genannten SCSI Primary Commands (SPC). Diese Befehle müssen alle Geräte beherrschen. Darauf aufbauend existieren spezielle Kommandos für einzelne Gerätegruppen: Controller Commands (SCC) für Hostadapter, Block Commands (SBC) für Festplatten, Stream Commands (SSC) für Bandlaufwerke, Multimedia Commands (aus diesen Befehlen setzt sich die so genannte Kommandoebene zusammen). Unterhalb dieser Kommandoebene auf der Protokollebene liegen die Protokolle der verschiedenen Schnittstellentypen. Diese logischen Protokolle regeln, wie ein SCSI-Befehl auf dem jeweiligen Interface abgebildet wird und wie die einzelnen Geräte miteinander kommunizieren. Das klassische SCSI-Interface (8-bit- und 16-bit-SCSI) nutzt das Interlocked Protocol (IPC). Die neuen Interfaces bauen auf eigenen Protokollen auf: Das Serial Storage Protocol (SSP) für SSA sowie das Generic Packetized Protocol (GPP), die Anbietern anderer Interfaces den Zugang zu SCSI erleichtern sollen.
Die unterste Ebene schliesslich ist die Interface-Ebene, in der die verschiedenen physikalischen Übertragungsmedien definiert sind.
Der Vorteil dieses modularen Modells zeigte sich bei der Einführung neuer serieller Technologien: Fibre Channel und SSA konnten problemlos in den am weitesten verbreiteten Standard, nämlich SCSI eingebettet werden. Das spart einerseits Kosten und beschleunigt andererseits die Einführung der neuen Interfaces.
Die Ausdehnung des ursprünglichen, parallelen SCSI (1 und 2) auf serielle Übertragung wird unter SCSI-3 subsumiert. SCSI-3 ist im parallelen Bereich abwärtskompatibel. Bei Verwendung der seriellen Interfaces (Fibre Channel, SSA) werden wesentlich grössere Datentransferraten erreicht, und die beim parallelen SCSI gegebene Aufteilung in eine schnellere Datenphase (320 MB/s bei Ultra320 SCSI) und eine langsamere Befehlsphase (5 MB/s) entfällt.
Im Folgenden sollen nun die verschiedenen Protokolle und Interfaces näher beschrieben werden.

Parallele SCSI-Schnittstellen

Paralleles SCSI
- SCSI-1
- SCSI-2
- Ultra SCSI
- Ultra2 SCSI
- Ultra160 SCSI
- Ultra 320 SCSI

SCSI-Schnittstelle	Datenbits	Max. Transferrate MB/s	Max. Anzahl Laufwerke	Max. Kabellänge (m)
Single-Ended	8	5	7	6
Single-Ended-Fast	8	10	7	3
Single-Ended-Ultra	8	20	7	1.5*
Single-Ended-Wide	16	20	15	3
Single-Ended-Wide-Ultra	16	40	15	1.5*
Differential	8	5	7	25
Differential-Fast	8	10	7	25
Differential-Ultra	8	20	7	12.5
Differential-Wide	16	20	15	25
Differential-Wide-Ultra	16	40	15	12.5
Ultra2 LVD	16	80	15	12
Ultra160	16	160	15	6
Ultra320	16	320	15	6

* 3 m bei 4 Laufwerken

Parallele SCSI-Schnittstellen

Serielles SCSI
- SSA
- Fibre Channel
- Fibre-Channel-Arbitrated-Loop (FC-AL)

4.2.1 Paralleles SCSI

SCSI-1
Die erste verabschiedete SCSI-Norm war SCSI-1. Sie unterstützte primär nur Festplatten und Bandlaufwerke. Auch hinsichtlich ihrer sonstigen Leistungsdaten ist SCSI-1 nicht mehr konkurrenzfähig. Der Overhead bei der Datenübertragung liegt bei bis zu 90 %. Der im asynchronen Modus durchgeführte Datentransfer erreichte Transferraten von maximal 1 MB/s, im synchronen Modus bis 5 MB/s. SCSI-1 wird seit 1990 nicht mehr verwendet.

SCSI-2
Die SCSI-2-Norm wurde 1986 entwickelt und beinhaltet wesentliche Verbesserungen. Der SCSI-2-Kommandosatz enthält eine Reihe zusätzlicher Kommandos, welche die Unterstützung von Festplatten, Band- und MO-Laufwerken, CD-ROMs, Scannern oder auch Jukeboxen verbessern bzw. erst ermöglichen. Neben dem neuen standardisierten Kommandosatz (Common Command Set) enthält die SCSI-2-Spezifikation auch eine höhere maximale Transferrate von 10 MB/s (Fast-SCSI, mit der üblichen Busbreite von 8 bit) sowie die Möglichkeit, die Breite des Datenpfades auf 16 bit (Wide-SCSI) zu erhöhen. Durch eine Kombination von Fast- und Wide-SCSI sind somit Transferraten von bis zu 20 MB/s auf dem Bus möglich. Die Angabe der SCSI-2-Unterstützung bei einem Gerät bedeutet nicht automatisch, dass es dem kompletten SCSI-2-Umfang (inkl. Fast- und Wide-SCSI) entspricht, jedoch haben aktuelle Laufwerke in der Regel Fast-SCSI implementiert. Fälschlich wird teilweise die Wide-SCSI-Version (16 bit breiter Datenbus) von SCSI-2 als SCSI-3- sowie Non-Fast-SCSI-2 als SCSI-1-Norm bezeichnet.

Ultra SCSI
Noch einmal verdoppelt wurde der Transfertakt bei Ultra SCSI, einer voll abwärtskompatiblen Erweiterung von SCSI-2. Durch die Verdoppelung der Taktrate auf dem Bus verdoppelt sich auch die Transferrate auf 20 MB/s (8 bit) bzw. 40 MB/s (16 bit). Dies betrifft allerdings nur die Datentransferrate. Die Befehlsübertragung geschieht weiterhin mit 5 MB/s. Auch Stecker und Kabel wurden aus Kompatibilitätsgründen beibehalten. Die Performance-Steigerung hat ihren Preis: Die zulässige Kabellänge verkürzt sich bei Single-Ended auf 1,5 Meter und bei Differential entsprechend auf 12,5 Meter. Eine aktive Terminierung ist unbedingt notwendig, um eine störungsfreie Übertragung zu gewährleisten.
Um dem Anwender die Konfiguration des SCSI-Busses zu erleichtern, enthält die Ultra SCSI-Spezifikation das Feature SCAM (SCSI Configuration AutoMatically). Das angeschlossene Gerät konfiguriert sich also selbst. Die Implementierung von SCAM in die Devices ist jedoch

jedem Hersteller selbst überlassen.

Ultra2 SCSI (LVD - Low Voltage Differential)

Produkte mit Ultra2 SCSI kamen 1998 auf den Markt. Auch hier wurde wieder die Datentransferrate verdoppelt, auf 80 MB/s bei 16 bit. Die bisherige 8-bit-Version wird sich nach und nach verabschieden. Da ausserdem eine weitere Halbierung der Kabellänge bei Single-Ended-Verkabelung den Bus praktisch unbrauchbar machen würde, wurde dieser Standard nur noch als LVD (Low Voltage Differential) definiert, eine Differenzial-Verkabelung, die darüber hinaus mit einem Drittel der Signalspannung arbeitet. Die maximale Kabellänge beträgt hier immerhin noch 12 m. Um auch diesen Standard mit den bisherigen kompatibel zu halten, werden Ultra2-Laufwerke mit einer autosensing Schnittstelle ausgerüstet, die den Betrieb an herkömmlichen Single-Ended-Controllern (nicht am Differenzial) ermöglichen, wenn auch nur mit Ultra SCSI-Geschwindigkeit. Allerdings verfügen sie nicht über interne Terminierung, was die Verwendung von separaten Terminatoren auch innerhalb der Rechner notwendig macht.

Ultra160 SCSI

Ultra160 benutzt die gleiche Verkabelung wie Ultra2 LVD-SCSI. Die Verdoppelung der Transferrate wurde durch die Datenübertragung an der auf- und absteigenden Flanke des Signals erreicht.

Ultra320 SCSI

Seit Sommer 2002 sind erste Produkte mit Ultra320 verfügbar. Ob danach noch eine weitere Verdoppelung der Bandbreite erscheinen wird, ist allerdings noch fraglich, denn serielle Standards wie Fibre Channel und Serial-ATA, später wohl auch Serial-SCSI werden das parallele SCSI zunehmend verdrängen. Schon Ultra320 wirft bei der Realisierung in externen Speicherlösungen grosse technischen Schwierigkeiten auf.

SCSI-3

SCSI-3 beinhaltet sowohl die Normen des parallelen SCSI als auch die der weiter unten beschriebenen seriellen Interfaces.

SCSI-Übertragungsstandards

Die parallele SCSI-Schnittstelle gibt es in unterschiedlichen Varianten, die sich in der Art der Datenübertragung unterscheiden. SCSI-Signale können entweder auf 8 bit (Narrow) oder 16 bit (Wide-SCSI) breiten Bussen übertragen werden. Bis zu 7 Laufwerke können am 8-bit-Bus angeschlossen werden, bis zu 15 Laufwerke am 16-bit-Bus. Beide Busbreiten verfügen wiederum über die Verkabelungsarten Single-Ended (SE) oder Differential (D) bzw. bei heutigen Standards Low Voltage Differential (LVD). Bei SE-SCSI wird jedes Signal nur auf einer, bei D-SCSI dagegen auf zwei untereinander verdrillten Leitungen übertragen. Letztere sind daher gegen elektrische Einflüsse unempfindlicher. Die Vorteile von D-SCSI sind bessere

Störsicherheit und, daraus resultierend, grössere Kabellängen.
Nachteilig sind lediglich die - im Vergleich zu SE-SCSI - höheren Kosten für Laufwerke, Hostadapter und Terminierung. Bei der Auswahl eines Subsystems ist zu beachten, dass die SCSI-Schnittstelle des Hostadapters mit der des Laufwerks übereinstimmt. Grundsätzlich können 8-bit-Geräte an einen 16-bit-Bus angeschlossen werden, jedoch sind dabei eine ganze Reihe besonderer Konfigurationsregeln zu beachten.
Single-Ended- und Differential- oder LVD-SCSI können nicht gleichzeitig am Bus betrieben werden. Der Versuch kann zu Schäden an Laufwerk und Controller führen. Lediglich LVD-Laufwerke stellen sich selbstständig auf Single-Ended um, wenn sie ein SE-Laufwerk oder einen SE-Controller am Bus vorfinden.

Synchroner und asynchroner Datentransfer

Bei parallelem SCSI gibt es den asynchronen und den schnelleren synchronen Datentransfer. Beim asynchronen Datentransfer wird jedes Byte separat gesendet und bestätigt, während beim synchronen Transfer mehrere Bytes auf einmal gesendet und dann gemeinsam bestätigt werden. Dadurch ist der Overhead beim synchronen Übertragungsmodus kleiner und die Transferrate höher. Grundsätzlich können alle Peripheriegeräte asynchron arbeiten. Synchronlaufwerke bzw. -Controller stellen vor dem Datenaustausch beim so genannten handshaking fest, ob der andere Kommunikationspartner auch synchronen Transfer beherrscht, und benutzen dann automatisch die entsprechende Datentransferart. Heutige SCSI-Laufwerke und Hostadapter unterstützen in der Regel die Synchronübertragung.

Kabel für paralleles SCSI

Um einen problemlosen und fehlerfreien Datentransfer zu ermöglichen, sind einige grundsätzliche Dinge bereits bei der Auswahl des richtigen SCSI-Kabels zu beachten: Die SCSI-Kabel müssen nach UL (Underwriter Laboratories) und CSA (Canadian Standard Association) spezifiziert sein. Die einzelnen Drähte des Kabels müssen aus Kupferlitze bestehen (besser kupferverzinnt). Sie müssen paarweise verdrillt sein. Zusätzlich sollte das Kabelbündel noch einmal über die Länge von max. 1 m verdrillt sein. Das gesamte Kabel braucht weiter eine doppelte Abschirmung. Dies wird in der Regel durch eine Silberfolie und ein zusätzliches Drahtgeflecht über dem Kabelbündel erreicht. Werden mehrere Peripheriegeräte an einen SCSI-Bus angeschlossen, sollten die einzelnen Verbindungskabel möglichst kurz sein und optimalerweise dieselbe Länge haben. Dadurch wird die Störanfälligkeit des Busses reduziert. Da die Übertragung der SCSI-Daten bei Wide-SCSI mit 16 anstelle von 8 bit stattfindet, reichen die vorhandenen Leitungen im normalen, 50-poligen SCSI-Kabel nicht aus. Wide-SCSI verwendet deshalb 68-polige Kabel. Da es bei den Kabeln keinen Unterschied zwischen Single-Ended und Differential-SCSI gibt, können die Kabel für beide Schnittstellentypen verwendet werden.

Terminierung der Subsysteme

Mit wachsender Übertragungsrate steigen auch die Anforderungen an die Datenkabel und an die SCSI-Bus-Terminierung. Differential-SCSI und aktive Terminierung gewinnen immer mehr an Bedeutung. Aktive Terminatoren arbeiten im Gegensatz zu den passiven Terminatoren mit einem integrierten Spannungsregler. Sie halten die Terminatorpowerleitung mit aktiven Bauelementen auf genau 2,85 V. Bei passiver Terminierung werden sie mit einem passiven Spannungsteiler auf etwa 3 V gehalten. So kann die Spannung im Kabel je nach Kabeltyp und -länge stark schwanken.

Der Forced Perfect Terminator (FPT) ist eine vor allem in der IBM-Welt (RS/6000) verwendete Variante der aktiven Busterminierung. Hierbei wird die Impedanz des SCSI-Busses dynamisch angepasst. Wenn allerdings FPT verwendet wird, so muss dies auf beiden Seiten des Busses - also auch auf der Hostadapter-Seite - geschehen. Grundsätzlich wird die Verwendung von aktiven Terminatoren empfohlen, da diese im Gegensatz zur passiven Terminierung den SCSI-Bus gegen elektromagnetische Störungen besser schützen.

Anschluss von Subsystemen

Beim Anschluss von externen SCSI-Subsystemen gibt es folgende Möglichkeiten:

1. Bisher ist noch kein externes Subsystem am SCSI-Port angeschlossen: In diesem Fall benötigt man ein entsprechendes SCSI-Kabel für die jeweilige Rechnerplattform. Bei allen externen Subsystemen werden im Preislistenteil Kabeltauschoptionen für die entsprechende Rechnerplattform angeboten. So sind anstelle der Standardkabel auch Kabel mit dem in der Preisliste angegebenen Steckern erhältlich. Das Subsystem lässt sich auf diese Weise direkt mit dem richtigen Stecker an den jeweiligen Rechnertyp anschliessen. Des Weiteren wird noch ein Terminator benötigt. Immer muss auch die maximale Kabellänge berücksichtigt werden, wobei Kabel in den Gehäusen (Rechner, Platten etc.) mitzuzählen sind.
2. Externe Subsysteme sind bereits vorhanden und mit HD68-Steckern ausgerüstet: Mit dem mitgelieferten Kabel kann das neue Subsystem beliebig an die bestehenden Subsysteme angehängt bzw. zwischen diese eingefügt werden.
3. Externe Subsysteme sind bereits vorhanden, haben aber keinen HD68-Stecker: Hierbei gibt es zwei Möglichkeiten:

- Man schliesst das neue Subsystem an die letzte vorhandene Box an. Hierzu muss mittels einer Tauschoption das Standardkabel gegen ein Kabel mit passendem Stecker getauscht werden. Zusätzlich wird dann noch ein entsprechender Terminator mit Stecker benötigt.
- Das neue Subsystem wird als erstes direkt an den Rechner angeschlossen. In diesem Fall wird, wenn nötig, das Standardkabel gegen ein Kabel mit einem für den Rechner passenden Stecker getauscht. Ausserdem wird dann noch ein zusätzliches Kabel zum Anschluss des neuen Subsystems an die bereits vorhandenen benötigt.

4.2.2 Serial SCSI

Da Ultra320 voraussichtlich der letzte realisierbare parallele SCSI Standard ist, wird derzeit an seriellen SCSI Standards gearbeitet. Sie sollen preisgünstiger sein als der im Folgenden beschriebene Fibre Channel und so in Zukunft SCSI Busse mit höheren Übertragungsraten ermöglichen. Erste Produkte werden nicht vor 2004 oder 2005 erwartet.

4.3 Fibre Channel

Der Name Fibre Channel ist etwas irreführend, denn der serielle Bus ist nicht nur für Lichtleiter, sondern auch für Kupferkabel spezifiziert. Auf beiden Medien sind Übertragungsraten von 12,5 MB/s bis hin zu etwa 400 MB/s vorgesehen. Die physikalische Transferrate liegt mit 132 Mbit/s bis 2 Gbits/s noch etwas höher. Die daraus resultierende etwas höhere Bruttodatenrate wird für einen 8-zu-10-bit-Code genutzt, der eine einfache Fehlererkennung erlaubt. Innerhalb eines Fibre-Channel-Systems können verschiedene Kabelarten gemischt werden. Die einfachste Variante ist ein abgeschirmtes Twisted-Pair-Kabel. Grosse Distanzen oder höhere Transferraten erfordern wahlweise Kupfer- oder Glasfaserkabel. Somit lassen sich mit ein und demselben Interface sowohl Low-End- und Low-Cost-Systeme als auch High-End-Systeme aufbauen. Die Glasfaserverbindungen werden über einen Duplex-SC- oder LC-Stecker angeschlossen, die Kupferverkabelung über einen DSub 9pol.-Stecker oder 9-poligen HSSDC (High Speed Serial D-Stecker).

Fibre Channel ist die allgemeine Bezeichnung für eine Normenreihe, die von der ANSI (American National Standards Institute) entwickelt wurde und weiterentwickelt wird, um neue Protokolle für eine flexible Informationsübertragung zu schaffen. Diese Entwicklung begann im Jahr 1988 als Erweiterung der Norm Intelligent Peripheral Interface (IPI) Enhanced Physical und verzweigte sich in mehrere Richtungen.

Die vorrangigen Ziele dieser Entwicklung sind:

- Unterschiedliche Typen physikalischer Schnittstellen zu unterstützen
- Ein Mittel für die Vernetzung dieser unterschiedlichen Schnittstellentypen anzubieten
- Eine Hochgeschwindigkeitsübertragung grosser Datenmengen zu ermöglichen
- Das logische Protokoll wird von der physikalischen Schnittstelle transportiert; dies erlaubt den Transport verschiedener Protokolle über eine gemeinsame physikalische Schnittstelle (ggf. simultan)
- Eine Entlastung von der zunehmenden Zahl physikalischer Schnittstellen, die nur begrenzte Verbreitung haben.

Fibre Channel ist in Systemen unterschiedlichster Grössen zu finden, doch derzeit wird es zunächst in Grossrechnersystemen Anwendung finden und später in Workstations. Auf preiswerten PCs dürfte es kaum verwendet werden, doch später wird es in den Desktopsystemen von Profianwendern implementiert werden, die an Netzwerke angeschlossen sind. Gegenwärtig sind systemgebundene Lichtwellenleiter-Schnittstellen in einigen Desktop-Systemen und Workstations zu finden. Die Anwendung sehr schneller Fibre-Channel-Schnittstellen wird zunehmen, sobald ihre Geschwindigkeit und ihre Funktionen diesen Anwendern bekannt werden. Dazu zählen auch kleine Arbeitsgruppen, die zwecks Datenaustausch mit Hochgeschwindigkeitsleitungen vernetzt werden müssen.
Zu nennen sind zwei grundlegende Peripherieprotokolle für die Gerätekommunikation: Kanäle und Netzwerke. Üblicherweise bezieht sich der Begriff Kanal auf eine periphere I/O-Schnittstelle (mit einem Hostcomputer), die grosse Datenmengen zwischen dem Host und dem Peripheriegerät hin- und hertransportiert. Der Systemverarbeitungsaufwand wird so gering wie möglich gehalten, indem die Datenübertragung in der Hardware mit geringer bis gar keiner Software-Beteiligung gehalten wird, sobald eine I/O-Operation beginnt. Dagegen bezieht sich der Begriff Netzwerk auf eine I/O-Schnittstelle, die in der Regel zahlreiche kleine Übertragungen mit grösserem Systemverarbeitungsaufwand impliziert, der in der Regel auf eine Softwarebeteiligung am Informationsfluss zurückzuführen ist. Netzwerke unterstützen in der Regel eine Host-to-Host-Kommunikation.

Kanäle
Kanäle operieren in der Regel in einer geschlossenen, strukturierten und vorhersehbaren Umgebung, in der alle Geräte, die mit einem Host kommunizieren können, im Voraus bekannt sind, und jede Änderung erfordert auch Modifikationen der Host-Software bzw. der Konfigurationstabellen. Diese komplexeren Wissensstufen werden von den meisten Kanälen bewältigt.

Das Host-System enthält das gesamte Wissen der an diesen Host angeschlossenen Kanäle. Gelegentlich wird hierfür auch die Bezeichnung Master-Slave-Umgebung verwendet. Peripheriegeräte wie Band- und Plattenlaufwerke sowie Drucker sind direkt an das Host-System angeschlossen. Der Host ist dabei der Master, und die Peripheriegeräte sind die Slaves.

Kanäle werden für die Datenübertragung benutzt. Mit dem Begriff Daten sind Dateien mit Informationen gemeint, die viele Tausend Byte umfassen können. Eine wichtige Anforderung für die Übertragung von Daten ist die fehlerfreie Übergabe, wobei die Übertragungsverzögerung zweitrangig ist.

Netzwerke
Auf der anderen Seite arbeiten Netzwerke in einer offenen, unstrukturierten und im Grunde genommen unberechenbaren Umgebung. Fast jeder Host bzw. jedes Gerät

kann jederzeit mit jedem anderen Gerät kommunizieren. Diese Situation erfordert eine intensivere Software-Unterstützung zur Prüfung der Zugangsberechtigung, zur Einrichtung von Übertragungssitzungen und für Routing-Transaktionen zum richtigen Software-Dienst.

Diese unstrukturierte Umgebung, die davon ausgeht, dass die angeschlossenen Geräte alle gleichberechtigt sind, wird Peer-to-Peer-Umgebung genannt. Mehrere Workstations und Mainframe-Computer können vernetzt werden. Dabei ist jedes System unabhängig vom anderen, und gelegentlich tauschen sie mit Hilfe von Netzwerkprotokollen Informationen aus. Eine Workstation und ein Mainframe sind im Verhältnis zu anderen derartigen Systemen gleichberechtigt. Insofern ist diese Umgebung vergleichbar mit der Art und Weise, wie das Fernsprechsystem arbeitet, bei dem alle Fernsprechgeräte gleichberechtigt sind. Analogien zum Fernsprechsystem werden daher gerne gebildet.

Netzwerke werden nicht nur zur fehlerfreien Datenübermittlung, sondern auch zur Sprach- und zur Videoübertragung genutzt, bei der die rechtzeitige Übergabe vorrangig und eine fehlerfreie Übergabe zweitrangig ist. Wenn die Übergabe beispielsweise bei einer Videoübertragung verspätet erfolgt, werden die Daten nutzlos; wenn jedoch ein oder zwei Pixel verloren gehen, wird dies gar nicht bemerkt, solange das Bild nicht flimmert.

Unterstützte Protokolle

Fibre Channel versucht, die besten Aspekte dieser beiden konträren Kommunikationsverfahren in einer neuen I/O-Schnittstelle zu kombinieren, die die Bedürfnisse von Kanalbenutzern und zugleich von Netzwerkbenutzern erfüllen.

Fibre Channel unterstützt die Übertragung von ATM (Asynchronous Transfer Mode), IEEE 802 und sonstigem Netzwerkverkehr. Alle, die mit Internet Protocol (IP), E-Mail, File Transfer, Fernanmeldungen und sonstigen Internet-Diensten vertraut sind, werden feststellen, dass diese Protokolle in Fibre Channel mit höheren Geschwindigkeiten unterstützt werden.

Hierbei handelt es sich um wichtige Aspekte für den Anschluss von Systemen, die auf Fibre-Channel-Basis arbeiten, an die wichtigsten globalen Netzwerke sowie an bereits von Unternehmen installierten LANs. Dazu zählen SONET-basierte Systeme und LANs wie Ethernet. Ein wichtiger von Fibre Channel geleisteter Beitrag besteht darin, dass diese beiden Schnittstellentypen, d. h. Kanäle und Netzwerke, jetzt das gleiche physikalische Medium teilen können. In den letzten Jahren wurden I/O-Kanäle dahingehend ausgebaut, dass sie Netzwerkanwendungen mit einschliessen (z. B. mit Hilfe von SCSI, um zwei Workstations zu vernetzen). In gleicher Weise bewegen Netzwerke mit Hilfe von Netzwerk-Dateitransferprotokollen Daten zwischen Systemen und Dateiservern hin und her (z. B. Network File System (NFS)).

Mit Fibre Channel ist es jetzt möglich, dasselbe physikalische Medium und dasselbe physikalische Transportprotokoll über einen gemeinsamen Hardware-Port zu benutzen, um sowohl Kanal- als auch Netzwerkaktivitäten zu verwalten. Es ist möglich, Informationen an ein Netzwerk zu senden, das über Fibre Channel an die Rückwand einer Workstation angeschlossen ist, und zugleich Fibre Channel zu benutzen, um intern mit den lokalen Peripheriegeräten zu kommunizieren (z. B. mit Festplatten- und Bandlaufwerken).

Protokollmerkmale von Fibre Channel: Fibre Channel enthält keinen Befehlssatz wie beispielsweise SCSI und IPI, sondern stellt einen Mechanismus zur Verfügung, um andere Protokolle auf Fibre Channel aufzusetzen. Dies ist möglich, indem Fibre Channel als Träger für diese Befehlssätze dient, und zwar so, dass der Empfänger zwischen beiden unterscheiden kann. Dies impliziert, dass diverse Befehlssätze älterer I/O-Schnittstellen, für die bisher Software-Investitionen erforderlich waren, direkt auf Fibre Channel angewendet werden.

Die Trennung der I/O-Operationen von der physikalischen I/O-Schnittstelle ist ein wichtiges Leistungsmerkmal von Fibre Channel und ermöglicht die simultane Benutzung unterschiedlicher Befehlssätze. Die verschiedenen Befehlssätze, wie z. B. SCSI, IPI-3, IP etc., werden üblicherweise an ihren eigenen, speziellen Schnittstellen verwendet. Fibre Channel definiert hingegen einen einzigen gemeinsamen, physikalischen Übertragungsmechanismus für diese Befehlssätze.

Fibre Channel

- ist sich des Inhalts oder der Bedeutung der gerade übertragenen Informationen nicht bewusst
- erhöht die Konnektivität von Dutzenden auf Hunderte oder sogar Tausende von Geräten
- vergrössert den Maximalabstand zwischen den Geräten
- erhöht die Übertragungsrate um das Vier- bis Fünffache gegenüber den verbreitetsten Kanälen und um das Hundertfache gegenüber gängigen Netzwerken.

In den folgenden Abschnitten wird beschrieben, wie Fibre Channel den Aufbau eines Netzwerks erlaubt.

Vernetzungstopologien

Fibre-Channel-Geräte werden auch Knoten (engl. nodes) genannt, von denen jeder mindestens einen Port hat, um einen Zugang zur Aussenwelt (d. h. zu einem anderen Knoten) zu schaffen. Die Komponenten, die zwei oder mehr Ports miteinander verbinden, werden unter der Bezeichnung Topologie zusammengefasst. Alle Fibre-Channel-Systeme besitzen lediglich diese beiden Elemente: Knoten mit Ports und Topologien.

Jeder Fibre-Channel-Port verwendet ein Leiterpaar - einen Leiter, um zum Port gehende Informationen zu übertragen, und einen, um vom Port kommende Informationen zu übertragen. Bei Fibre Channel handelt es sich entweder um elektrische Leiter oder um Lichtwellenleiter.

Dieses Faserpaar wird Verbindung (engl. link) genannt und ist Bestandteil jeder Topologie.

Daten werden immer in Einheiten (so genannten Frames oder Rahmen) über diese Verbindungen übertragen. Die Fibre-Channel-Norm definiert drei Topologien, doch liegt die Betonung vor allem auf einer Topologie, die auch Fabric-System genannt wird und als Erstes beschrieben werden soll.

Fabric-Topologie
Ein Fabric-System erlaubt dynamische Kopplungen zwischen Knoten über die an dieses System angeschlossenen Ports. Zu beachten ist, dass der Begriff Fabric in dieser Anwendung als Synonym für die Begriffe Switch bzw. Router gelten kann. Jeder Port in einem Knoten, ein so genannter N_Port oder NL_Port, ist an das Fabric-System über eine Verbindung angeschlossen. Jeder Port in einem Fabric-System wird F_Port genannt. Jeder Knoten kann mit jedem anderen, an andere F_Ports desselben Fabric-Systems angeschlossenen Port mit Hilfe der Dienste des Fabric-Systems kommunizieren. Bei dieser Art von Topologie werden alle Leitwegoperationen für die Rahmen vom Fabric-System anstelle der Port durchgeführt.
Dieser Jeder-mit-jedem- bzw. Peer-to-Peer-Dienst ist ein wesentlicher Bestandteil der Auslegung des Fibre Channels. Ein System, das für Peer-to-Peer-Dienste ausgelegt wurde, kann so verwendet werden, dass das Master-Slave-Kommunikationsverfahren des Typs Host emuliert wird. Auf diese Weise kann Fibre-Channel Kanal- und Netzwerkprotokolle simultan unterstützen.

Wie ein Fernsprechsystem
Die Funktion des Fabric-Systems ist der eines Fernsprechsystems vergleichbar - wir wählen irgendeine Rufnummer, das Fernsprechsystem findet den Pfad zum gewünschten Zielanschluss, der Rufton ertönt, und der Angerufene antwortet. Wenn eine Vermittlungsstelle oder Verbindung abstürzt, leitet das Fernsprechunternehmen die Anrufe über andere Pfade um, was der Anrufer selten bemerkt. Die meisten von uns wissen nichts von den Zwischenverbindungen, die das Fernsprechunternehmen schaltet, um unseren einfachen Anruf erfolgreich werden zu lassen.

Wir geben dem Fernsprechunternehmen jedoch einige Hinweise zu unserem Anruf. Die Rufnummer beginnt beispielsweise (in den U.S.A.) mit der Ziffer 1 - gefolgt von zehn Ziffern in Form einer Ortsvorwahl- (3), Vermittlungsstellen- (3) sowie Teilnehmernummer (4). Wenn am Anfang der Rufnummer nicht die Ziffer 1 steht, gilt der Anruf innerhalb des Ortsvorwahlbereichs des Anrufers, und es werden lediglich sieben Ziffern verwendet. Diese Hinweise helfen der Fernsprechgesellschaft, die Verbindung herzustellen. Die Rufnummer entspricht der Fibre-Channel-Adress-ID. Ein Teil der Adress-ID wird verwendet, um die betreffende Domain des Fabric-Systems zu bestimmen, und der Rest dient dazu, den speziellen Port zu ermitteln.

Zu beachten ist, dass das Fernsprechsystem nicht am Inhalt des Gesprächs zwischen den beiden Fernsprechteilnehmern beteiligt ist (bzw. von ihm betroffen ist); es sorgt lediglich für die Herstellung der Verbindung. In gleicher Weise sorgt Fibre Channel für die Verbindung, und die aufgesetzten Protokolle (z. B. SCSI oder IPI) tragen die Befehle. Diese Protokolle spielen eine ähnliche Rolle wie die Sprachen in Fernsprechsystemen. Fibre Channel und die anderen Protokolle sollten als integraler Bestandteil des Informationsaustauschs gesehen werden.

Das Fabric-System kann aus einem einzigen oder mehreren Fabric-Elementen bestehen. Wie bei Fernsprechsystemen wissen wir nicht (bzw. kümmern uns nicht darum), durch wie viele Switches (Vermittlungsstellen) wir gehen müssen, solange wir mit der richtigen Zielstation verbunden werden.

Ein Fabric-System wird auch vermittelte Topologie oder Koppelpunkt-Vermittlungstopologie genannt. Die Leitweglenkung (Routing) über verschiedene Switches erfolgt, indem die Fabric-Elemente die Zieladress-ID im Rahmen interpretieren, sobald diese in jedem Fabric-Element ankommt.

Das Fabric-System lässt sich physikalisch als einzelnes Fabric-Element mit mehreren F_Ports implementieren, oder es kann als eine Reihe mehrerer derartiger, untereinander verbundener Fabric-Elemente implementiert werden. Die Leitweglenkung bzw. Vermittlung jeder Kopplung ist transparent für die beiden N_Ports, die über F_Ports an die Fabric-Aussenkante angeschlossen sind.

Wenn die Topologie von den Knoten getrennt ist, wie dies beim Fernsprechsystem und bei Fibre Channel der Fall ist, können neue Technologien für die Leiter eingeführt werden. Neue Geschwindigkeiten und neue Funktionen können im Fabric-System implementiert werden, ohne dass dadurch alle vorhergehenden Investitionen in vorhandene Knoten verloren gehen. Fibre Channel erlaubt die Kombination von Zusatzgeräten mit unterschiedlichen Geschwindigkeiten oder Eigenschaften.

Andere Topologien

Neben der Fabric-Systemtopologie definiert die Fibre-Channel-Norm zwei weitere Topologien. Die eine trägt die Bezeichnung Point-to-Point-Topologie mit nur zwei angeschlossenen Ports. In diesem Fall findet keine Leitweglenkung statt. Die dritte Topologie heisst Arbitrated Loop. Hierbei handelt es sich um eine einfache und preisgünstige Topologie für den Anschluss mehrerer Dutzend NL_Ports an einen Loop. Die Ports in einer Arbitrated-Loop-Topologie, die NL_Ports und FL_Ports heissen, unterscheiden sich geringfügig von den N_Ports und F_Ports. Sie beinhalten alle Funktionen von N_Ports und F_Ports und können ordnungsgemäss in einem Fabric-System arbeiten. Beim FL_Port handelt es sich um einen Port in einem Fabric-System, der das Arbitrated-Loop-Protokoll verarbeitet.

Beim Arbitrated Loop sieht jeder Port alle Meldungen (wie beim Token-Ring-Protokoll) und übergeht und ignoriert diejenigen Meldungen, die kein Token-Acquisition-Protokoll besitzen.

Um die Funktion einer Fabric-Systemtopologie besser verständlich zu machen, soll im Folgenden die Analogie zum Fernsprechsystem weitergeführt werden: Sie wählen die Rufnummer eines Freundes. Dazu brauchen Sie den genauen Leitweg nicht zu kennen, den das Fernsprechsystem bis zum Haus Ihres Freundes verfolgt, wenn Sie ihn anrufen. Die Leitweglenkung besorgt das Fernsprechsystem. Das Fabric-System von Fibre Channel hat die gleiche Funktion: Man gibt eine Zieladresse ein, und das Fabric-System leitet die Daten zum Ziel-N_Port.

Wenn Sie eine falsche Rufnummer wählen, teilt Ihnen das Fernsprechunternehmen mit, dass es unter dieser Nummer keinen Anschluss gibt. Das Fabric-System weist Rahmen für ungültige Ziele in vergleichbarer Weise zurück.

So wie das Fernsprechunternehmen zahlreiche Leitwege zwischen unterschiedlichen Punkten konfigurieren kann und dies auch tut, um einen zuverlässigen Dienst bereitzustellen, kann ein Fabric-System zahlreiche Pfade zwischen Fabric-Elementen haben, um den Verkehr abzuwickeln. Dies ermöglicht auch die Bereitstellung von Reservepfaden für den Fall, dass ein Element oder eine Verbindung ausfällt.

Die Fabric-System- und Arbitrated Loop-Topologien von Fibre Channel können miteinander in einem System gemischt werden, um den Knoten eine Vielzahl von Dienst- und Leistungsgraden zu verleihen. Zudem kann das Fabric-System andere Netzwerke wie etwa SONET oder ATM über SONET zwischen Fabric-Elementen benutzen, um Abstände zwischen Knoten zu überbrücken, die zu gross sind, als dass sie von der Verbindung zwischen N_Ports bewältigt werden könnten. Diese speziellen Verbindungen können zwischen Fabric-Elementen bestehen, die über ein grösseres geografisches Gebiet verteilt und nicht direkt an Knoten angeschlossen sind.

Die Fähigkeit, andere Typen von Verbindungen zwischen Fabric-Elementen hinzuzufügen, die Erweiterungsports bzw. E_Ports genannt werden, erhöht den Wert jedes an das Fabric-System angeschlossenen Laufwerks. Bestimmte Attribute von Fibre Channel und eines Fabric-Systems ermöglichen es Ports mit unterschiedlichen Geschwindigkeiten und Medientypen, miteinander entweder über kurze oder lange Entfernungen zu kommunizieren, wenn ein Fabric-System vorhanden ist.

Im Fabric-System selbst können auch Technologieverbesserungen implementiert werden, ohne dass die N_Ports in irgendeiner Weise verändert werden müssen. Der Grossteil des Nutzens der neuen Technologie wird aufgrund der höheren Geschwindigkeit indirekt an die Knoten weitergegeben, da die Geschwindigkeit, die Zuverlässigkeit bzw. die Kommunikationsdistanz innerhalb des Fabric-Systems erhöht werden.

Wie viele N_Ports können implementiert werden? Das Fabric-System wird lediglich durch die Zahl der N_Ports begrenzt, die im Zieladressfeld im Header des Rahmens genannt wird. Diese Begrenzung liegt bei etwas mehr als 16 Millionen Ports, die gleichzeitig bei einem Fabric-System mit 24-bit-Adress-ID angemeldet werden können. Bei einzelnen integrierten Systemen dürfte dies alle Erfordernisse für eine ganze Weile abdecken.
In der Fabric-Systemtopologie ist die Adress-ID in drei Teile unterteilt: Domain (8 bit), Gebiet (8 bit) und Port (8 bit), was insgesamt 24 bit ergibt. Diese Bestandteile sind vergleichbar mit denen einer Rufnummer mit Ortsvorwahl-, Vermittlungsstellen- und Teilnehmernummer.

Manche Themen gehören einfach naturgemäss zusammen, was auch für Fibre Channel gilt. Aspekte, die mit dem Aufbau zuverlässiger und prüfbarer Lichtwellenleiter-Verbindungen zu tun haben, haben wenig mit der Frage zu tun, wie Probleme aufgrund eines verloren gegangenen Rahmens behoben werden können. Diese unterschiedlichen Interessengebiete werden in der Fibre-Channel-Norm Funktionsschichten genannt. Definiert werden in dieser Norm fünf Schichten, die jeweils mit FC-x gekennzeichnet sind.

FC-0
definiert die physikalischen Fibre-Channel-Anteile, einschliesslich der Medientypen, Anschlüsse sowie der elektrischen und optischen Leistungsmerkmale, die für die Port-Anschlüsse benötigt werden. Diese Schicht ist in der FC-PH-Norm beschrieben.

FC-1
definiert das Übertragungsprotokoll, einschliesslich der 8bit/10bit-Kodierung, der Reihenfolge der Wortübertragung und der Fehlererfassung. Diese Schicht ist in der FC-PH-Norm beschrieben.

FC-2
definiert das Signalisierungs- und Framingprotokoll, einschliesslich Rahmen-Layout, Inhalt des Rahmen-Headers und Anwendungsregeln. Es definiert zudem bestimmte protokollunabhängige Rahmen und Protokolle, wie etwa die Benutzeranmeldung (Login). Die FC-PH-Norm besteht überwiegend aus der Beschreibung dieser Schicht.

FC-3
definiert gemeinsam genutzte Dienste, die an verschiedenen Ports in einem Knoten verfügbar sein können. Für diese Schicht gibt es keine Norm.

FC-4
definiert das Mapping zwischen den unteren Fibre-Channel-Schichten und den Befehlssätzen, die Fibre Channel benutzen. Hier finden Sie SCSI, IPI-3, HIPPI und SBCS. Jeder dieser Befehlssätze erhält eine gesonderte Norm, da interessierte Dritte nicht unnötig mit systemfremden Informationen befasst werden sollen. Wenn Sie mit SCSI-3 arbeiten, sind Sie vermutlich nicht an IPI-3 oder HIPPI interessiert.

Auf der Schicht FC-4 kann ein Knoten nicht alle von der Norm zugelassenen unterschiedlichen Optionen aufnehmen. Jeder Knoten kann einen oder mehrere Dienste implementieren. Auf der Schicht FC-0 kann lediglich eine Geschwindigkeits- und Medientyp-Option in einem N_Port implementiert werden. Jeder einzelne Port in einem Knoten kann jedoch eine unterschiedliche Kombination von Geschwindigkeit und Medium implementieren. Die Schicht FC-2 unterstützt auch zahlreiche Optionen, aus denen ein bestimmter Hersteller gewählt werden muss. Einige Industriegruppen arbeiten bereits daran, Profile zu definieren, die die Betriebsumgebung spezifizieren, die für einige Anwendungen erforderlich ist (z. B. SCSI, HIPPI, IPI-3 usw). Auf der Schicht FC-1 gibt es keine Optionen.

Wenn bei der Entwicklung eines Produkts oder bei Beschaffungsplänen eine Erweiterungsoption vorgesehen ist, sollte FC-4 erwogen werden, so dass eine übergeordnete Port-Anforderungsliste vorhanden ist, wenn die Erweiterung realisiert wird. Ein Systemanbieter, der das IPI-3-Protokoll integriert und plant, später das Internet Protocol (IP) einzubauen, sollte sorgfältig beide FC-4 in Betracht ziehen, ehe er sich für ein Port-Design entscheidet, da die Anforderungen unterschiedlich sind.

Fibre Channel Arbitrated Loop (FC-AL)
Eine abgespeckte Version des Fibre Channel ist der Fibre Channel AL. AL bedeuted Arbitrated Loop und beschreibt die Topologie dieses für lokale Geräte und Disk Arrays entworfenen Fibre Channel-Typs. Die max. 127 Loop-Ports (NL-Ports) sind als Ring angeordnet. Der Datenaustausch ist nur als Point-to-Point-Verbindung möglich. Jedes Datenpaket gelangt zunächst über den Read-Port in das Device. Dieses prüft, ob es die Informationen bearbeiten soll. Wenn nicht, schickt es sie über den Write-Port wieder hinaus. Um diesen Datentransfer zu veranlassen, muss sich das Device zunächst um die Kontrolle über den Bus bemühen. Paralleler Datenaustausch mehrerer Geräte (wie bei der allgemeinen Fibre-Channel-Definition) ist nicht möglich.

Um Disk Arrays besser handhaben zu können, unterstützt der FC-AL neben der normalen Kabelverbindung auch die Backplane-Architektur. Die Festplatten werden über einen 40-poligen SCA (Single Connector Attachment)-Stecker, der sowohl Datenleitungen als auch Stromversorgung beinhaltet, an die Backplane angeschlossen. Steckt in einem Port kein Laufwerk, überbrückt die Backplanelogik den leeren Steckplatz, und der Kreis bleibt geschlossen. Eine weitere Aufgabe der Backplane ist die automatische Konfiguration des Laufwerks sowie die Sicherstellung der Hot-Plug-Funktion, also der Wechsel eines Laufwerks während des Betriebs. Das gleiche Prinzip wird auch von Fibre-Channel-Hubs verwendet. Da bei einem Fibre-Channel-Loop der Ausfall eines Gerätes oder Defekt eines Kabels den Kreis unterbricht und so den ganzen Bus blockiert, überbrückt der Hub jeden Port, der entweder ungenutzt ist, oder aber durch Störungen blockiert wird. Der Datenfluss zu den anderen Devices wird so nicht unterbrochen und der Bus arbeitet normal weiter. FC-AL Produkte werden seit Herbst 1996 angeboten. Nachdem sie anfangs auf High-End-RAID-Systeme beschränkt waren, spielen sie wegen des immer grösseren Speicherbedarfs auch kleinerer Server eine immer grössere Rolle.

4.4 SSA

SSA (Serial Storage Architecture) ist eine High-Performance-Schnittstelle, die I/O-Devices aller Plattformen miteinander verbindet.
Diese serielle, busähnliche Schnittstelle wurde von IBM basierend auf der IBM-9333-Technologie entwickelt und dient vorwiegend zum Anschluss von Festplatten. Hiermit lassen sich bis zu 128 Geräte untereinander verbinden.

Wie der Fibre Channel ist die SSA eine Point-to-Point-Verbindung, wobei allerdings zwei Write- und zwei Read-Kanäle zur Verfügung stehen. Auf jedem Kanal (Write/Read) ist eine maximale Transferrate von 20 MB/s möglich, was einer kumulierten Transferrate von 80 MB entspricht. Diese kann aber nur erreicht werden, wenn das Schreib-Lese-Verhältnis 1:1 beträgt und der Hostadapter auf Daten zugreift, die sich auf mindestens vier Platten befinden.

Bei Entfernungen von bis zu 20 m zwischen zwei zu verbindenden Devices genügt ein normales Twisted-Pair-Kabel. Glasfaserkabel kommen bei Längen bis zu 680 m zum Einsatz. Nur 6 % der über SSA beförderten Daten werden für Control- bzw. Routing-Funktionen verwendet, d.h. 94 % der Daten sind Benutzerdaten. SSA wird jedoch nur von wenigen Herstellern (wie IBM) unterstützt und ist mittlerweise fast ganz durch die Fibre Channel-Arbitrated Loop Technologie abgelöst werden.

4.5 ATA (IDE) Schnittstelle

Im PC-Bereich ist die IDE-Schnittstelle (Integrated Drive Electronics) sehr weit verbreitet. Sie hat die älteren ST506-Schnittstellen inzwischen völlig abgelöst. Es lassen sich maximal zwei Festplatten pro IDE-Schnittstelle anschliessen. Sollen zwei IDE-Festplatten betrieben werden, wird eine Festplatte als Master, die andere als Slave konfiguriert. Zu beachten ist, dass IDE-Festplatten standardmässig immer als Master-Drive und nicht als Slave konfiguriert werden. Bei der ursprünglichen IDE-Schnittstelle, auch AT-Bus oder ATA (AT-Attachment) genannt, konnten theoretisch maximal etwa 4,3 MB/s übertragen werden. In der Praxis wurden jedoch nur circa 2 MB/s erreicht. Sie war ausschliesslich zum Anschluss von Festplattenlaufwerken vorgesehen und unterstützt somit keine anderen Peripheriegeräte. Um den gestiegenen Leistungsanforderungen gerecht zu werden, wurde die IDE-Schnittstelle weiterentwickelt:

Fast-ATA und Enhanced IDE

Die Unterschiede der beiden Entwicklungen lagen primär in der Marketingstrategie; die Implementierungen und Funktionen waren weitgehend gleich. Sowohl Fast-ATA als auch Enhanced IDE blieben kompatibel zu den älteren IDE-Adaptern und -Festplatten. Sie verwendeten das gleiche 40-polige Kabel.

Für Enhanced IDE gibt es unter dem Namen ATAPI (AT Attachment Packed Interface) Erweiterungen, mit denen ähnlich wie bei SCSI der Anschluss von Peripheriegeräten wie CD-ROM, Bandlaufwerken, Scannern usw. möglich ist.

UltraATA

Bei UltraATA wird, ähnlich wie bei Ultra-SCSI, die Taktrate auf dem Bus der Fast-ATA Schnittstelle erhöht. Somit erhält man bei UltraATA eine Datenübertragungsrate von 33 MB/s auf dem Bus.

UltraATA/66, UltraATA/100, UltraATA/133

Nach drei weiteren Steigerungen ist die Taktrate mittlerweile bei 133 MHz angekommen. Die Anforderung an die Verkabelung ist wegen der hohen Taktrate aber seit ATA100 strenger: Es werden spezielle 80-polige Kabel benötigt. Da der Stecker aber unverändert bleibt, können ältere Platten und Controller mit den neuen Standards kombiniert werden, natürlich um den Preis der geringeren Performance.

S-ATA

Ist in den letzten Jahren schon ein überraschender Vormarsch der ATA-Technologien gegenüber SCSI zu beobachten, getrieben vor allem von den wesentlich günstigeren Preisen, so wird der neue Standard wohl diesen Trend noch weiter verstärken. Auch hier setzt sich eine serielle Technologie gegenüber der parallelen durch: Mit Serial ATA (S-ATA) entsteht ein Bus, der erstens ein hohes Wachstumspotential für die Übertragungsrate bietet, zweitens aber eine Reihe von Eigenschaften aus der SCSI-Welt übernimmt, wie beispielsweise das Command-Queueing. Damit wird S-ATA auch für Applikationen mit hohen I/O-Anforderungen verwendbar sein - und so auch in RAID-Systemen hohe Leistungen bringen.
Tatsächlich werden die ersten grösseren Anwendungen RAID-Systeme sein, denn bei der Einführung von S-ATA in PCs ist mit Startschwierigkeiten zu rechnen: Eine gleichzeitige Verwendung von seriellem und parallelem ATA dürfte nicht lohnen; andererseits werden S-ATA CD-ROM-Laufwerke auf sich warten lassen - wegen der höheren Kosten.

4.6 USB-Schnittstelle

USB (Universal Serial Bus) ist ein Schnittstellenstandard für den Anschluss externer Geräte (z. B. Drucker, Modems, Tastaturen, Monitore, digitale Kameras etc.) über ein Bussystem an PCs. Der Vorteil der USB-Schnittstelle ist die unproblematische Integration von zusätzlicher Peripherie. Der USB-Controller erkennt, ob weitere Peripherie angeschlossen wurde, installiert automatisch die benötigten Treiber und stellt die Betriebsbereitschaft her. Aufwendige Neukonfigurationen der PC-Systeme gehören der Vergangenheit an. Bis zu 127 externe Geräte können theoretisch an die USB-Schnittstelle angeschlossen werden. Derzeit findet der Übergang zu USB Version 2 statt, mit höherer Übertragungsrate und einigen Erweiterungen des Protokolls.
Ausführliche Informationen zu USB sind erhältlich unter www.usb.org.

4.7 FireWire 1394

FireWire (IEEE 1394) ist mit maximal 800 Mbit/s ein serieller High-Speed-Datenbus, der, ursprünglich von Apple verwendet, vor allem Multimedia-Geräte wie Camcorder und digitale Kameras mit dem Rechner verbinden soll. Der Standard wurde 1995 definiert. Der Bus ermöglicht reservierte Bandbreiten, was vor allem im Videobereich gefordert wird. 16 Devices können über eine Strecke von 72 m in Serie (4,5 m pro Link) verbunden werden. Allerdings sind auch Bridges definiert, die kaskadierend die Anzahl der Devices drastisch erhöhen (maximal 1023 Bridges sind erlaubt).
Als Verbindungsmedium benutzt der FireWire ein sechspoliges Spezialkabel, das aus zwei abgeschirmten Twisted-Pair-Leitungen und zwei zusätzlichen Leitungen für die Versorgungsspannung besteht.
Derzeit spielt FireWire lediglich im Apple-Umfeld eine grössere Rolle.

5. Festplatten und RAID

5.1 Einleitung

Die Rede ist hier von sogenannten Primärdatenspeichern. Darunter versteht man Massenspeicher, die Daten im Random Access (direkter Zugriff auf Informationsblöcke) verfügbar machen. Zu dieser Gruppe zählen Halbleiterspeicher und magnetische Festplattenlaufwerke wie Festplatten und Diskettenlaufwerke.

Um grosse Datenmengen zu verwalten, die über die Kapazität einer Festplatte hinausgehen, und auch um erhöhte Ausfallsicherheit zu gewährleisten, werden Festplatten zu RAIDs (Redundant Arrays of Independent Disks) zusammengefasst.

5.2 Festplattenlaufwerke

Festplatten (auch Winchesterplatten oder Magnetplatten genannt) sind die für alle Standardanwendungen üblicherweise eingesetzten Massenspeicher. Sie arbeiten mit einem magnetischen Aufzeichnungsverfahren und lassen sich beliebig oft beschreiben und lesen. Festplatten werden nach Kapazität, Speicherbus-Schnittstelle und Formfaktor unterschieden. Dazu kommen Leistungsmerkmale wie Umdrehungsgeschwindigkeit und Zugriffszeiten.

5.2.1 Kapazität

Die Kapazität von Massenspeichern wird in Megabyte gemessen. Man unterscheidet Brutto- und Nettokapazität. Die Bruttokapazität entspricht der theoretischen maximalen Kapazität des Laufwerks, die sich aus der Multiplikation von Bitdichte in der Spur mit Spurlänge, Spurenzahl und Zahl der Plattenoberflächen ergibt. Die Nettokapazität gibt an, wie viel Platz tatsächlich auf einem Laufwerk nutzbar ist.

Die vom Hersteller angegebene Nettokapazität unterscheidet sich erheblich von der tatsächlich für den Anwender nutzbaren Nettokapazität. Dies liegt zum Einen darin begründet, dass zwischen den Blöcken etwa 10 bis 20 Prozent der Kapazität für Fehlerkorrektur- und Adressinformationen belegt sind. Zum Anderen jedoch sind sich Hersteller von Festplatten und Hersteller von Betriebssystemen über die Definition eines Megabytes uneinig: Plattenhersteller rechnen mit 1000 x 1000 Byte = 1 MB (= 1.000.000 Bytes), während die meisten Betriebssysteme von 1024 x 1024 Byte = 1 MB (1.048.576 Bytes oder Zeichen) ausgehen. Weiterhin benötigt das File-System einigen Platz für Verwaltungsdaten (z. B. reserviert Solaris darüber hinaus noch ca. 10 % eines File-Systems als stille Reserve und zeigt diese bei dem Kommando df dem Benutzer nicht an). Dazu ist die Nettokapazität abhängig von der Formatierung. Sie ist keine absolut feststehende Grösse, sondern in gewissem Rahmen veränderbar.

Wie gross ein Massenspeicher dimensioniert werden muss, hängt von der Anwendung ab. Besonders bei Audio/Video (A/V)-Anwendungen, Grafikprogrammen und Publishing-Programmen fallen sehr grosse Datenmengen an. Aber auch das Betriebssystem selbst und die Anwendungsprogramme benötigen sehr viel Speicherplatz, sodass eine anfänglich gross erscheinende Festplatte sehr schnell mit Programmen und Daten gefüllt ist. Man rechnet derzeit mit einer jährlichen Verdoppelung des benötigten Speicherplatzes.
Grundsätzlich sollte die Festplattenkapazität grosszügig geplant werden, da meist mehr Platz benötigt wird als ursprünglich angenommen. Ebenfalls ist zu berücksichtigen, dass die Performance bei allzu starker Ausnutzung der Kapazität leidet. Gegen eine viel zu grosse Dimensionierung spricht allerdings der ständige Preisverfall von Festplattenlaufwerken. Der Kauf eines Laufwerks mit geringen Platzreserven und der spätere Austausch gegen ein grösseres Laufwerk kann insgesamt preiswerter sein als der sofortige Kauf eines grösseren Laufwerks, allerdings nur, wenn der zeitliche Abstand zwischen Erstkauf und Austausch nicht zu kurz ist. Deshalb wird eine Festplatte empfohlen, die ausreichend gross für den Bedarf des nächsten Jahres ist.

Leider lassen sich nicht bei allen Betriebssystemen beliebig grosse Platten verwenden.
An HP9000 Workstations sind einige Einschränkungen zu beachten: An den Modellen 7xx unter HP-UX 9.01 (mit Patch PHKL_3325) sowie HP-UX 9.03 - 9.05 können als Bootplatten nur Festplatten < 2.147 MB eingesetzt werden (genauer: es werden nur File-Systeme < 2^{31} Bytes erkannt), als Datenplatte sind Festplatten bis 4.294 MB zulässig (< 2^{32} Bytes). Die Modelle HP9000/7xx ab HPUX 10.xx und HP9000/8xx ab HP-UX 9.xx verfügen über einen LVM (Logical Volume Manager). Dieser ermöglicht Bootplatten bis zu 4.294 MB und unbegrenzt (bzw. nur limitiert durch die Anzahl der möglichen File-Systeme je SCSI-ID) grosse Datenplatten. Soll ein File-System > 4.294 MB angesprochen werden, zerlegt der LVM es einfach in mehrere logische Files und umgeht so die magische Grenze von 2^{32} Bytes.
Bei den Modellen HP9000/3xx und 4xx unter HP-UX dürfen sowohl die Bootplatte wie auch die Datenplatte nicht grösser als 2.147 MB sein. Ensprechendes gilt unter DOMAIN-OS. Hier müssen die Festplatten zusätzlich auf SCSI-1 umgestellt werden. Kapazitätseinschränkungen gibt es auch unter DOS, Win3.1, Win3.11 und Windows 95. Es kann jeweils nur eine primäre Partition auf einer Platte konfiguriert werden, wobei im Gesamtsystem nur eine Partition aktiv sein darf. Die aktive Partition ist normalerweise die Bootpartition. Die max. Partitionsgrösse liegt leider immer noch bei 2 GB, die max. Plattengrösse bei 8 GB. Zu beachten ist, dass bei einer 2 GB grossen Partition die Blockgrösse 32 KB beträgt, d. h. wenn eine Datei von 250 Byte abgelegt wird, belegt sie trotzdem einen Block von 32 KB. Dies ist nur zu umgehen, wenn eine Blockgrösse von 8 KB konfiguriert wird, was bei einer Partitionsgrösse von 500 MB automatisch der Fall ist. Bei Windows NT und Windows 2000 beträgt die maximale File-Systemgrösse 16 Exabyte (16 Millionen Terabyte). Die maximale Plattengrösse ist also nur vom entsprechenden SCSI-Controller abhängig. Die Partitionsgrösse kann ohne Probleme bei 20 GB liegen. Unter Sun Solaris1.x (nicht unter Solaris2.x) gab es eine Beschränkung von File-

Systemen auf 2 GB. Da maximal sieben Datenpartitionen angelegt werden können, ergibt das eine Plattenbeschränkung auf 14 GB. AIX 3.x von IBM hat ebenfalls eine Beschränkung bei File-Systemen auf 2 GB. Da aber AIX eine Festplatte mit dem LVM (Logical Volume Manager) fast beliebig einteilen kann, gibt es keine Beschränkung in der Plattengrösse. AIX 4.x unterstützt File-Systeme bis max. 64 GB, so dass hier auch grössere Platten bzw. RAID-Systeme als ein File-System angesprochen werden können.
Einige ältere Betriebssysteme (IBM AIX3.5, SGI IRIX5.x, Sun Solaris1.x) brechen die Formatierung von Festplatten über 8 GB mit einem Timeout ab. Vor Anschaffung einer grösseren Festplatte sollte in diesen Fällen geprüft werden, ob ein entsprechender Patch vorliegt.

5.2.2 Speicherbus-Schnittstellen

Derzeit werden Festplatten mit ATA, SCSI und Fibre Channel Interface hergestellt. Während intern in Rechnern meist ATA oder SCSI (selten FC) verwendet wird, werden extern nur SCSI oder FC verwendet.
Mehr zu den Unterschieden der Schnittstellen im Kapitel Speicherbusse. ATA-Festplatten werden zunehmend auch innerhalb von RAID-Systemen verwendet.

5.2.3 Formfaktor

Der Formfaktor bezeichnet den Durchmesser des Datenträgers, also der Plattenscheibe(n) im Inneren der Laufwerksbox. Neben diesen Plattenscheiben enthält die Box ausserdem die Schreib-/Leseköpfe, die Mechanik zum Bewegen der Köpfe (den Aktuator), den Spindelmotor und die Logik (Elektronik).
Derzeit werden Festplatten mit 2,5"- und 3,5"- Formfaktor angeboten. Kleinere Platten mit 1,8"- bzw. 1,3"- Formfaktor sind ebenfalls entwickelt worden. Die Festplatten werden als Half Height (41 mm) und Low Profile (25,4 mm = 1") und in Höhen von 19 und 12,5 mm angeboten. Die 3,5"-Versionen sind die derzeit wohl populärsten und erreichen Kapazitäten bis ca. 300 GB netto. Frühere 5,25"-Laufwerke werden nicht mehr weiterentwickelt.

5.2.4 Leistungsmerkmale

Neben der Geschwindigkeit des Prozessors selbst und natürlich auch der Grösse des Hauptspeichers ist die Leistungsfähigkeit des Primär-Massenspeichers der wichtigste Faktor für die Reaktionszeiten des Rechners. Die Daten, die von der Festplatte übertragen werden, müssen auch an einem Stück in den Hauptspeicher passen, sonst muss nachgeladen werden. Mit der zunehmenden Datenmenge, die über den Bus übertragen wird, sollte auch der Hauptspeicher angepasst werden. Die Performance wird in erster Linie durch die Zugriffszeit auf die Daten und sekundär auch durch die Datenübertragungsrate bestimmt. Die Zugriffszeit errechnet sich aus der Zeit für mehrere einzelne, nacheinander ablaufende Vorgänge:

Will ein Programm Daten lesen oder schreiben, wird zunächst im Betriebssystem ein entsprechender Request erzeugt und dem Festplatten-Controller übergeben. Die Zeit, die dieser Vorgang benötigt, nennt man Betriebssystem-Overhead. Der so erzeugte Request veranlasst das Laufwerk, die Schreib-/Leseköpfe auf einen bestimmten Punkt der Plattenoberfläche zu positionieren. Diese Zeit heisst Positionierzeit. Angegeben wird hier immer die mittlere Positionierzeit, d. h. die Zeit, die der Kopfmechanismus braucht, um 1/3 der Maximalpositionierstrecke zurückzulegen. Die Settling Time gibt an, wie lange der Kopfmechanismus braucht, um sich nach einer Kopfbewegung mechanisch zu beruhigen bzw. auszuschwingen. Bei modernen Laufwerken schliesst die Positionierzeit die Settling Time bereits ein. Ist der Schreib-/Lesekopf über der entsprechenden Spur positioniert, muss er warten, bis der gewünschte Block unter ihm vorbeikommt.
Diese Wartezeit wird Latency oder auch Umdrehungswartezeit genannt. Angegeben wird hier immer die Zeit, welche die Festplatte für eine halbe Umdrehung benötigt. Diese Zeit ist ausschliesslich drehzahlabhängig. So ergibt sich z. B. bei einer Drehzahl von 7200 U/min eine Latency von 4,17 ms. Dann erst werden die Daten selbst übertragen, und zwar zuerst von der Festplatte zum Festplatten-Controller. An dieser Stelle kommt nun die (interne) Transferrate der Festplatte ins Spiel. Sie gibt die Anzahl der übertragenen Bytes in einer Sekunde an. Manchmal wird hier auch eine Frequenz angegeben. Zur Umrechnung in die Transferrate ist diese durch 8 zu teilen. Je höher die Transferrate einer Platte ist, desto kleiner ist die zum Datentransfer benötigte Transferzeit. Sind die Daten beim Festplatten-Controller angekommen, schickt dieser sie über den SCSI-Bus an den SCSI-Hostadapter. Die Transferraten über den SCSI-Bus betragen bis zu 320 MB/s. Näheres zu SCSI-Bussen steht im Kapitel Speicherbusse .

Je kürzer die Gesamtzeit, desto besser die Systemleistung. Dies gilt insbesondere für Betriebssysteme, die während der Wartezeit keine anderen Aufgaben erledigen können, wie beispielsweise MS-DOS. Zu beachten ist, dass in der Regel bei Vergleichen der Transferraten von Festplatten in Tabellen meistens optimale Bedingungen angenommen werden, d. h., dass der Kopf schon positioniert ist, dass ein kompletter Zylinder gelesen werden kann und einiges mehr. Einfluss auf die Transferrate hat auch die Blockung der Platte, d. h., wie viele Bytes zu einem Sektor zusammengefasst werden. Allgemein üblich sind 512 Bytes/Sektor. Man kann aber die Platten auch mit bis zu 4096 Bytes/Sektor formatieren. In dem Fall ist auf der Platte mehr Platz für Benutzerdaten, weil weniger Platz für Formatinformationen notwendig ist. Dies wiederum führt zu einer höheren Nettotransferrate. Dies ist jedoch nicht bei allen Betriebssystemen möglich und nicht bei allen Anwendungen sinnvoll. Je kleiner die Files sind, die üblicherweise gelesen oder geschrieben werden, desto kleiner sollte auch die Sektorengrösse sein (z. B. bei Datenbanken). Je grösser die Files sind, desto mehr Sinn machen auch grosse Sektoren (z. B. bei Bildverarbeitung).

Ausserdem werden bei SCSI-Laufwerken oft die Übertragungsraten über den SCSI-Bus angegeben. Da in die SCSI-Laufwerke aber Pufferspeicher eingebaut sind, wird hier nur die

Übertragungsrate vom Puffer der Platte in den Puffer des SCSI-Hostadapters angegeben. Die tatsächliche Übertragungsrate von der Plattenoberfläche bis in den Puffer des Hostadapters ist jedoch wesentlich geringer.

Da die meisten Anwendungen nur wenige Blöcke lesen und schreiben und somit geringe Datenmengen in einem Request übertragen, ist die Datentransferrate, mit der das Laufwerk die Daten zum Hostadapter überspielt, eher zweitrangig. Je gestückelter Daten auf der Festplatte gespeichert sind, desto mehr kurze Lesezugriffe erfolgen. Man muss aber darauf achten, dass in der Übertragungskette Festplatte - Festplatten-Controller - SCSI-Host-Controller - Rechnerhauptspeicher die Geschwindigkeiten aufeinander abgestimmt sind.
Eine weitere Möglichkeit zur Leistungssteigerung ist der Einsatz von Controllern (auf der Festplatte wie auch beim SCSI-Hostadapter) mit Cache-Speichern.
Besonders vorteilhaft wirkt sich dabei ein Multisegment-Cache aus. Der Cache wird hierbei dynamisch verwaltet und in mehrere Bereiche aufgeteilt. Je nachdem, aus wie vielen Plattenbereichen Daten angefordert werden, werden diese in einem Bereich des Cache gespeichert. Beim Zugriff auf Daten im Cache entfallen die Zeiten für die mechanischen Komponenten.

Bei diesen Controllern wird jeder Schreib-Request wie von einem Controller ohne Cache abgearbeitet: Jeder zu schreibende Block wird zum angeschlossenen Laufwerk übertragen. Zusätzlich aber merkt sich der Controller die Adresse des Blocks und dessen Inhalt in einem internen Speicher, dem Cache. Der Vorteil liegt in den reduzierten Festplattenzugriffen.
Ein Festplatten-Controller mit Cache-Speicher ist dann zu empfehlen, wenn folgende Bedingungen vorliegen: Geringer oder gerade ausreichender Hauptspeicherausbau des Rechners, Festplattenlaufwerke mit einer hohen Zahl von Schreib-/Lese-Requests pro Zeiteinheit und Plattennutzung mit typisch kleiner Anzahl von Blöcken pro Request, zum Beispiel als Systemplatte, für Datenbanken und generell für Anwendungen, die oft im Wechsel auf denselben Files schreiben und lesen. Mit einem so gepufferten Controller sinken die durchschnittlichen Zugriffszeiten auf Werte unter einer Millisekunde.

Man unterscheidet hier Read-, Read-ahead- und Write-back-Cache. Bei einem Read-Zugriff auf einen Read-Cache wird der Speicher nach dem entsprechenden Block durchsucht. Wird dieser gefunden, wird er sofort übertragen. Die Wartezeit für Plattenpositionierung und Umdrehung entfällt. Steht der Block nicht im Cache, wird er vom Laufwerk geholt.

Beim Read-ahead-Cache werden die nachfolgenden Blöcke nach dem Lesen eines Blocks auf der Platte im Voraus gelesen und im Cache gespeichert. Beim Write-back-Cache werden die zu schreibenden Blöcke im Cache zwischengespeichert und erst dann auf Platte geschrieben, wenn keine weiteren Schreib- oder Leseaufträge anliegen. Dadurch werden Schreibzugriffe für den Benutzer scheinbar schneller. Eine Gefahr besteht jedoch darin, dass bei Stromausfall die im Cache gespeicherten Daten verloren gehen. Beim Read-Cache ist das kein Problem, beim

Write-Cache kann dadurch die Datenstruktur zerstört werden.
Man sollte daher beim Einsatz eines Systems mit Write-Cache nicht auf eine unterbrechungsfreie Stromversorgungsanlage (USV) verzichten.

Je nach Grösse des Cache-Buffers, der Intelligenz des Cache-Algorithmus (d. h., welche Blöcke überschrieben werden, wenn der Cache-Speicher voll ist) und Art der Anwendungen lassen sich Trefferquoten (Hit-Rate) von über 90 Prozent erreichen - und damit eine gewaltige Durchsatzverbesserung.

Viele Betriebssysteme, wie z. B. Windows NT, NetWare, Unix und OS/2, reservieren automatisch einen Teil des Hauptspeichers als Cache. Mehr Hauptspeicher kann somit die Performance des gesamten Systems enorm beschleunigen.

5.3 Halbleiterplattenspeicher (RAM-Speicher)

Reicht bei bestimmten Anwendungen die Geschwindigkeit, mit der ein Plattenlaufwerk die Daten liefern kann, nicht aus, so kann ein Halbleiterspeicher (RAM-Disk, Solid State Disk) eingesetzt werden. Bei der RAM-Disk-Lösung wird eine spezielle Software eingesetzt, die einen Teil des Hauptspeichers als Disk organisiert. Eine Solid State Disk ist eine Hardwarelösung, bestehend aus einem Bus-Interface mit Memory-Modulen. Auf den Speicher kann in beiden Fällen so zugegriffen werden wie auf ein Plattenlaufwerk. Es können also Files wie auf einer richtigen Platte angelegt und wieder gelesen werden.

Vorteil: Die Positionierzeit und die Umdrehungswartezeit entfallen, so dass der Datentransfer mit maximal möglicher Geschwindigkeit erfolgt.

Nachteil: Ein solcher Speicher ist (auch bei Verwendung von Batterie-Backup) nicht als permanenter Datenspeicher geeignet. Auch ist er erheblich teurer als ein Plattenspeicher gleicher Grösse. Ein Batterie-Backup für diesen Speicher ist normalerweise immer erforderlich, da sonst schon bei einem kurzen Stromausfall die Daten verloren gehen.

5.4 Disketten-Laufwerke

Die Technik von Disketten beruht auf einer wechselbaren, rotierenden magnetisierbaren Scheibe mit einer Zugriffszeit von etwa 150-250 ms. Sie haben den Vorteil der weiten Verbreitung für den Austausch mit anderen Systemen. Nachteilig war bisher die geringe Kapazität von 360 KB bis 2,88 MB. Diese reicht inzwischen, nachdem leistungsstarke PCs sowohl in den Unternehmen als auch für den privaten Gebrauch Einzug gehalten haben, nicht mehr aus.
Dieser Nachteil wurde durch das ZIP-Laufwerk von IOMEGA weitgehend aufgehoben. Mit

750 MB pro Speichermedium ist die Kapazität dieses Laufwerks auch für kleine bis mittlere Software-Pakete noch ausreichend. Ausserdem überzeugt dieses Laufwerk durch ein faires Preis-Leistungs-Verhältnis.

Mitte 1999 brachte Sony ein HiFD-Diskettenlaufwerk heraus, mit 200 MB Speicherkapazität. Dieses ist kompatibel zu den momentan eingesetzten Laufwerken und kann die 1,44-MB-Disketten lesen.

Allerdings kann jedoch die geringe „Flughöhe", mit der sich der Magnetkopf über der Speicherplatte bewegt, zu einem so genannten „Head-Crash" führen. Eine solche Berührung hat normalerweise den Verlust der dort gespeicherten Daten zur Folge. Dies kann auch bei den unten beschriebenen Wechselplatten-Laufwerken vorkommen.

5.5 Wechselplatten-Laufwerke

Grössere Datenmengen lassen sich mit Wechselplatten verwalten, ohne dass durch Umkopieren Zeit verloren geht. Diese Technologie bietet sich besonders bei sicherheitskritischen Anwendungen an, wenn die Daten über Nacht in einen Tresor eingeschlossen werden müssen. Sinnvoll ist der Einsatz von Wechselplatten auch bei ständig wechselndem Einsatzort, wenn z. B. ein Programmierer an mehreren Standorten tätig ist und stets Zugriff auf seine Projektdaten haben sollte. Da die Daten nach wie vor auf einem Plattenlaufwerk sind und damit auch die Gefahr des Datenverlustes bestehen bleibt, sollte man zusätzlich eine Datensicherung auf einem anderen Medium vornehmen.
Während Wechselplattensysteme in der Vergangenheit als eigene Produkte hergestellt wurden (Iomega, Syquest) werden heute meist Standardfestplatten (oft mit 2,5"- Formfaktor) in geeigneten Kanistern verwendet, da die Transportsicherheit durch neue Technologien wesentlich höher geworden ist - vor allem unter dem Einfluss der Notebooks.

5.6 RAID

Bei CPUs und Hauptspeichern verdoppelt sich die Leistung etwa jedes Jahr. Massenspeicher verdoppeln ihre Kapazität nur etwa alle zwei Jahre, die Positionierzeit halbiert sich gar nur alle sieben Jahre. Plattenlaufwerke hinken also immer mehr der Technologiekurve der CPUs hinterher.
Man benötigt deshalb Techniken, die es auf Basis der sich langsamer entwickelnden Plattentechnologie dennoch schaffen, mit der Prozessorgeschwindigkeit und dem Datenhunger der heutigen Systeme Schritt zu halten - durch erhöhte Zugriffsgeschwindigkeit und erhöhte Kapazität. Typische MTBF-Zeiten (MTBF = Mean Time Between Failure = durchschnittliche Zeit zwischen zwei Ausfällen) von Laufwerken liegen heute bei über 500.000 Stunden. Bei 100 Laufwerken an einem Rechner muss man mit einem Ausfall pro Halbjahr rechnen. Selbst wenn

man davon ausgeht, dass die Zuverlässigkeit der Laufwerke in den nächsten Jahren weiter steigt, ist dieser Zustand nicht tragbar. Es werden also Systeme benötigt, die ausfallsicher sind.

Unter dem Oberbegriff RAID fasst man Technologien zusammen, die mehrere Laufwerke zu grösseren, teilweise auch ausfallsicheren Gesamtsystemen zusammenpacken. RAID steht dabei für Redundant Array of Independent Disks, wobei oft statt „independent" auch „inexpensive" gelesen wird.
Redundant = ausfallsicher bedeutet, dass der Ausfall eines Einzellaufwerks weder zu einem Ausfall des Gesamtsystems noch zu Betriebsunterbrechung oder gar zu Datenverlust führt.
RAID schliesst oft verwendete Technologien wie Mirroring (d. h. Spiegelung von zwei oder mehreren Laufwerken an einem Controller), Duplexing (dito, aber mit zwei getrennten Controllern) und Striping (Zusammenfassen von mehreren Laufwerken als logische Einheit und blockweises Verteilen der Daten auf diese Laufwerke) ein.
Unterschiedliche Level von RAID werden in der Literatur diskutiert. Die Bezeichnung Level in der RAID-Bezeichnung ist eigentlich missverständlich, denn RAID-Level 1 baut keinesfalls auf RAID-Level 0 auf. Statt Level sollte man eigentlich besser Typ sagen.
Bevor auf die einzelnen RAID-Level genauer eingegangen wird, folgen einige grundlegende Überlegungen zu Plattenzugriffen, denn die Änderung der Performance beim Schritt vom Einzellaufwerk zu RAID ist stark abhängig von der Anwendung:
Wichtig ist der Mix zwischen Schreib- und Lesezugriffen und die durchschnittliche Länge eines einzelnen Transfers.
Bei einem Einzelplattenlaufwerk ist ein Lesezugriff (Caches, Read-ahead-Buffer und andere Techniken zur Performance-Steigerung sollen vorläufig ausser Betracht bleiben) gleich schnell wie ein Schreibzugriff. Dies ist bei Platten-Arrays keinesfalls so und auch von Level zu Level unterschiedlich. Geschwindigkeitsunterschiede gibt es auch von kurzen (meist einer oder ganz wenige Blöcke) zu langen Requests (meist mehrere Hundert Blöcke). Der erste Typ kommt vor allem in Datenbankanwendungen, Transaction Processing Systemen und kommerziellen Multiuser-Anwendungen vor. Der zweite Typ ist in der Regel bei Bildverarbeitung, Einsatz von Supercomputern oder technisch/wissenschaftlicher Datenerfassung zu finden. Jedes der weiter unten diskutierten RAID-Konzepte hat eine andere Charakteristik bei langen bzw. kurzen Requestlängen.
RAID ist keine Lösung für alle Arten von Problemen mit dem Plattendurchsatz. RAID ist keinesfalls immer schneller als der Einsatz von (konventionell genutzten) Einzellaufwerken. Auch beim Einsatz eines der nachfolgend beschriebenen RAID-Typen sollte man die Aufteilung der Daten optimieren. Aus der Regel, dass man auf wenige Daten sehr häufig und auf die meisten Daten sehr selten zugreift, folgt: Sinnvoll ist ein hierarchisches System mit Halbleiterspeicher (z. B. RAM-Disk) für ständig benutzte Daten, einem sehr schnellen Massenspeicher (eventuell gespiegelt) für oft genutzte, einem durchschnittlich schnellen und grossen Massenspeicher (z. B. RAID) für weniger oft genutzte Daten und einem Archivspeicher (z. B. optische Platten mit automatischem Wechsler) für selten benutzte Daten.

5.6.1 RAID-Level

Es gibt unterschiedliche Weisen, Daten auf mehrere Festplatten zu verteilen, damit ein möglichst hoher Datendurchsatz und Sicherheit erreicht wird. Sie werden als RAID-Level bezeichnet. Doch der Begriff täuscht: Es ist nicht so, dass höheres RAID-Level höhere Redundanz oder Performance bedeutet. Jeder RAID-Level hat seine eigenen Vor- und Nachteile, und die Wahl eines geeigneten Levels hängt von der Applikation ab. Auswahlkriterien sind: Schreibgeschwindigkeit, Lesegeschwindigkeit und Grad der Redundanz (und damit Kosten).

5.6.1.1 RAID-Level 0

Dieser Typ von RAID steht für Striping. Bei diesem Verfahren werden mehrere kleinere Laufwerke zu einem grossen logischen Laufwerk zusammengefasst. Der Striping-Faktor sagt dabei aus, wie gross die Stücke sind, welche jeweils auf eines der Laufwerke geschrieben werden. Sind die Stücke sehr klein (typisch ein Byte), so erreicht man unabhängig von der Länge des Lese- oder Schreibrequests eine wesentliche Erhöhung der Transferrate, da alle Laufwerke in einem RAID-0-Set praktisch gleichzeitig transferieren.
Bei kurzen Schreib-Requests (z. B. Einzelblöcken) hat diese Technik Nachteile: Kürzt man die physikalische Länge der Blöcke auf der Platte (bei 512-Byte-Blöcken und vier Laufwerken z. B. nur 128 Bytes lang), vermindert sich die nutzbare Kapazität durch den zusätzlichen Platz für Blockheader. Lässt man die Länge der physikalischen Blöcke bei der Standardlänge, hat man zwar keinen Kapazitätsverlust, aber es muss beim Schreiben eines einzelnen Blocks erst auf allen Platten jeweils derjenige physikalische Block gelesen werden, in dem Teile des zu schreibenden Blocks stehen. Die Teilinformation muss ersetzt werden; dann erst können alle beteiligten Blöcke wieder auf die Platten zurückgeschrieben werden.
RAID-0 mit kleinem Striping-Faktor bietet den Vorteil der hohen Transferrate beim Schreiben und Lesen von langen Requests, hat aber wesentliche Nachteile in der Leistung bei kurzen Requests.
Vergleicht man RAID-0 nicht mit einem (entsprechend grösseren) Einzellaufwerk, sondern mit mehreren kleineren Laufwerken, die ja kurze Requests überlappt abarbeiten können, wird der Nachteil von RAID-0 noch deutlicher.

Wählt man den Striping-Faktor nun gross (mehrere Blöcke), erreicht man, dass sowohl die Schreib- als auch die Lese-Performance bei kurzen Transfers mit der eines Einzelplattenlaufwerks vergleichbar bleibt. Auch ist es möglich, mehrere kurze Requests gleichzeitig auf unterschiedlichen Platten abzuarbeiten.

In beiden Fällen bleibt jedoch der Nachteil, dass bei Ausfall eines einzelnen Laufwerks auf die gesamten Daten nicht mehr zugegriffen werden kann. RAID-0 (Striping) ist eigentlich kein RAID (keine erhöhte Datensicherheit).

Host-based Striping gibt es bei vielen Betriebssystemen als Software-Lösung oder auch eingebaut im Platten-Controller. Da die Plattenlaufwerke vom Controller oftmals nur über einen Datenkanal angesprochen werden, kommt bei einer Controllerlösung meist der Vorteil der höheren möglichen Datenübertragung nicht zum Tragen, da die Requests auf den einzelnen Laufwerken doch sequenziell und nicht parallel abgearbeitet werden.

5.6.1.2 RAID-Level 1

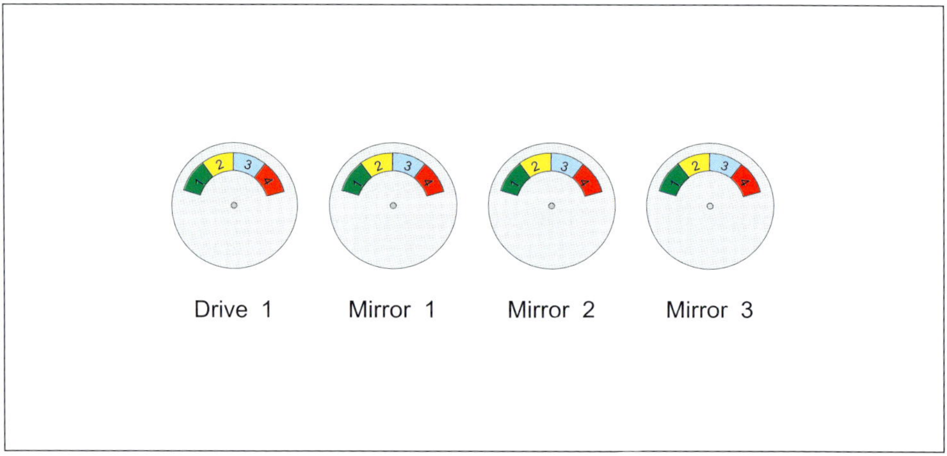

RAID-1 bedeutet Mirroring. Hier werden alle Daten einer Platte auf alle weiteren Platten des RAID-Sets geschrieben. Vorteil: Bei Ausfall einer Platte bleiben die Daten weiter verfügbar. Die Leistung beim Schreiben bleibt der einer Einzelplatte bzw. RAID-0 gleich (solange die Platten auf die Kanäle verteilt sind). Man geht davon aus, dass die zusätzliche Rechnerbelastung durch doppeltes Schreiben nicht zählt.
Die Leseleistung verdoppelt sich im besten Fall, da jetzt die Requests auf zwei Plattenlaufwerke (bzw. zwei Sets) aufgeteilt werden können, die unabhängig voneinander lesen können.
Allerdings sind die Kosten für RAID-1 hoch: Nur die Kapazität einer Festplatte des verfügbaren Platzes steht für die Originaldaten zur Verfügung; der Rest wird durch redundante Daten verbraucht. Jedoch ist RAID-1 einfach zu implementieren.
Mirroring (von Einzelplatten) gibt es als Controller-Lösung oder als Software-Lösung für unterschiedliche Betriebssysteme.

5.6.1.3 RAID-Level 0+1

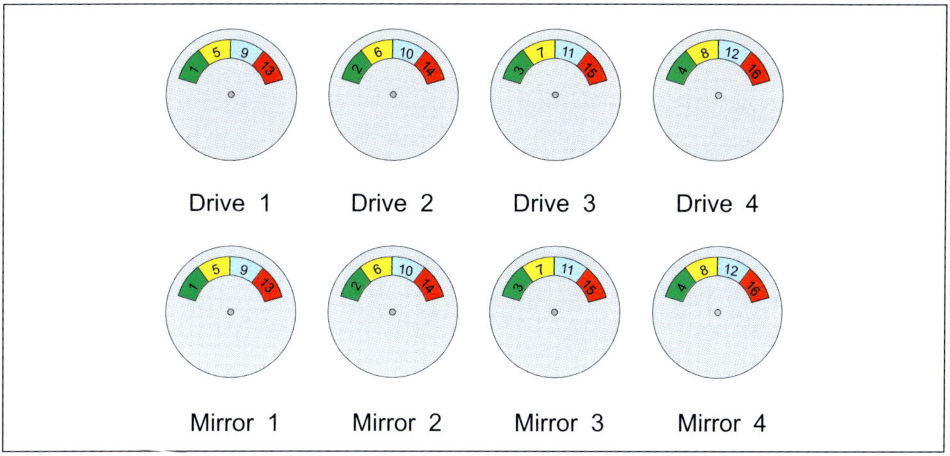

RAID-0+1, manchmal auch RAID-10 genannt, vereinigt Mirroring und Striping. Hier wird tatsächlich die Hälfte der Gesamtkapazität gespiegelt, wobei sich die hohe Sicherheit der Spiegelung mit der Performance von RAID-0 verbindet. In den meisten Fällen ist dies die schnellste RAID-Lösung, aber natürlich gilt auch hier das Argument von RAID-1: Die Kosten sind, da doppelt so viele Platten verwendet werden, sehr hoch.

5.6.1.4 RAID-Level 4

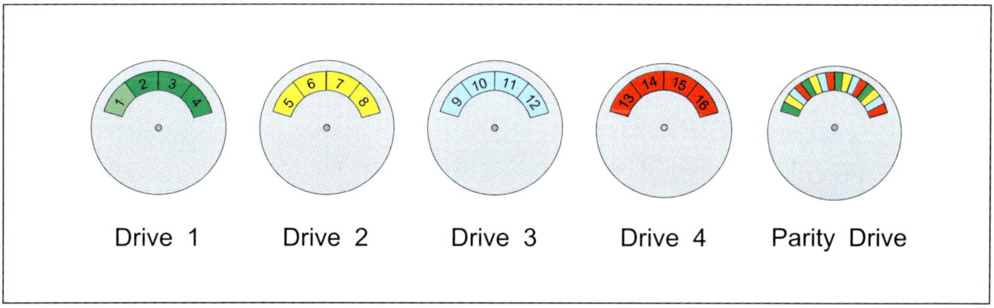

Während Ausfallsicherheit bei RAID-1 und -0+1 doppelte Plattenkapazität erfordert - und bei RAID-0 gar nicht gegeben ist - verwendet RAID-4 Parity, um die Daten zu sichern. Zu jeweils x Festplatten, die nach dem Striping-Verfahren beschrieben werden, kommt lediglich eine zusätzliche Parity-Platte, deren n-tes bit jeweils das Parity-bit zu den x n-ten bits der restlichen Platten enthält. Fällt eine Festplatte aus, kann aus dieser Parity-Platte zusammen mit den

Daten der übrigen Platten bit für bit der Inhalt der defekten Platte rekonstruiert werden. Das Schreiben von Daten auf einer Platte erfordert allerdings immer auch das Ändern der Parity-Platte - beide Blöcke müssen zuerst gelesen und aus ihnen und den neuen Daten der neue Parity-Wert berechnet werden. So ist die Performance geringer als bei RAID-0 oder -1.

5.6.1.5 RAID-Level 5

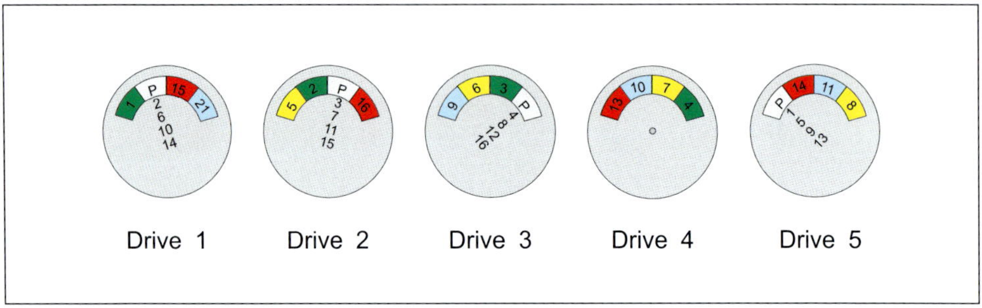

Bei RAID-4 muss bei jedem Schreibzugriff auf die Parity-Disk zugegriffen werden. Dieses Laufwerk wird damit der Flaschenhals in diesem System. RAID-5 verteilt Parity und Daten blockbereichsweise auf alle Laufwerke. Jedes Laufwerk ist damit für einen bestimmten Blockbereich Parity-Laufwerk. Lesezugriffe werden etwas schneller, weil sie auf noch mehr Laufwerke verteilt werden können.
Bei kurzen Transfers ist aber auch RAID-5 auf der Basis von Zugriffen pro Zeiteinheit pro Megabyte einem Einzellaufwerk weit unterlegen.

5.6.1.6 Andere RAID-Level

Neben den oben genannten RAID-Leveln, die in einer Studie der Universität Berkeley erstmals beschrieben wurden und sich als Quasi-Standard etabliert haben, gibt es noch eine Reihe von herstellerspezifizierten RAID-Leveln, die aber in der Regel nur Modifikationen der o. g. RAID-Level darstellen.

Wo wird RAID nun implementiert? Es gibt zwei Möglichkeiten: Entweder in einem Controller, der zwischen dem Rechner und den Laufwerken sitzt (als Karte im Rechner oder in einer separaten Box) oder im Hostrechner selbst. Vorteil der ersten Lösung: Keine zusätzliche Belastung des Rechners durch die Verwaltung von RAID. Vorteil der zweiten Lösung: Da in diesem Falle nicht alle Daten durch den Flaschenhals RAID-Controller zum Hostrechner müssen, kann eine höhere Datentransferrate durch die gleichzeitige Verwendung mehrerer Übertragungspfade erreicht werden.
Eine Reihe von Herstellern (sowohl Plattenlaufwerks- als auch Controller-Hersteller) bieten

RAID-Implementierungen an. Diese Implementierungen unterscheiden sich in folgenden technischen Eigenschaften:

Einfachere Implementierungen schliessen mehrere Laufwerke an einen SCSI-Bus an und fassen diese unter Verwendung von einem RAID- oder RAID-ähnlichen Konzept zusammen. Andere Implementierungen haben pro Plattenlaufwerk einen eigenen Controller. Sie erhöhen dadurch die Ausfallsicherheit, da selbst bei Ausfall des Controllers die Daten weiter zugreifbar bleiben. Laufwerke können fest eingebaut werden. Es ist jedoch auf jeden Fall besser, wenn auch teurer, die einzelnen Laufwerke so einzubauen, dass sie im laufenden Betrieb ausgewechselt werden können (Hot Swap) und somit der Datenzugriff nicht unterbrochen werden muss. Gute RAID-Systeme erlauben beim Austausch eines Laufwerks das Rekonstruieren der Daten für dieses Laufwerk während des normalen Betriebs.

Einen wichtigen Einfluss auf die Ausfallsicherheit von RAID-Systemen haben auch andere Elemente: Hängen alle Laufwerke an einem einzigen Power Supply, ist die Ausfallwahrscheinlichkeit (aber nicht notwendigerweise die Wahrscheinlichkeit des Datenverlustes) höher als bei getrennten Stromversorgungen für jedes einzelne Laufwerk oder einer anderen, redundanten Art der Stromversorgung. Natürlich sollten dann auch Kabel, Lüfter, Controller und Rechneranschlüsse doppelt ausgeführt werden, um den Single Point of Failure auszuschliessen.

Und noch eine Warnung: Bei allen Betrachtungen von Ausfallhäufigkeiten und Ausfallwahrscheinlichkeiten geht man davon aus, dass Laufwerksausfälle statistisch unabhängig voneinander vorkommen. In der Praxis können externe Ereignisse (Blitzschlag, Stromspitzen) eintreten, die zu einer höheren punktuellen Ausfallwahrscheinlichkeit - von mehr als einem Laufwerk - führen können, so dass die MTBF-Überlegungen für RAID-Systeme teilweise praxisfremd sind. Und selbst bei einem RAID-System mit unendlich hoher durchschnittlicher Zeit zwischen zwei Ausfällen darf man das Backup nicht vergessen: Vor einem falschen Delete-Kommando oder einem Software-Fehler, der Daten zerstört, schützt auch RAID nicht. Und Würmer, Trojanische Pferde, Viren und Bomben werden wohl auch nicht aussterben oder Respekt gegenüber RAID entwickeln.

5.6.2 Kriterien der RAID-Auswahl

RAID-Systeme dienen der verbesserten Verfügbarkeit von Daten und nicht der Performance-Verbesserung. Sie sind in der Regel bei der Geschwindigkeit Einzellaufwerken unterlegen. Sinnvoll ist der Einsatz von RAID-Level 0 bis 5 zum Speichern von grossen Datenmengen, auf die entweder seltener oder nur mit langen Transfers zugegriffen wird. RAID bietet hier eine kostengünstige Möglichkeit, ausfallsichere Massenspeicher zu konfigurieren. Für häufiger benutzte Daten empfiehlt sich weiterhin der Einsatz von (gespiegelten) Einzellaufwerken, für extrem häufig verwendete Daten hingegen der Einsatz von RAM-Disks, die, vorausgesetzt

die Anzahl der Schreibzugriffe ist nicht zu hoch, mit normalen Winchesterplatten gespiegelt werden können. Spiegeln sollte man wegen der geringeren Rechnerbelastung in der Regel im Controller bzw. Hostadapter. Braucht man die hohe Transferrate langer Transfers, sollte Striping mehrere Datenpfade zum Rechner zulassen und deswegen Host-based sein.
Auf jeden Fall sollte ein RAID (und der Rechner) an eine USV angeschlossen werden, da sonst im Fall eines Stromausfalls der eigentliche Sinn, die absolute Datenverfügbarkeit, nicht mehr erfüllt ist.

5.6.3 RAID-Implementierungen

Festplatten können auf drei verschiedene Weisen zu einem RAID verbunden werden: Durch RAID-Software, durch in den Rechner eingebaute dedizierte RAID-Controller oder als externe RAID-Systeme, die von Standardcontrollern wie normale - wenn auch meist ungewöhnlich grosse - Festplatten gesehen werden.

5.6.3.1 Software RAID

Windows, Solaris, Linux und viele andere Betriebssysteme bieten bereits standardmässig die Möglichkeit, mehrere Plattenlaufwerke zu einem RAID-System zusammenzufassen. Hierbei brauchen lediglich die Festplatten an einen SCSI-Hostadapter intern oder extern angeschlossen zu werden. Die Konfiguration wird dann über das Betriebssystem vorgenommen. Diese Lösung ist zwar preisgünstig und einfach einzurichten, hat jedoch auch Nachteile. Vor allem, wenn sehr grosse Datenmengen übertragen werden bzw. wenn Zugriffe parallel von mehreren Usern (beispielsweise in einem Netz) auf das RAID erfolgen, hat dies Auswirkungen auf die Performance des Rechners. Hierbei muss der gesamte Rechenaufwand (Verteilen der Daten auf die einzelnen Platten und Berechnen der Parity) von der CPU des Rechners aufgebracht werden. Des Weiteren wird das Betriebssystem des Rechners über eine Bootplatte geladen, die nicht redundant sein kann, da die RAID-Konfiguration erst nach dem Laden des Betriebssystems zur Verfügung steht. Auf der Bootplatte befinden sich auch alle Konfigurationsdaten für den RAID-Verband. Fällt die Bootplatte aus, ist das RAID-System nicht mehr operabel. Diesem Nachteil begegnen die folgenden Hardware-RAID-Lösungen mit separatem RAID-Controller.

5.6.3.2 Internes Hardware-RAID mit PCI-RAID-Controller

Hierbei übernimmt der RAID-Controller, wie bei den externen Hardware-RAIDs, die gesamte Rechenarbeit. Somit arbeiten die Controller, unabhängig von der CPU-Auslastung, mit konstanter Performance. Die RAID-Konfigurationsdaten befinden sich auf allen Festplatten des RAID-Systems und sind somit auch bei Ausfall einer Festplatte oder sogar des ganzen Controllers immer vorhanden. Bei Tausch des Controllers oder einer Festplatte werden die RAID Konfigurationsdaten eingelesen und der Rebuilt gestartet.

RAID-Controller sind mit internen Anschlussbuchsen und einem externen Anschluss für SCSI-Festplatten versehen. Somit hat man die Möglichkeit, die Festplatten des RAID-Systems in den Rechner einzubauen oder aber extern anzuschliessen.

5.6.3.3 Externes Hardware-RAID

Die High-End-RAID-Lösung stellen die sog. Hardware-RAIDs dar. Hier sind der Controller und die Festplatten in einem separaten Gehäuse untergebracht. Das RAID-System wird mittels SCSI- oder FC-Kabel mit dem Hostadapter des Rechners verbunden.

Durch die Backplane, an der Controller und Festplatten direkt angeschlossen sind, erreicht man kürzeste Kabellängen und somit maximale Datensicherheit. Weitere Datensicherheit kann durch den Einsatz von redundanten Controllern erreicht werden. Hierbei wird bei Defekt des Controllers automatisch auf einen zweiten Controller im Gehäuse umgeschaltet, ohne Zeitverzögerung und Datenverlust. Der defekte Controller kann dann im laufenden System gegen einen neuen getauscht werden.

Hardware-RAIDs arbeiten, wie PCI-RAID-Controller, immer mit konstanter Performance, unabhängig von der CPU-Auslastung. Hierbei werden die Daten vom Hostadapter des Rechners über den SCSI-Bus direkt zum RAID-Controller übertragen. Dort werden die gesamten Daten in den Cache eingelesen. Danach ist der SCSI-Bus nicht mehr belastet. Der Controller des Hardware-RAIDs verteilt dann die Daten auf die einzelnen Platten und berechnet die Parity, in Abhängigkeit vom gewählten RAID-Level. Währenddessen ist die CPU des Rechners nicht mit den Rechenoperationen des RAID-Systems belastet. Ein entsprechend gross gewählter Cache, der als Write-back-Cache konfiguriert ist, kann die Schreib-Performance erheblich erhöhen. Das Lesen der Daten geschieht dann analog hierzu in umgekehrter Reihenfolge. Hardware-RAIDs können im Vergleich zu PCI-RAID-Controllern plattformübergreifend eingesetzt werden.

5.6.4 IDE RAID

Ein zunehmender Anteil an externen RAID-Systemen wird intern mit IDE (ATA) Festplatten betrieben. An den Rechner werden sie über SCSI oder Fibre Channel verbunden.

Tatsächlich erfüllen IDE RAIDs genau die ursprüngliche Definition von RAID als „Redundant Array of Inexpensive Disks“, mit Betonung auf „inexpensive“ (preisgünstig).
Später wurde es üblich, statt „inexpensive disks“ „independent disks“ (unabhängige Platten) zu sagen, da der Begriff „preisgünstig“ mit den anfänglich sehr teuren RAID-Systemen nicht zu vereinbaren war.

Doch das dahinter stehende Konzept für RAID war: Die Verwendung preiswerter Platten mit geringerer Lebenserwartung wird ausgeglichen durch die Redundanz des Systems.

Zwar wird niemand IDE RAIDs in Situationen verwenden, die höchste Performance verlangen. Denn der Datenduchsatz ist beim Lesen oder Schreiben grosser Dateien zwar mittlerweile recht beachtlich, nicht aber der I/O-Durchsatz. Für Datenbanken sind IDE Platten zu langsam. (Das ändert sich auch nicht in den ersten Generationen von Serial ATA, sondern erst dann, wenn SCSI-Eigenschaften wie Command Queuing in den Standard integriert werden).

Auch in auf Fibre Channel basierenden Speichernetzwerken (Storage Area Networks) wird nur ein Teil der Datenkapazität für Datenbanken verwendet. Bedarf besteht auch an Fileservern, E-Mail-Servern, Archiven und ähnlichem im Speichernetzwerk. Hier lassen sich die Kosten dramatisch senken, wenn mehrere Server sich ein gemeinsames RAID teilen können, und das kann dann durchaus ein IDE RAID sein. Die Datenbanken und andere I/O-intensive Applikationen haben dann Platz auf dem viel teureren Fibre Channel RAID.

Eine weitere ideale Applikation für IDE RAID mit FC Interface liegt durch den niedrigen Preis nahe: Near-Line Backup wird durch den geringen Preis pro Gigabyte auch auf Festplatten bezahlbar und ist dann natürlich wesentlich schneller als auf Band oder (Magneto-)optischen Libraries. Ein Argument, das vor allem da eine Rolle spielt, wo Backupfenster immer kürzer werden.

6. Speichernetzwerke

6.1 Einleitung: Storage-Zentralisierung

Während in den letzten Jahren mehr und mehr Mainframe-Lösungen durch lokale Server und Workstations ersetzt wurden, findet heute wieder eine Zentralisierung der Server und der mit ihnen verbundenen Speicher statt. Grund ist die Verwendung immer schnellerer Bustechnologien, aber auch und vor allem die zunehmende Vernetzung der Daten.

Natürlich stellt die Zentralisierung der Speicher hohe Anforderungen an die Verfügbarkeit. Da der Ausfall des Systems ein ganzes Unternehmen lahmlegen kann, ist es absolut unumgänglich, dass Datenpfade und die Speicher selbst redundant ausgelegt sind.
Die Verfügbarkeit eines Systems wird in Prozent gemessen. 99,9 % Verfügbarkeit bedeutet einen durchschnittlichen Ausfall pro Jahr von 8,8 Stunden, 99,99 % einen durchschnittlichen Ausfall von 53 Minuten und so weiter.

Ein wesentlicher Vorteil beim Aufbau zentraler Speichernetzwerke ist die Möglichkeit, ein Speichersystem (z. B. RAID) durch mehrere Server gleichzeitig zu nutzen. Die Server teilen sich die Kapazität des Datenspeichers und senken dadurch sowohl die Kosten der Anschaffung als auch der Administration. Dieser Prozess wird „Hardware-Konsolidierung" genannt.

Die Zentralisierung der Speicherlösungen setzt den Einsatz geeigneter Netzwerktechnologien voraus. Anstelle von Direct Attached Storage (DAS), also direkt am einzelnen Server über SCSI oder Fibre Channel angebundene Speicher, werden Technologien verwendet, die Daten auch über grössere Entfernungen zur Verfügung stellen. Das kann einerseits der Einsatz von Network Attached Storage (NAS) sein. Die File-Systeme werden über Netzwerk anderen Servern oder den Clients direkt bereitgestellt.
Für höhere Performance und grössere Datenmengen wird andererseits oft eine Technologie vorgezogen, die dem Rechner die Daten auf Blocklevel liefert - also wie eine lokale Platte. Das geschieht in den Speichernetzwerken (SAN), die entweder den schnellen Fibre Channel benutzen, oder neuerdings - wenn nicht allzu hohe Geschwindigkeiten benötigt werden - auch iSCSI verwenden. Hier werden die SCSI-Daten über das Ethernet transportiert. Meist handelt es sich dabei um ein Gbit Ethernet. Ein auf dem Rechner installierter Treiber lässt die Ethernet-Karte wie einen SCSI-Controller erscheinen.

6.2 Storage Area Network (SAN)

Das LAN ermöglicht den Zugriff auf lokale Systeme, die über Kommunikationsprotokolle wie TCP/IP, NFS, HTTP verfügen. LANs werden benutzt, um Daten zwischen verschiedenen Host-Systemen und um Benutzerzugriffe auf Systeme wie Workstations, Terminals und andere

Geräte zu übertragen. LANs handhaben den Informationsfluss zwischen Host-Systemen und Benutzer. Im Gegensatz hierzu ermöglicht SAN, den Informationsfluss mit der gesamten Umgebung zu teilen, das heisst zwischen den Rechnern und den Speichereinheiten und schliesslich zwischen den Speichereinheiten selbst. So lassen sich Speichereinheiten von allen am SAN angeschlossenen Rechnern ansprechen. Ähnlich wie in LAN-Netzwerken (Ethernet, FDDI, ATM und Token Ring) gibt es auch beim SAN unterschiedliche Topologien, um ein solches Storage Area Network aufzubauen.

Storage Area Networks sind besondere Speichernetzwerke, die Server und Speichersysteme über Breitbandnetzwerke verbinden. In diesem Netzwerk spielt es zunächst keine Rolle, welches Betriebssystem auf einem Server installiert ist. Das heisst, es können mehrere unterschiedliche Server auf verschiedene Speicher-Subsysteme in einem Netzwerk zugreifen. Im Prinzip kann ein Storage Area Network mit einem einfachen oder mit zwei Kabeln aufgebaut werden. Die SCSI-Technologie ist die bekannteste Art, ein Storage Area Network in der einfachsten Form aufzubauen. Wegen der grossen Einschränkungen wie Geräteanzahl, Distanzen, Terminierung etc. ist die Fibre-Channel-Technologie aber das für SANs heute normalerweise eingesetzte Kommunikationsmedium. Durch die Eigenschaften von Fibre Channel eignet sie sich hervorragend als Medium. Denn die Anforderungen eines SANs sind eine garantierte Bandbreite (Netzwerkgeschwindigkeit) und geringe Fehlerraten.

Fibre Channel bietet folgende Vorteile:
- 400 MB/s Datendurchsatz
- 2,0625 Gbit Bandbreite
- 16 Millionen Geräte können angesprochen werden
- Serielle Verbindung 8/10-bit-Encoding
- Hardware-basierendes Anschlussprotokoll zwischen den Schnittstellen
- Flexible Kabelkonfiguration, Kupfer und Glasfaser, Distanz bis 10 km.

Im Moment wird an den Datentransferraten des Fibre Channels gearbeitet, so dass schon in naher Zukunft die Datentransferraten von 4 Gbit und 10 Gbit erreicht werden. Weitere Informationen können im Abschnitt Fibre Channel (4.3) nachgelesen werden.

Durch das SAN kann das LAN entlastet werden, da der gesamte Informationsaustausch in diesem Speichernetzwerk abgewickelt wird. Wenn man Backup-Laufwerke auch an das SAN und nicht an das LAN anschliesst, kann man mit entsprechender Software eine weitere Entlastung erreichen. Dies ermöglicht eine einfachere Verwaltung der Systeme und höhere Datentransferraten. Ein Storage Area Network bietet die ideale Möglichkeit die gesamten Informationen zu zentralisieren.
Die unkomplizierteste Art, ein Storage Area Network aufzubauen, ist die Punkt-zu-Punkt-Verbindung über Fibre Channel. Sie verbindet zum Beispiel ein RAID-System mit einem

gelesen werden müssen. Beim Accelis-Format werden 256 Spuren in zwei Datenbereiche eingeteilt. Die erste Generation wird mit Datenkompression eine Kapazität von 50 GB mit einer Datentransferrate von maximal 40 MB/s bieten.
Das **Ultrium**-Format hingegen ist das optimale Medium für hohe Kapazitäten und arbeitet mit einer hervorragenden Betriebssicherheit in einem automatisierten oder Standalone-Umfeld. Das Ultrium-Medium enthält nur eine Bandrolle und ist ideal für Backup-, Restore- und Archivierungsprogramme.
Das Ultrium-Format teilt 384 Spuren in vier Datenbereiche auf. Zwischen den Datenbereichen liegen die Servospuren für die Kopfpositionierung. Das Band wird serpentinenförmig mit jeweils acht Spuren parallel beschrieben. Die Daten werden von innen nach aussen geschrieben, da die inneren Datenbereiche physikalisch am besten geschützt sind. Die erste Generation bietet mit Datenkompression eine Kapazität von 200 GB und eine Datentransferrate von maximal 30 MB/s, während die seit 2003 verfügbare zweite Generation Kapazität und Geschwindigkeit verdoppeln konnte.
Beide Kassettentypen enthalten ein kontaktloses 4kB Cartridge Memory (LTO-CM) mit 4 kB, in welchem Hersteller- und Benutzerinformationen abgespeichert werden. Für das Lesen bzw. Schreiben der Benutzerinformationen ist eine Unterstützung durch die Backupsoftware notwendig.

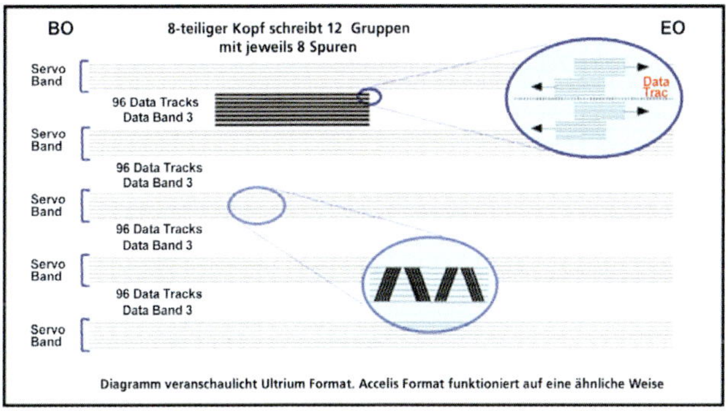

Spurenaufzeichnung bei LTO-Laufwerken

7.1.2 DLT/SDLT-Laufwerke

Die **DLT**-Technologie (**D**igital **L**inear **T**ape) zeichnet wie LTO Daten serpentinenartig linear auf, so dass die Spuren parallel zur Kante des Bandes liegen. Es werden 1/2"-Magnetbänder in kompakten Kassetten beschrieben. Die letzten drei Laufwerks-Generationen DLT4000, DLT7000 und DLT8000 nutzen dasselbe Bandmedium DLTtapeIV und erzielen damit komprimiert bis zu 40, 70 und 80 GB Speicherkapazität.
Bisher wurden die Daten durch zwei im Lese-/Schreibkopf angebrachte Kanäle mit einer

Dichte von 62500 bits/Zoll geschrieben, die Transferrate betrug 3 MB/s. In diesem Format bestand eine Dateneinheit aus zwanzig 4-kB-Blöcken, wobei die einzelnen Datenblöcke mit verschiedenen Fehlererkennungsverfahren (Parity, Cyclic Redundandcy Check/CRC und Error Detection Check/EDC) versehen wurden. Die letzten vier Blöcke jeder Einheit bestehen aus vier ECC-Blöcken (ECC, error correction check). Beim neuen Verfahren **Super DLT** werden die Daten von vier im Lese-/Schreibkopf angebrachten Kanälen mit einer Dichte von 86000 bits/Zoll geschrieben. Dadurch konnte die Transferrate auf 5 MB/s erhöht werden. Hier besteht eine Dateneinheit aus vierundzwanzig 4-kB-Blöcken. Auch diese werden mit Fehlererkennungsverfahren versehen. Die letzten fünf Blöcke jeder Einheit sind ECC-Blöcke. Nach jedem Schreibvorgang führt der DLT-Controller einen Lesetest durch. Die geschriebenen Daten werden mit dem Pufferinhalt verglichen und im Fehlerfall korrigiert. Diese Sicherheitsmassnahmen garantieren eine sehr hohe Datenintegrität.

Spurenaufzeichnung bei DLT-Laufwerken

Ein weiterer Vorteil dieser Technologie liegt darin, dass die Belastung von Bändern und Leseköpfen gering ist. Dies wird durch den Einsatz von stationären Magnetköpfen und einer einfachen Bandführung erreicht. So sind mit DLT-Laufwerken Banddurchläufe von bis zu 500.000 Zyklen pro Kassette möglich. Die DLTtapeIV-Bänder ermöglichen Banddurchläufe von mehr als 1 Mio. Zyklen durch Einsatz der neuen, oben beschriebenen Technologie.
2001 kam Quantum mit den ersten SuperDLT-Laufwerken auf den Markt, die mit der neuen Technologie 220 GB bei 22 MB/s (2:1 Kompression) erreichen. Sie brauchen dazu Bänder mit einer wesentlich besseren Beschichtung, aber gleicher Kassettengrösse. Die Systeme sind lesekompatibel zu DLT8000, DLT7000 und DLT4000, was das wichtigste Verkaufsargument von SuperDLT im Vergleich zu LTO darstellt. Seit Mitte 2002 ist mit SDLT320 die zweite Generation von SuperDLT-Laufwerken mit 320 GB Kapazität bei 32 MB/s Transferrate (2:1 Kompression) verfügbar.

Zur Abrundung der DLT Produktlinien nach unten wurde im Jahr 2000 das DLT VS-Format eingeführt, das in der aktuellen Generation VS-160 bei voller 2:1 Kompression bis zu 160 GB Daten mit einer Durchsatzrate von 16 MB/s auf ein Band schreiben kann.

7.1.3 ADR-Laufwerke

Die **ADR**-Technologie (**A**dvanced **D**igital **R**ecording) wurde von Philips entwickelt und kommt in den Laufwerken von OnStream zum Einsatz. Die Daten werden in acht Spuren parallel aufgezeichnet. Zur genauen Positionierung des Kopfes befinden sich zwischen den Datenspuren Servo-Informationen.
Diese Servo-Informationen dienen gleichzeitig dazu, schlechte Bandstellen zu erkennen. ADR-Laufwerke haben eine variable Datenübertragungsrate von 0,5 bis 2 MB/s. Dadurch passt sich das Laufwerk der Datenrate des Systems an, und zeitintensive Neupositionierungen des Bandes können weitgehend vermieden werden. ADR-Laufwerke bieten mit Kompression eine Kapazität von bis zu 50 GB pro Kassette mit einer maximalen Datenübertragungsrate von 4 MB/s.

7.2 Schrägspuraufzeichnungsverfahren

7.2.1 Exabyte-Laufwerke

Sehr hohe Datendichten werden mit Magnetbandgeräten aus dem Audio- und Videobereich erreicht, die das Helical-Scan-Verfahren verwenden. Rotierende Kopftrommeln zeichnen die Daten dabei in schräg zur Laufrichtung des Bandes liegenden Spuren auf. Diese Spuren können mit einer hohen Datendichte beschrieben werden. Geräte, die auf dieser Technologie basieren und die an die besonderen Bedürfnisse der Datensicherung angepasst wurden, haben grosse Marktanteile im Bereich der Backup-Laufwerke erobert.
Die Exabyte-Laufwerke sind aus der Video8-Technik hervorgegangen und wurden speziell für den Einsatz als Backup-Geräte verbessert. Dabei wurde die Aufzeichnungstechnik verfeinert. Bei den Datenmengen, die mit diesen Laufwerken auf einer Kassette gesichert werden können, z. B. maximal 40 GB beim Exabyte Mammoth mit 170 m Band, sinkt der Datenträgerpreis pro GB und auch der Platzbedarf einer Kassette ist minimal. Versand und Lagerung sind unproblematisch. Selbst Langzeitarchivierung ist mit Kassetten der neuesten Generation kein Problem. Der Hersteller garantiert eine Archivierungszeit von 10 Jahren.

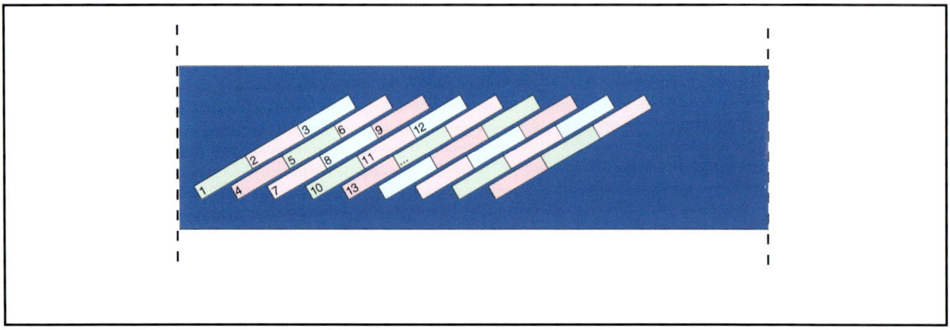

Spurenaufzeichnung bei Helical-Scan-Laufwerken (DAT, Exabyte, AIT)

7.2.2 DAT-Laufwerke

Auch die **DAT**-Technologie (**D**igital **A**udio **T**ape) ging aus dem Einsatz von digitalen Aufzeichnungsverfahren im Audiobereich hervor und zeichnet Daten im Helical-Scan-Verfahren auf ein Magnetband auf. Dieses ist jedoch im Vergleich zu Exabyte-Bändern (8 mm) nur 4 mm breit, und im Laufwerk selbst beträgt der Umschlingungswinkel des Bandes um die Kopftrommel nur 90 Grad im Vergleich zur Exabyte-Technologie, bei der der Umschlingungswinkel 112 Grad beträgt und somit das Band wie auch den Kopf des Laufwerks stärker belastet.
Das **DDS**-Format (**D**igital **D**ata **S**torage) wurde von HP und Sony entwickelt und hat sich als Standard durchgesetzt. Die Entwicklungen im DAT-Bereich profitieren vom Wettbewerb unterschiedlicher Hersteller. Laufwerke entsprechend dem DDS-2 Standard speichern bis zu 8 GB (120 m Band) und erreichen Datentransferraten von bis zu 1 MB/s. Die Angabe von 8 GB Speicherkapazität stellt einen typischerweise mit Datenkompression (2:1) zu erreichenden Wert dar. Theoretisch könnten mit diesen Laufwerken bis zu 16 GB Daten gespeichert werden. In der Praxis erweisen sich diese rechnerisch ermittelten Maximalwerte aber als nicht realistisch.
Laufwerke, die im DDS-3-Format aufzeichnen, können mit einer Datentransferrate von 2 MB/s bis zu 24 GB auf einem 125-m-Band aufzeichnen. Der DDS-4-Standard bietet mit Kompression Kapazitäten von bis zu 40 GB (150 m Band) bei einer Datentransferrate von bis zu 6 MB/s. Die Schreib- und Lesekompatibilität zu DDS-2 und DDS-3 ist gewährleistet. Die DDS-3-Laufwerke verfügen über spezielle Features, die wesentliche Voraussetzungen für eine fehlerlose Sicherung darstellen.
Für Mai 2003 werden erste Modelle der neuesten 5. Generation von DDS-Laufwerken von Hewlett-Packard und Seagate erwartet. Bei im Vergleich zu DDS-4 unveränderter Geschwindigkeit bieten diese eine mit 36 GB nativ nahezu verdoppelte Kapazität. Die zugehörigen Bänder werden eine Länge von 175 Metern haben, wobei die neuen, DAT72 genannten Gen-5 Laufwerke alte DDS-4 und DDS-3 Medien lesen und beschreiben können.

Eine wesentliche Fehlerquelle ist die Verschmutzung der Kopftrommel. Der eingebaute **Head Cleaner** sorgt in 15-minütigem Abstand automatisch für die Reinigung der Köpfe. In Kombination mit einem Reinigungsband wird die Funktion des Laufwerks über Jahre gewährleistet. Ist jedoch z. B. ein eingesetztes Band beschädigt, zu alt und nicht mehr zu gebrauchen oder ein Reinigungsband defekt, erhält der Netzwerkadministrator sofort eine Meldung. Dieses Feature heisst **TapeAlert** und ist eine von HP entwickelte Firmware, die Probleme bei Datenträgern netzwerkweit diagnostiziert. Ausserdem überwacht TapeAlert permanent den Zustand des Laufwerks und der Medien während des Backups.

Mit Hilfe der **Time-Tracking**-Funktion wird der Lesekopf immer auf die Mitte der Datenspur ausgerichtet. Dadurch wird gewährleistet, dass auch Bänder, die mit DAT-Laufwerken anderer Hersteller beschrieben wurden, zuverlässig gelesen werden können. Ein Feature speziell bei HP DAT-Laufwerken ist das **OBDR** (**O**ne **B**utton **D**isaster **R**ecovery). Hiermit können mittels geeigneter Software bootfähige Kassetten erzeugt werden, mit welchen dann im Notfall das System ohne zusätzliche Floppies oder CD-ROMs wiederhergestellt werden kann.

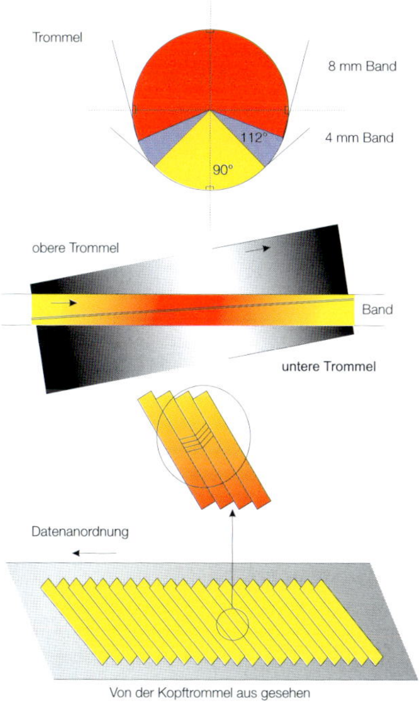

Heli-Scan-Datenaufzeichnung

Für DAT-Laufwerke ebenso wie für alle anderen Bandlaufwerke gibt es automatische Kassettenwechsler. Die einfacheren Modelle erlauben nur ein sequentielles Wechseln der Kassetten. Die teureren Random-Access-Modelle benötigen normalerweise spezielle Software zum Betrieb der so genannten Bandbibliotheken (engl.: Libraries). Die kleinsten Bandbibliotheken bzw. Kassettenwechsler sind für sechs Kassetten geeignet, die grösseren Modelle können über 100 Kassetten aufnehmen. Mit solchen Bandbibliotheken können ohne Operatoreingriff Daten gesichert werden.
Es empfiehlt sich, ausschliesslich solche DAT-Kassetten einzusetzen, die zur Datensicherung hergestellt wurden. Diese Kassetten sind z. B. mit dem DDS-Siegel bei DAT-Laufwerken und bei Exabyte-Laufwerken mit dem D-Eight-Siegel gekennzeichnet. Wie bei allen Magnetbandlaufwerken sollten die Schreib-/Leseköpfe regelmässig gereinigt werden. Allerdings sollten nur die vom Hersteller empfohlenen Reinigungskits verwendet werden. Nicht geeignete Reinigungsbänder können eine Beschädigung der Mechanik zur Folge haben. Empfohlen wird meistens, einen Reinigungsvorgang nach 30 GB bzw. mindestens einmal im Monat vorzunehmen.

7.2.3 AIT-Laufwerke

Das 1997 von Sony auf den Markt gebrachte **AIT** (**A**dvanced **I**ntelligent **T**ape) beruht wie das Exabyte auf der 8-mm Helical-Scan-Technologie, ist aber zu dieser - schon durch ein anderes Kassettenformat - nicht kompatibel. Die maximale Kapazität liegt bei derzeit ca. 260 GB (unkomprimiert bei 100 GB), wobei die Chancen für einen guten Kompressionsfaktor (ca. 2,6) durch den verbesserten Algorithmus ALDC (Advanced Lossless Data Compression) gestiegen sind. Das Laufwerk passt ausserdem wie DAT in einen 3,5"-Einbauplatz.
Neu ist ein Selbstreinigungsmechanismus, der die Verwendung von Reinigungstapes in normalen Arbeitsumgebungen wesentlich seltener notwendiger macht und die Lebensdauer von Magnetband und Laufwerk erhöht.
Bei schwerwiegenderen Fehlern wird der interne Kopfreiniger automatisch aktiviert, wobei auch die AME-Medien entscheidend zur Verlängerung der Reinigungsintervalle beitragen. Eine interessante Neuerung ist aber auch die Verwendung eines Memory-Chips **MIC** (**M**emory **i**n **C**assette) in den Kassetten. Die Grösse beträgt 16 kbit bei 25/65 GB Medien und 64 kbit bei allen anderen. Die Backup-Software kann auf ihm Informationen speichern, die bei herkömmlichen Technologien nur am Anfang des Bandes verzeichnet sind. Diese Informationen erlauben eine Halbierung der durchschnittlichen Suchzeit auf einem Tape, die dann mit 27 Sekunden angegeben wird. Inzwischen unterstützen auch alle gängigen Backup-Software-Hersteller das AIT-Laufwerk mit den oben beschriebenen Features.
Mit dem seit Sommer 2001 erhältlichen AIT-3 Laufwerk ist Sony in die Leistungsklasse von LTO- und SDLT-Laufwerken vorgestossen. Das Laufwerk erreicht durch Verwendung der 230-m-Bänder komprimiert bis 31 MB/s Datentransferrate bei einer Kapazität von maximal 260 GB. Sony wird das AIT-Format mindestens bis zum Jahr 2005 über drei weitere Generation bis

in den Terabyte-Bereich fortführen. Eine Besonderheit ist dabei, dass die Laufwerke lese- und schreibkompatibel zu allen Vorgängermodellen sind.

7.3 Sonstige Aufzeichnungsverfahren

7.3.1 QIC-Laufwerke

Die 1/4"-Kassetten werden beim **serpentinenförmigen Aufzeichnungsverfahren** mit hoher Geschwindigkeit in mehreren Durchläufen auf jeweils einer Spur parallel zum Rand des Magnetbandes beschrieben. Diese Serpentine muss auch beim Lesen der Daten durchlaufen werden.

1/4"-Magnetbandkassetten-Laufwerke arbeiten im standardisierten **QIC**-Format (**Q**uarter **I**nch **C**artridge) und zeichnen im Streaming Mode auf. Ist die Übertragungsgeschwindigkeit eines Systems grösser als die Aufzeichnungsrate des Streamers, wird das Magnetband ohne Lücken beschrieben (streaming) und voll ausgenutzt. Ist der Datenpuffer des Streamers leer, fordert er vom System weitere Daten an.
Um das Band auch bei Systemen mit langsamerer Transferrate voll auszunutzen, wird es bei einer Datenpause abgebremst und an das Aufzeichnungsende zurückgesetzt. Der nächste Datenblock kann so ohne Lücke aufgezeichnet werden. Ein Vorteil der QIC-Technologie gegenüber dem Helical-Scan-Verfahren ist, dass das Tape immer in seiner Cartridge bleibt und dadurch bei weitem länger hält.

7.3.2 Mainframe-Laufwerke

1/2"-Magnetbandlaufwerke sind heute eigentlich veraltet, werden aber wegen ihrer weiten Verbreitung weiterverwendet, insbesondere für den Datenaustausch mit Mainframes. In der Zukunft werden sie jedoch sicher an Bedeutung verlieren, da neuere Entwicklungen mit wesentlich kleineren und kostengünstigeren Datenträgern zur Verfügung stehen. Ein 1/2"-Magnetband wird in der Regel mit neun Spuren beschrieben.
Auf einer grossen Magnetspule (730 m) lassen sich bei einer Schreibdichte von 800 bpi 23 MB, bei 1600 bpi 46 MB, bei 3200 bpi 92 MB und bei 6250 bpi 180 MB speichern. Diese Speicherkapazitäten sind im Vergleich zu anderen Magnetbandkassetten-Systemen, die auf einer Kassette 10 GB und mehr speichern können, eher bescheiden. Ein Nachteil, neben der geringen Kapazität, sind bei 1/2"-Laufwerken die langen Backup- und Restore-Zeiten und der grosse Platzbedarf des Magnetbandlaufwerkes und der Magnetbänder.

7.4 Software für Magnetbandspeicher

7.4.1 Backup-Software

Ein Backup ist aufgrund des nicht ausschliessbaren Datenverlusts (menschliches Versagen, technisches Versagen, Sabotage oder Viren) unverzichtbar. Es ist zwar möglich, ein Backup ohne unterstützende Software zu fahren, jedoch ist dies bei grösseren Datenmengen und bei Einsatz von Libraries fast nicht mehr realisierbar. Entsprechende Backup-Softwarepakete erleichtern die tägliche Datensicherung und bieten viele Tools an, die auch eine sinnvolle Verwaltung der zu speichernden und gespeicherten Daten möglich machen (Archivierung und HSM). Aus den geforderten Entwicklungen bei den Datenspeichern selbst resultiert auch eine ständige Überarbeitung und Erweiterung der unterschiedlichen Backup-Softwarepakete. Der Bedarf an Speicherkapazität wächst schneller als die Kapazität einzelner Medien. Da die Beschaffung von immer mehr Festplatten die Kosten explodieren lässt, muss immer mehr auf Archivierung - die Auslagerung von Daten auf preiswertere, aber langsamere Medien - zurückgegriffen werden. Dies führt andererseits zu einem hohen Administrationsaufwand.

7.4.2 HSM-Software

HSM-Software (**H**ierarchical **S**torage **M**anagement) ist in der Lage, diese Administration selbständig zu leisten. Aufgrund von vorgegebenen Parametern wie Häufigkeit des Zugriffs, File-Grösse, -Alter etc. werden Dateien gewichtet und nach Bedarf auf immer preiswertere/langsamere Medien ausgelagert, beispielsweise von Festplatten auf MO-Wechsler, von dort auf Tape-Libraries und weiter auf extern gelagerte Bänder. Im letzteren Fall wird bei Bedarf der Systemadministrator angewiesen, das entsprechende Band einzulegen.
Ein virtuelles File-System zeigt dem Anwender immer alle Dateien an, sowohl die tatsächlich auf der Festplatte vorhandenen als auch die ausgelagerten. Beim Öffnen einer Datei wird diese zuerst auf die Festplatte zurückgeschrieben. Der Anwender bemerkt lediglich die entsprechend langsamere Zugriffszeit. Mag diese langsamere Zugriffszeit manchen Anwender erschrecken - im schlimmsten Fall der Auslagerung auf externe Medien kann die Wartezeit eine halbe Stunde und mehr betragen - so mag die Überlegung trösten, dass auf 80 % aller Daten weniger als einmal pro Monat zugegriffen wird. Nicht einmal 5 % aller Daten werden öfter als einmal pro Woche verwendet.

8. Optischer Speicher

Optische Platten haben mit der CD-ROM allgemeine Verbreitung gefunden. Technologien wie CD-R und CD-RW, aber auch die Vergrösserung der Kapazitäten durch DVD lassen diesen Markt weiter wachsen. In diesen Bereich fallen auch magneto-optische Technologien mit ebenfalls wachsenden Kapazitäten.

8.1 CD-ROM-Laufwerke

CD-ROMs sind wechselbare optische Platten, die nach dem Beschreiben mit Daten im Fertigungsprozess nur noch gelesen werden können. Dieses Medium eignet sich mit seinen ca. 650 MB ideal für die Massenverteilung von Daten, wie z. B. für die Softwaredistribution, da die Reproduktionskosten bei entsprechenden Stückzahlen sehr gering sind. Die Nachteile der CD-ROMs, die Nichtwiederbeschreibbarkeit und die relativ langsame Zugriffszeit (derzeit etwa 85-120 ms, je nach Laufwerk) spielen dort meist eine untergeordnete Rolle. Der Datenträger selbst ist überaus preiswert. Sinnvoll ist die Massenproduktion von CD-ROMs in der Regel ab einer Auflage von über 100 Stück. Dabei werden die Daten, ähnlich dem Herstellen einer Schallplatte, in das Trägermaterial gepresst.

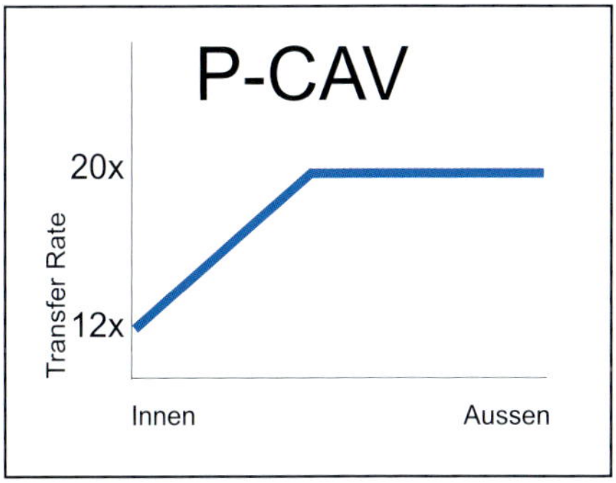

CAV-Technologie

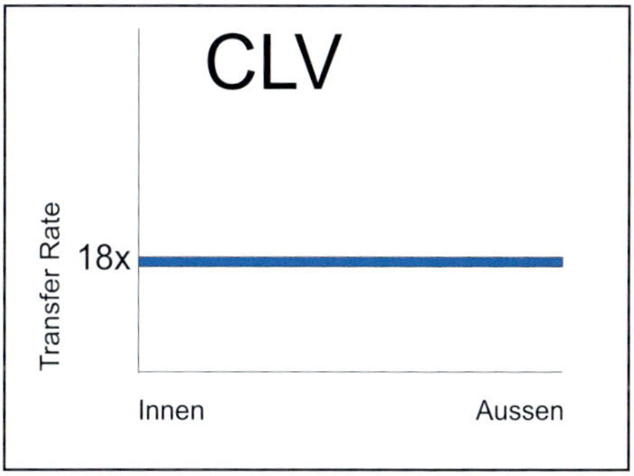

CLV-Technologie

Die Lesegeschwindigkeit der CD-ROM-Laufwerke wird gemessen an der Übertragungsrate eines Audio-Laufwerks, die 150 KB/s beträgt. Ein 14fach Laufwerk beispielsweise liest 2,05 MB/s. Die heutigen CD-ROM-Laufwerke jedoch arbeiten mit bis zu 52facher Geschwindigkeit und einer Datentransferrate von 7.8 MB/s. Laufwerke mit Lesegeschwindigkeiten höher als 14fach basieren auf der Partial-**CAV**-Technologie (**C**onstant **A**ngular **V**elocity). Diese zeichnet sich durch eine variierende Datentransferrate bei gleich bleibender Umdrehungsgeschwindigkeit im Innenbereich der CD aus. Beim Lesen der äusseren Spuren einer CD wechselt das Laufwerk in das bisher bei den CD-ROM-Laufwerken übliche **CLV** (**C**onstant **L**inear **V**elocity)-

Verfahren, bei welchem die Umdrehungsgeschwindigkeit vor dem Lesen angepasst wird. Dadurch ergibt sich eine konstante Datentransferrate.
Des Weiteren bieten heutige CD-ROM-Laufwerke neben der obligatorischen Geschwindigkeitssteigerung ein neues Feature: **Multiread**. Dies bedeutet bei CD-ROM-Laufwerken, dass sie auch die wiederbeschreibbaren CD-RWs lesen können.
Neben den normalen Einzellaufwerken werden auch CD-ROM-Wechsler angeboten. Die typische Wechslerzeit pro CD liegt bei circa 7 bis 10 Sekunden. CD-ROM-Wechsler eignen sich vor allem für Anwendungen auf CD-ROM, bei denen grössere Datenmengen, auf die selten zugegriffen wird, im direkten Zugriff des Rechners sein sollten (z. B. Desktoppublishing oder Multimedia-Anwendungen). Auf dem Markt befindliche Wechsler-Systeme erlauben in einer einzigen Peripherieeinheit die Verwaltung von Datenmengen bis in den Terabyte-Bereich.

8.2 CD-R- und CD-RW-Laufwerke

Mit CD-Recordern (CD-R) können CD-Rohlinge (Write-once-CD) ohne grossen Aufwand beschrieben werden. Dabei werden die Daten mit Hilfe eines Laserstrahls auf den CD-Rohling geschrieben. Durch diese Recorder ist auch die Herstellung von nur einer einzigen CD in wirtschaftlich relevante Dimensionen gerückt. So lassen sich kleine Auflagen von Produktkatalogen, Softwareprodukten oder Grafiksammlungen auf CD-ROM erstellen. Auch zur Langzeitarchivierung eignen sich die beschreibbaren CDs. Die Datenträger sind sehr sicher, aber eine nachträgliche Änderung der Daten ist nicht möglich.
Die mit einem CD-Recorder beschriebenen CDs lassen sich ebenso wie die in grossen Auflagen gepressten CDs mit jedem handelsüblichen CD-ROM-Laufwerk lesen. Mit Wechslern, die einen CD-Recorder enthalten, besteht die Möglichkeit, kostengünstig Archivierung und Backup in kleinen und mittleren Netzwerken durchzuführen. Steht jedoch die Produktion bzw. das Kopieren von CDs im Vordergrund, so werden seit neuestem CD-Dupliziersysteme angeboten, die als Standalone-Geräte Möglichkeiten zur Duplikation von CDs bieten.
CD-Rewritable (CD-RW) ist eine Technologie, die es erlaubt, ein Medium wiederholt zu beschreiben. Dies kann bis zu 3000 Mal geschehen. Die Laufwerke beschreiben einmalig auch CD-R-Medien. CD-RW-Medien können mit aktuellen im Handel angebotenen CD-ROM-Laufwerken mit Multiread-Fähigkeit gelesen werden (zu Kompatibilitäten siehe Tabelle).

Medium	CD-ROM	CDR	CDRW	DVD-ROM	DVD-R	DVD-RAM	DVD-RW
CD-ROM	R	R	R	R	R	R	R
CD-ROM	R	W/R	W/R	R		R	R
CD-RW	R	W/R	R	R		R	R
DVD-ROM				R	R	R	R
DVD-R				R	W/R	R	R
DVD-RAM						W/R	
DVD-RW							W/R

R = lesekompatibel W = schreibkompatibel

8.3 DVD-Laufwerke

Nachdem die CD-ROM-Kapazität lange Zeit als ausreichend angesehen wurde, entstand auf Druck der Videoindustrie mit **DVD** (**D**igital **V**ersatile **D**isk, ursprünglich: Digital Video Disk) eine neue optische Technologie, die die Kapazität der Medien auf 5,2 GB erweiterte. Durch Verwendung der Rückseite und den Einsatz einer zweiten Datenschicht soll diese Kapazität in Zukunft noch vervierfacht werden. Erreicht wurde diese Kapazitätserweiterung durch eine Verringerung der Mindestlänge für Pits und des Track-Abstands der Windungen. Die DVD-Laufwerke können darüber hinaus alle herkömmlichen CD-Formate lesen. Seit einiger Zeit sind DVD-R-Laufwerke (Recorder) auf dem Markt erhältlich. Allerdings verfügen diese bis jetzt nur über eine Speicherkapazität von 2,6 GB/Seite.

Der Siegeszug der DVD wurde jedoch dadurch unterbrochen, dass es keinen gemeinsamen Standard gibt. Toshiba, Hitachi und Panasonic entwickelten das DVD-RAM-Laufwerk mit 2,6 GB Kapazität pro Seite, wobei dieses mit Caddy arbeitet. Sony, Philips und HP dagegen haben ein DVD-RW-Laufwerk entwickelt, welches 3 GB Kapazität bietet, ohne Caddy arbeitet und zudem in zukünftigen DVD-Laufwerken gelesen werden kann. Ausserdem können die DVD-RW-Laufwerke auch die Inhalte von CD-RWs lesen, was DVD-RAM-Laufwerke nicht können.

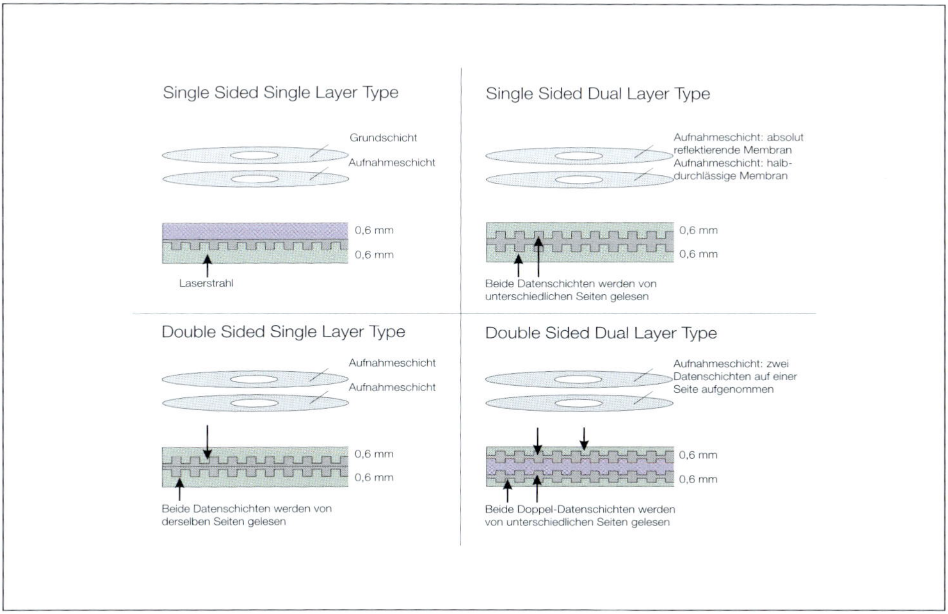

Aufbau DVD-Medium

8.4 Magneto-optische Laufwerke

Die magneto-optische Datenspeicherung besitzt als Vertreter der optischen Speichertechnik diverse Vorteile gegenüber konkurrierenden Technologien. Magneto-optische Plattenlaufwerke zeichnen kontakt- und verschleissfrei mittels eines Lasers Daten durch Erhitzen und Anlegen eines Magnetfeldes auf der MO-Plattenoberfläche auf.
Die Datenträger können **doppelseitig** beschrieben werden, und das Lesen der Daten erfolgt durch den reflektierten Laserstrahl. In diesem sind die Informationen enthalten, die eindeutig die im Material vorliegende Magnetisierung wiedergibt. Das Beschreiben der MO geschah bisher sehr langsam. Der Grund dafür war, dass bei einem Schreibvorgang derselbe Block dreimal bearbeitet wurde: Beim ersten Vorgang wurde der Block gelöscht, bei der nächsten Umdrehung wurde der Block geschrieben und bei der darauf folgenden Umdrehung überprüft. Gegenüber einem Lese-Request dauerte also ein Schreib-Request zwei volle Umdrehungen länger.
In der Zwischenzeit sind auch alle im Handel befindlichen magneto-optischen Laufwerke LIMDOW-fähig (Laser Intensity Modulation Direct Overwrite) und können in diesen Modus umgestellt werden. LIMDOW bedeutet, dass es nun möglich ist, in einem einzigen Arbeitsgang - ohne einen zusätzlichen Löschzyklus wie bisher üblich - alte gegen neue Daten auszutauschen, also eine alte Information mit einer neuen direkt zu überschreiben. Der Nachteil der geringeren Performance z. B. gegenüber konventionellen Wechselplattenlaufwerken, der bisher das Bild der magneto-optischen Technologie etwas trübte, hat nun keine Berechtigung mehr.
Zusammengefasst stellen sich die Vorteile dieser Technologien wie folgt dar: Die Datenträger selbst sind klein, leicht und nicht allzu teuer. Die Laufwerke können vom Rechner wie ein normales Plattenlaufwerk genutzt werden, und es ist keine spezielle Filesystem-Software erforderlich.

Sinnvolle Einsatzgebiete für magneto-optische Plattenlaufwerke sind z. B. solche, bei denen der Datenträger aus dem Rechner entfernt werden soll (z. B. bei sicherheitskritischen Anwendungen) und die höhere Performance von Winchesterplatten in Wechselkassetten nicht benötigt wird bzw. man deren höheren Preis nicht zahlen möchte. Weiter kann man MO-Platten dort einsetzen, wo auf Backups schnell und ohne vorheriges Umkopieren auf einen anderen Datenträger zugegriffen werden soll. MO-Wechsler erlauben hier die Archivierung auch grösserer Datenmengen. Diese werden allerdings in Zukunft an Bedeutung verlieren, da CD-RW- und CD-R-Jukeboxen an ihre Stelle treten.

WORM-Platten (**W**rite **O**nce **R**ead **M**ultiple) sind optische Platten, die nur einmal beschrieben, aber beliebig oft gelesen werden können. Diese Technologie spielt fast keine Rolle mehr seit der Einführung von CD-R.

8.5 Ausblick

Die CD-ROM hat sich sowohl im Audio- wie auch im Computerbereich einen festen Platz erkämpft. Durch die Entwicklung der CD-R (einmal beschreibbar) und der CD-RW (mehrfach beschreibbar) haben sich diese Technologien - sicherlich zu unterschiedlichen Anteilen - einen Platz im Markt sichern können. Etwas anders sieht es bei der DVD (Digital Versatile Disk) aus. Diese Technologie wird unter Umständen die CD-ROM aus einigen Bereichen verdrängen können, da die Kapazität einer Disk um ein Vielfaches höher liegt.

Parallel zu den Entwicklungen im DVD-Bereich, wird auch an der Entwicklung einer MO-Video-Platte gearbeitet. Diese so genannte MO-7 (ASMO) soll über eine Speicherkapazität von 6,1 GB verfügen. Gleichzeitig brachten Laufwerkhersteller wie Maxoptix ebenfalls Nachfolgeprodukte auf den Markt, die mit 5,2 GB eine Verdoppelung der momentanen Kapazität erreichten. Die Entwicklung im optischen Datenspeichermarkt geht zur Zeit mit grossen Schritten voran. Die **OSTA** (**O**ptical **S**torage **T**echnology **A**ssociation) hilft beim Gewinnen eines Überblicks über derzeitige und zukünftige Technologien: www.osta.org

9. Arbeitsspeicher

Nicht nur die Rechenleistung der CPU eines Rechners ist für die Performance ausschlaggebend, sondern auch der Arbeitsspeicher. Neue Technologien, schnellere Chips und verschiedene Bauarten machen es immer schwieriger, das richtige Speichermodul für den jeweiligen Rechner zu finden. Einige typische Begriffe sind in diesem Kapitel beschrieben.

9.1 Speichertechnologien

Prinzipiell kann man zwischen nicht flüchtigen, statischen und dynamischen Speichertechnologien unterscheiden.

9.1.1 Nicht flüchtige Speicher

Alle nicht flüchtigen Speichern haben gemeinsam, dass sie ihren Inhalt, also die abgespeicherten Daten, auch dann behalten, wenn die Betriebsspannung abgeschaltet wird. Als Beispiele seien hier EEPROMs und die zu dieser Gruppe gehörenden Flash-Speicher genannt.

EEPROM, E^2PROM: **E**lectrically **E**rasable **P**rogrammable **R**ead-**O**nly **M**emory
Als EEPROM werden sämtliche nicht flüchtigen Speicher bezeichnet, deren Inhalt auf elektrischem Wege (und nicht z. B. durch Bestrahlung mit UV-Licht wie bei seinem Vorgänger, dem EPROM) verändert bzw. gelöscht werden kann. Es gibt mehrere Architekturen, die sich durch unterschiedliche elektrische Eigenschaften unterscheiden. EEPROMs finden sich z. B. auf diversen Speichermodulen, wo die jeweiligen Moduleigenschaften (Betriebsspannung, Zugriffszeiten, Bankaufbau, Fehlerkorrektur usw. bis hin zum Hersteller) in codierter Form abgespeichert sind (z.B. SPDs auf SDRAM DIMMs).

Flash-Speicher
Flash-Speicher sind dadurch gekennzeichnet, dass einzelne Bytes adressiert und ausgelesen, Schreib- und Löschvorgänge aber nur blockweise erfolgen können. Die Lese-Zugriffszeiten betragen etwa das Doppelte von dynamischen Speichern und liegen derzeit bei etwa 100 ns. Die Anzahl der Programmier- und Löschzyklen ist begrenzt und liegt etwa bei 100.000. Im Allgemeinen wird ein Datenerhalt über einen Zeitraum von 10 Jahren garantiert. Flash-Speicher ist u.a. als SIMM, PC-Card (PCMCIA), Compact Flash (CF) Card, Miniature Card (MC) und Solid State Floppy Disc Card (SSFDC) erhältlich. Unabhängig vom Äusseren gibt es zwei Haupttypen von Flash-Speichermodulen: Linear Flash und ATA Flash. Linear Flash-Module besitzen einen „linearen" Adressraum, wobei jede beliebige Adresse von aussen direkt angesprochen werden kann. Im Gegensatz hierzu findet bei ATA-Flashkarten intern eine Adressumsetzung statt, so dass diese Variante mehr wie eine Festplatte angesprochen werden kann, was u. U. die Treiberprogrammierung vereinfacht. Flash-Module werden z. B.

in Notebooks, Network-Routern, Druckern, PDAs und Digitalkameras als Massen- oder Programmspeicher verwendet.

9.1.2 Dynamische Speicher

DRAM: **D**ynamic **R**andom **A**ccess **M**emory
DRAM ist ein dynamischer Speicher mit wahlfreiem Zugriff. Es kann also jederzeit direkt auf jede Datenzelle zugegriffen werden. Ein extremes Gegenbeispiel wären zum Beispiel Bandlaufwerke. Dieser Speichertyp wird im Allgemeinen als Hauptspeicher eingesetzt.

Dynamische Speicher sind gekennzeichnet durch die Speicherung der Information in einem Kondensator, der ähnlich wie ein Akku Energie aufnehmen und eine gewisse Zeit halten kann. Soll z.B. eine logische Eins gespeichert werden, wird dieser Kondensator aufgeladen, bei einer logischen Null entladen. Die Kondensatoren sind in einer Matrix aus Reihen und Spalten angeordnet.
Um die Chips mechanisch klein zu halten und um Anschlüsse und damit Kosten zu sparen, erfolgt die elektrische Ansteuerung dieser Bausteine in zwei Stufen: Die Adresse eines Datums wird entsprechend der Matrix aufgeteilt in eine Reihen- (Row-) Adresse und eine Spalten- (Column-) Adresse, die nacheinander über die gleichen Anschlüsse am Chip übermittelt werden. Der Vorteil dieser Technologie ist, dass sie relativ preiswert und mit grossen Dichten hergestellt werden kann. Der Nachteil ist, dass der Kondensator nicht ideal produziert werden kann: Wiederum ähnlich einem Akku, der lange Zeit nicht benutzt wird, entlädt sich dieser Kondensator. Um zu verhindern, dass die Daten unbrauchbar werden, müssen sie in regelmässigen Abständen aufgefrischt werden (Refresh). Es gibt mehrere Weiterentwicklungen dieser grundlegenden Architektur, die kurz angesprochen werden sollen:

FPM: **F**ast **P**age **M**ode
Speicherbausteine mit Fast Page Mode sind eine Weiterentwicklung der „Standard"-DRAM Speicher, die durch eine besondere Ansteuermöglichkeit die technologiebedingten Verzögerungszeiten bei bestimmten Anwendungen beschleunigen. Meistens werden innerhalb von Computerprogrammen zusammenhängende Speicherinhalte vom Prozessor bearbeitet. Bei einem Zugriff auf eine Speicherbank wird normalerweise zuerst die Reihen- und dann die Spaltenadresse übertragen. Bei aufeinander folgenden Speicheradressen ändert sich hingegen nur die Spaltenadresse, weil die aufeinander folgenden Daten in der gleichen Reihe (in der gleichen „page") liegen: Ein erneutes Übertragen der nicht veränderten Reihenadresse ist eigentlich unnötig. Diesen Umstand macht sich der Fast Page Mode zunutze. Dabei werden nur beim ersten Zugriff die Reihen- und die Spaltenadressen übertragen, bei den darauf folgenden Zugriffen nur noch die Spaltenadressen, so dass die Zykluszeit bis zum Anliegen der Daten an den Ausgängen der Speicherbank verkürzt wird. Dieser Modus muss natürlich vom verwendeten System und dessen Chipsatz unterstützt werden.

EDO: **E**xtended **D**ata **O**utput
Speicherbausteine mit EDO stellen eine Weiterentwicklung gegenüber den FPM-Speichern dar, bei der ebenfalls durch bestimmte Ansteuertechniken der Speicherzugriff beschleunigt wird. Bei FPM-Speichern wird das elektrische Signal der Datenleitungen gelöscht (nicht zu verwechseln mit dem Inhalt der Speicherzelle, dieser bleibt erhalten!), wenn eine neue Adressinformation angelegt wird. Da die Weiterverarbeitung der Daten eine gewisse Zeitspanne in Anspruch nimmt, gibt es einen Zeitraum, in dem der Speicher „still gehalten" werden muss, damit die an den Datenleitungen anliegenden elektrischen Signale aufgenommen und weiterverarbeitet werden können. Bei EDO-Speichern ist die Ausgangsstufe so gestaltet, dass anliegende Informationen auch dann beibehalten werden, wenn eine neue Adresse übertragen wird. Auf diese Weise kann simultan das anliegende Datenwort verarbeitet und die nächste angeforderte Adresse in den Speicherbaustein geladen werden. Auch hierdurch werden die Zykluszeiten verkürzt.

BEDO: **B**urst **E**xtended **D**ata **O**utput
Als eine Weiterentwicklung der EDO-Speichermodule gilt der BEDO als der letzte asynchrone DRAM. Durch sein zeitgleiches Erscheinen mit den SDRAM Modulen hatte er nie eine Gelegenheit, sich auf dem Markt durchzusetzen. Er ist durch einen zusätzlichen Burst-Modus gekennzeichnet. Nach einer Adressübermittlung gibt das Modul den Zelleninhalt wie bei einem EDO-RAM aus, hängt aber die folgenden drei Zelleninhalte mit einem Taktzyklus von einem Takt pro Wert an.

SDRAM: **S**ynchronous **D**ynamic **R**andom **A**ccess **M**emory
Ähnlich wie FPM und EDO stellt die SDRAM-Technologie eine Weiterentwicklung bereits vorhandener Speicherarchitekturen bzw. deren Zugriffsmodi dar. Anders als bei FPM oder EDO ist die SDRAM-Technologie allerdings nicht rückwärtskompatibel, d. h. SDRAM-Speicher können nur in solchen Rechnersystemen eingesetzt werden, die diese Technologie auch ausdrücklich unterstützen. Die Weiterentwicklung bei SDRAM stellt nichts anderes dar als die Verlagerung eines Teils des Memory-Controllers auf den Speicherchip. Dieser Schritt ist in etwa vergleichbar mit der Einführung von IDE-Festplatten (SCSI-Platten sind hier vielleicht ein besseres Beispiel), die ja auch den auf ihre speziellen Bedürfnisse zugeschnittenen Controller mit im Gehäuse eingebaut haben. Wie auch die FPM- oder EDO-Zugriffsarten kann die SDRAM-Technologie ihre Stärken bei im Adressraum aufeinander folgenden Daten ausspielen. Der typische SDRAM-Zugriff erfolgt, wie bei allen DRAM-Typen, mit der aufeinander folgenden Übermittlung der Reihen- und der Spaltenadresse. Anders als bei bisherigen Technologien erfolgt während dieser Adressierung auch eine „Befehlsübermittlung" an das SDRAM, wobei auf dem Speicherchip je nach Befehl festgelegte Abläufe in Gang gesetzt werden. Ein typischer Befehl könnte z. B. etwa lauten: Auslesen der Adresse X und der drei darauf folgenden Adressen. In diesem Fall wird mit dem Befehl zusammen der Wert für die Startadresse X übermittelt und ohne weiteres Zutun werden die Inhalte der vier aufeinander folgenden

Adressen übermittelt. Da der Zeitpunkt, zu dem die angeforderten Daten Gültigkeit besitzen, feststehen muss, werden SDRAM-Bausteine mit einem Taktsignal versorgt, mit dem alle Vorgänge synchronisiert werden. Die Verwendung von SDRAM-Speichern bringt dann Geschwindigkeitsvorteile, wenn grosse Datenmengen blockweise übertragen werden müssen, z.B. bei grossen Grafiken.

DDR SDRAM: **D**ouble **D**ata **R**ate **SDRAM**

Der DDR-SDRAM, meist auch SDRAM II genannt, ist eine schnellere Version des SDRAMs. Er wurde dahingehend weiterentwickelt, dass er Daten auf der steigenden und auf der abfallenden Flanke der System-Clock lesen kann und somit die Transferrate des Speichers verdoppelt. Die maximale Transferrate dieser Technologie liegt bei 1 GB/s.

RDRAM: **R**ambus **DRAM**

Rambus DRAM basiert auf einer von der Firma Rambus Inc. entwickelten komplett neuen Technologie. Durch die grundlegende Überarbeitung und Neudefinition seiner inneren Struktur wie Leiterbahnlängen, Pin-Kapazitäten und Spannungsschwankungen ist der RDRAM in der Lage, sehr hohen Leistungsansprüchen gerecht zu werden. Der Speicher wird auf der steigenden und auf der abfallenden Flanke der System-Clock angesprochen. Ein Einkanal-Rambus-Speicher liefert mit 1,6 GB/s eine um den Faktor 3 höhere Leistung als ein 64-bit-100-MHz-SDRAM-Modul. Der Hauptvorteil der Rambus-Technologie liegt darin, dass 2 oder 4 Rambus Kanäle parallel genutzt werden können. Somit ist mit 2 Kanälen eine Bandbreite von 3,2 GB/s und mit 4 Kanälen eine Bandbreite von 6,4 GB/s erreichbar.

9.1.3 Statische Speicher

Statische Speicher werden aufgrund ihrer Schnelligkeit als Cache-Speicher eingesetzt. Im Gegensatz zu den dynamischen Speichern brauchen sie keinen Refresh (Auffrischung) des Speicherinhaltes. Ein statischer Speicher arbeitet pro Speicherzelle mit einer aus mehreren Bauelementen bestehenden Schaltung, die - ausgehend vom zu speichernden Datum - einen bestimmten Zustand einnimmt und sich dann selbst verriegelt, so dass eine Zustandsänderung nur von aussen vorgenommen werden kann. Ein statischer Speicher verliert seinen Dateninhalt erst, wenn die Versorgungsspannung zusammenbricht. Aufgrund des komplexeren Aufbaus der Speicherzelle können statische Speicher nur mit geringeren Dichten gebaut werden als dynamische Speicher. Ausserdem sind sie - bei vergleichbarer Speicherkapazität - wesentlich teurer als dynamische Speicher.

9.2 Modulbauformen

Warum Module? Moderne Rechnersysteme verlangen nach Speichergrössen, die in Datenbreite (also der Anzahl der verwendeten Datenbits) und Adressraumtiefe (also der Anzahl der

Datenwörter, die im Speicher untergebracht werden können) nicht mit einem einzelnen Speicherchip realisiert werden können. Daher werden aus einzelnen Speicherchips Module gebaut, die elektrisch quasi wie ein grosser Chip angesteuert werden können. Man unterscheidet zwischen folgenden verbreitet eingesetzten Bauformen:

SIMM: **S**ingle **I**nline **M**emory **M**odule
SIMMs haben auf beiden Seiten der Platine Kontaktflächen, die jedoch miteinander verbunden sind. Demnach hat ein 72-Pin-SIMM 144 Kontaktflächen, von denen jedoch nur 72 elektrisch relevant sind.

DIMM: **D**ual **I**nline **M**emory **M**odule

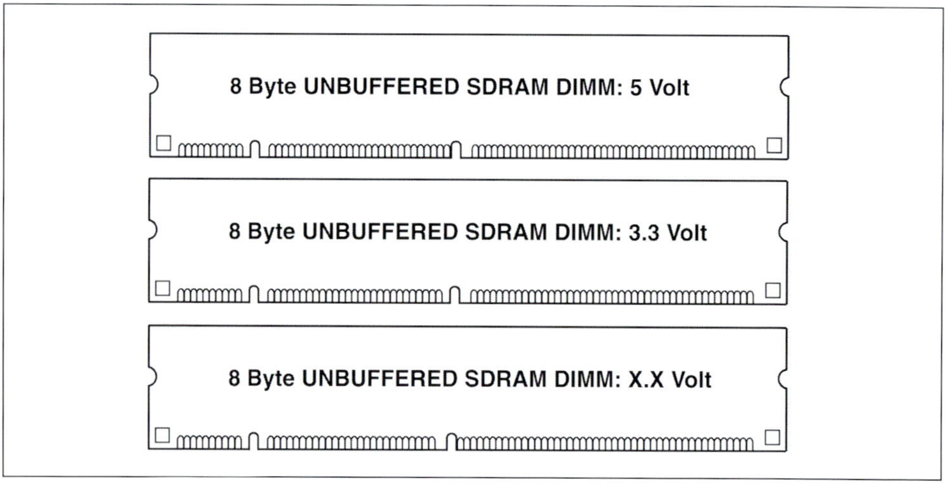

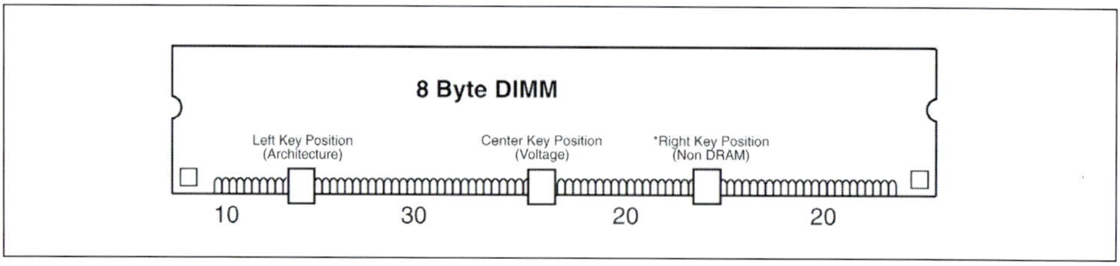

Ein DIMM hat auf beiden Seiten der Platine Kontaktflächen, wobei hier allerdings gegenüberliegende Kontakte elektrisch voneinander isoliert sind. Dadurch steht bei gleicher Modulgrösse eine grössere Anzahl von elektrischen Anschlüssen (= doppelt so viele wie bei einem vergleichbaren SIMM) zur Verfügung, so dass auch eine grössere Anzahl von Datenbits oder ein grösserer Adressraum angesprochen werden kann. Darüber hinaus wird die Anzahl von Anschlüssen für Betriebsspannungen und Steuersignalen vergrössert, was Vorteile hinsichtlich des Designs der Platine und somit der elektrischen Eigenschaften des Moduls mit sich bringt. DIMM-Module sind mittlerweile Standard im PC-, Server- und Workstation-Bereich.

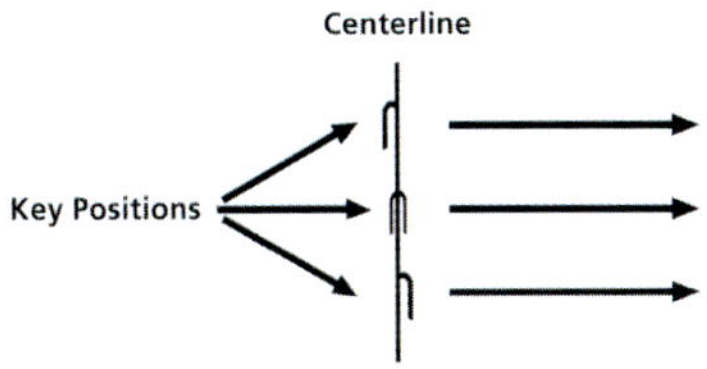

Left Key Position	Center Key	*Right Key
RFU	5V	No Key
**1st GENERATION 168 PIN DIMM	3.3V	No Key
***2nd GENERATION 168 PIN DIMM	X.XV	No Key

9.3 Begriffe rund um den Speicher

Cache

Ein Cache ist ein relativ kleiner Hochgeschwindigkeitsspeicher, üblicherweise SRAM, der häufig benötigte Daten zwischen der CPU und dem Hauptspeicher puffert. Die CPU kann auf Daten im Cache sehr viel schneller zugreifen als auf Daten aus dem Hauptspeicher. Ein kleiner Cache-Speicher kann daher die Performance eines Computers ohne grosse zusätzliche Kosten erheblich verbessern. Bei Cache wird - je nach Position des Speichers im Datenstrom - zwischen verschiedenen Levels unterschieden.

Level 0 Cache:

Entkoppelt den Datenstrom der unterschiedlichen Recheneinheiten innerhalb der CPU. Seine Grösse liegt bei etwa 1 Byte bis 128 Byte.

Level 1 Cache:

Entkoppelt den Datenstrom innerhalb der CPU von der Aussenwelt, Grösse von wenigen Bytes (128) bis zu mehreren KBs.

Level 2 Cache:

Entkoppelt den Datenstrom der CPU vom Memorybus, an dem der Hauptspeicher angeschlossen ist. Grösse von 256 KBs bis zu mehreren MBs.

Level 3 Cache:

Entkoppelt bei Mehrprozessorsystemen den separaten Systembus vom Memorybus.

Parity/Non-Parity
Durch äussere Einflüsse (elektromagnetische Felder, Spannungsschwankungen, radioaktive Strahlung (natürliche Höhenstrahlung, etc.)) können einzelne Datenbits „umkippen": Aus einer logischen Null wird eine Eins und umgekehrt. Dadurch werden die gespeicherten Daten verändert. Non-Parity-Module speichern nur Daten und bieten keine Fehlerfeststellung. Parity-Module hingegen speichern Daten- und Prüfsummen-Informationen. Dies geschieht derart, dass bei einer geraden Anzahl von gesetzten bits das Parity-bit ebenfalls gesetzt ist: Bei einer ungeraden Anzahl von gesetzten bits ist es gelöscht. Mit Hilfe der Parity Technik werden Ein-bit-Fehler erkannt. Da keine Fehlerkorrektur stattfindet, werden die meisten Systeme beim Auftreten eines Parity-Fehlers mit einer Fehlermeldung angehalten. Normalerweise wird ein Parity-bit pro Byte (8 bit) Daten gespeichert. Vorsicht: Wenn durch äussere Einflüsse zwei bits in einem Datenwort ihren Inhalt geändert haben, bleibt die Prüfsumme gleich und der Fehler bleibt unbemerkt! Die Gefahr, dass so etwas passiert, ist allerdings sehr gering.

ECC: **E**rror **C**hecking and **C**orrecting
Das ECC-Verfahren ermöglicht, Ein- und Zwei-bit-Fehler zu erkennen. Ein-bit-Fehler können darüber hinaus sogar korrigiert werden. Gelegentlich wird das zugrunde liegende Verfahren auch als EDC, Error Detection and Correction, bezeichnet. Mit Hilfe entsprechender Algorithmen werden blockweise Prüfsummen (ähnlich wie beim CRC-Verfahren) gebildet und in eigenen Speicherbereichen abgelegt. Anhand dieser Prüfsummen können einzelne Bitfehler erkannt und korrigiert werden. Der Software-Anwender merkt wie bei der Fehlerkorrektur der Audio-CD nichts von diesem Vorgang.

Memorybus
Der Memorybus ist der Systembus zwischen I/O und CPU, der mit Hilfe des Chipsets den Hauptspeicher (Memory) ansteuert. Er besteht aus dem Adressbus und dem Datenbus.

Small **O**utline **J**-Lead (Chip)

Thin **S**mall **O**utline **P**ackage (Chips)

Welcher Speichertyp für welchen Rechner?
Prinzipiell kommen die Vorgaben, welchen Speichertyp man verwenden kann, vom Hardwarehersteller, der den Speicher anhand seiner System-Spezifikationen festlegt. Server sollten nach Möglichkeit immer mit ECC ausgestattet sein.
Innerhalb einer Speicherbank müssen die Module identisch sein. Die verschiedenen Bänke können jedoch je nach Systemvorgaben im Allgemeinen mit Speichermodulen unterschiedlicher Kapazität und Hersteller bestückt werden. Im Zweifelsfall sollte allerdings das Handbuch des Systems zu Rate gezogen werden.

10. Kommunikation

10.1 Definition

Kommunikation findet zwischen Sendern und Empfängern statt. Kommunikation kann wechselseitig oder aber einseitg stattfinden und dient dem Austausch von Information. Treten diese Informationen in Form von Daten, Text, Bildern oder Sprache auf, so spricht man auch von Telekommunikation.

10.2 Voraussetzungen für erfolgreiche Kommunikation

Für erfolgreiche Kommunikation müssen drei wesentliche Voraussetzungen erfüllt sein:
- Es gibt mindestens einen Sender und mindestens einen Empfänger
- Sender und Empfänger sind an ein gemeinsames Medium angeschlossen
- Sender und Empfänger sprechen dieselbe Sprache

10.3 Arten der Kommunikation

10.3.1 Einseitige Kommunikation

Bei einseitiger Kommunikation findet der Austausch von Information nur in eine Richtung statt. Der Sender überträgt seine Information über das gemeinsame Medium an den Empfänger. Findet in Folge des Empfanges der Information eine Antwort durch den Empfänger an den Sender statt, so wird diese wiederum als eigenständige einseitige Kommunikation gesehen. Der Empfänger wird zum Sender und umgekehrt.

10.3.2 Wechelseitige Kommunikation

Im Gegensatz zur einseitigen Kommunikation findet bei der wechselseitigen Kommunikation gleichzeitiger Informationsaustausch statt. Die Kommunikationsteilnehmer sind stets beides: Sender und Empfänger.

10.3.3 Interaktive Kommunikation

Interaktive Kommunikation ist eine weiterentwickelte Art der wechselseitigen Kommunikation. Der gleichzeitige Informationsaustausch steht hier in einer auf den letzten Informationsaustausch bezugnehmenden Wechselwirkung zueinander. Es entwickelt sich ein Dialog zwischen den Kommunikationsteilnehmern.

10.3.4 Offene Kommunikation

Von offener Kommunikation (Open System Interconnection) spricht man, wenn Kommunikationsteilnehmer standardisierten Regeln zur Kommunikation folgen. Durch die Standardisierung der Regeln der Kommunikation können alle potentiellen Kommunikationsteilnehmer sicherstellen, dass sie mit möglichst vielen anderen potentiellen Kommunikationsteilnehmern kommunizieren können. Die Möglichkeit der Kommunikation steht also allen potentiellen Kommunikationsteilnehmern offen.

11. Standards und Normen

11.1 Definition Standard

Unter einem Standard versteht man eine allgemeingültige Definition zur Lösung eines Sachverhaltes. Ein Standard hat vor seiner Verabschiedung immer ein aus mehreren Instanzen und Prozessschritten bestehendes Normungsverfahren durchlaufen, welches abgesegnet und abschliessend rechtlich anerkannt wird. Die wichtigsten Kriterien für einen Standard sind technische Reife und Anwendernutzen.

11.2 Arten von Standards

Wenn von Standards die Rede ist, muss immer zwischen Standards im Sinne von **Normen, Industrie-Standards, herstellerspezifischen Standards** und **Empfehlungen** unterschieden werden.
Normen haben den definierten Prozess einer Standardisierung durchlaufen (s. Definiton Standard).
Ein Industrie-Standard ist ein nicht-normiertes, herstellerunabhängiges Vorgehen oder Verfahren zur Lösung eines Sachverhaltes welches sich i.d.R. durch die jahrelange erfolgreiche Umsetzung in der Praxis als richtig erwiesen hat.
Der herstellerspezifische Standard unterscheidet sich vom Industrie-Standard dadurch, dass sich hier herstellerspezifische Vorgehen oder Verfahren zur Lösung eines Sachverhaltes in der Praxis bewährt haben.
Die Empfehlung ist die am wenigsten verpflichtende Art der Standardisierung. Weder Hersteller noch Anwender haben sich nach ihr zu richten.

11.3 Wichtige Standardisierungsorganisationen in der IT

11.3.1 International Standardization Organization (ISO)

In der **I**nternational **S**tandardization **O**rganization (**ISO**) mit Sitz in Genf arbeiten die nationalen Normungsinstitute aus 118 Ländern zusammen. Ziel der ISO ist es, mit weltweit einheitlichen Normen den internationalen Austausch von Gütern und Dienstleistungen zu erleichtern sowie die Zusammenarbeit auf wissenschaftlichem, technischem und ökonomischem Gebiet über die Grenzen hinweg zu aktivieren. Die wohl bekannteste Norm aus dem Bereich der Datenkommunikation wurde und wird von der ISO entwickelt: Das **OSI-Referenzmodell.**

11.3.2 International Electronical Commission (IEC)

Die **I**nternational **E**lectronical **C**ommission (**IEC**) wurde bereits 1906 gegründet und später der ISO angegliedert. Sie umfasst mehr als 600 Arbeitsgruppen, die sich mit der Normierung beschäftigen. Die von der IEC erarbeiteten Normen haben weltweit Gültigkeit. Die IEC hat ihren Sitz in Genf, die nationalen Normungsinstitute agieren in über einhundert Ländern. Die IEC ist eine anerkannte Standardisierungsorganisation auf dem Gebiet der Elektrotechnik und Elektronik. Zu ihren Sachgebieten gehören die elektrische Sicherheit, die Spannungsfestigkeit und Isolation, der Bereich der elektrischen Bauelemente, Anlagen für Erzeugung, Transport und Verteilung elektrischer Energie, die Haustechnik sowie die Nachrichten-, Funk- und Informationstechnik.

11.3.3 International Telecommunication Union (ITU)

Die **I**nternational **T**elecommunication **U**nion (**ITU**) wurde am 17.5.1865 in Paris von 20 Staaten gegründet und ist seit dem 15.10.1947 eine Unterorganisation der Vereinten Nationen (UN) mit dem Sitz in Genf. Die ITU ist eine weltweit tätige Organisation, in der Regierungen und der private Telekommunikationssektor den Aufbau und Betrieb von Telekommunikationsnetzen und -diensten koordinieren.

11.3.4 European Telecommunications Standards Institute (ETSI)

Die für Europa gültigen Standards für Telekommunikation werden vom 1988 gegründeten **E**uropean **T**elecommunications **S**tandards **I**nstitute (**ETSI**) herausgegeben. Der Sitz der Gesellschaft ist in Sophia Antipolis, einem Forschungszentrum im Süden Frankreichs. Das ETSI hat ca. 800 Mitglieder aus über 50 Ländern. Die europäischen Standards für Telekommunikation der ETSI basieren meist auf den entsprechenden internationalen Empfehlungen (z. B. der ITU). Die ETSI wandelt diese Standards in Bezug auf die europäischen Bedürfnisse entsprechend ab.

11.3.5 Institute of Electrical and Electronical Engineers (IEEE)

Das **I**nstitute of **E**lectrical and **E**lectronical **E**ngineers (**IEEE**) mit Sitz in New Jersey, USA, widmet sich u. a. Normungsaufgaben und ist ein Verband hauptsächlich amerikanischer Ingenieure.

Das IEEE ist aufgeteilt in verschiedene Arbeitsgruppen, die sich temporär bilden, bis eine Empfehlung für einen Standard erarbeitet ist. Die Arbeitsgruppe 802 beschäftigt sich zum Beispiel mit der Standardisierung von lokalen Netzwerken und hat hier u. a. wichtige Beiträge zur Definition von Zugangsverfahren und Sicherungsprotokollen geleistet.

12. Das OSI-Referenzmodell

12.1 Einführung

Das OSI-Modell dient als Referenzmodell für alle offenen und standardisierten Systeme. **OSI** steht hierbei für **O**pen **S**ystem **I**nterconnection und liefert ein abstraktes Modell als Basis für die Interpretation bereits existierender Systeme sowie eine Referenz für die Definition neuer Protokolle. Um die Entwicklung des OSI-Modells verstehen zu können, muss man sich die Struktur der IT-Welt vor 1980 vor Augen halten. Zu dieser Zeit herrschte in der IT-Welt eine uneinheitliche Struktur von herstellerspezifischen Standards die untereinander nicht kompatibel waren. Etwaige Kompatibilitätsanpassungen waren umständlich und kostspielig. Abhilfe brachte hier das OSI-Referenzmodell, welches auf einem ISO-Standard aufsetzt und 1984 von der ITU übernommen wurde. Das Ziel des OSI-Referenzmodell ist die Vereinheitlichung von Standards, um Kommunikation zwischen offenen und standardisierten Systemen zu ermöglichen. Das OSI-Referenzmodell wird hierbei stets flexibel aktualisiert, d. h. alte Elemente werden herausgenommen und neue Elemente werden wieder eingefügt, um eine Veraltung des Referenzmodells zu vermeiden.

12.2 Struktur

Das OSI-Referenzmodell ist dabei ein Schichtenmodell, d.h. das Gesamtsystem ist in Teilsysteme, die Schichten (engl. Layer), gegliedert. Die einzelnen Schichten folgen dabei einer spezifischen Struktur, Teilsysteme gleicher Hierachie bilden eine Schicht, die Schichten sind übereinander angeordnet, wobei eine untergeordnete Schicht der Kommunikationsfunktion der übergeordneten Schicht dient. Jede Schicht stellt des Weiteren gewisse Dienste sowohl innerhalb dieser Schicht als auch für untergeordnete Schichten bereit.

Im OSI-Referenzmodell gibt es insgesamt sieben Schichten, die sich in zwei übergeordnete Kategorien einteilen lassen. Dies sind zum einen die transportorientierten Schichten 1 - 4, die für die eigentliche Bitübertragung zuständig sind, sowie die anwendungsorientierten Schichten 5 - 7, die für die Steuerung des Ablaufs sowie die Art der Informationsdarstellung zuständig sind.

Die Kommunikation der Schichten untereinander erfolgt nach bestimmten Regeln, den Protokollen, wobei die Funktionen der Elementarkommunikation als sogenannte Dienstprimitiven (engl. Primitive) bzw. Dienstoperationen bezeichnet werden. Die Dienstoperationen lassen sich in vier Klassen je Schicht einteilen, dies sind Anforderung (Request), Anzeige (Indication), Antwort (Response) und Bestätigung (Confirmation). In einer Kommunikation zwischen Instanz A (Dienstbenutzer) und Instanz B (Diensterbringer), die über eine Schicht N zur Dienstleistungsbereitstellung miteinander verbunden sind, dient der Request als Anforderung der Instanz A für einen Dienst der Instanz B, welche über dieses Ereignis mit der Indication informiert wird. Nun erfolgt die Response der Instanz B, was das quittieren der vorhergegangenen Anzeige darstellt und letztendlich die Confirmation als quittieren der Anforderung durch den Anbieter.

12.3 Schichten

Schicht 1, Bitübertragungsschicht / Layer 1, Physical Layer
Die Bitübertragungsschicht definiert die mechanischen, elektrischen, funktionalen und prozeduralen Eigenschaften von physikalischen Verbindungen zwischen Datenendeinrichtungen (DEE; DTE [Data Terminal Equipment]) und Datenübertragungseinrichtungen (DÜE; DCE [Data Communication Equipment]). Es erfolgt die Übertragung der eingehenden Bits über einen Kommunikationskanal. Beispiele für Eigenschaften sollen im Folgenden erläutert werden. Mechanisch, können dies die Abmessungen der Stecker oder die Anordnung der Pin-Struktur sein. Elektrisch, die Spannungspegel auf den Leitungen, z. B. nach den X- und V-Empfehlungen der ITU. Funktional, die Zuweisung der Funktionen einzelner Pins. Prozedural, die allgemeinen Regeln für die Benutzung der Schnittstellenleitungen.

Schicht 2, Sicherungsschicht / Layer 2, Data Link Layer
Die Sicherungsschicht muss einen transparenten Datenaustausch gewährleisten. Wobei die Bitströme zu Datenreihen, den sogenannten Frames, zusammengefasst und an die Vermittlungsschicht weitergegeben werden. Hierbei durchlaufen die Bitströme Prozesse der Fehlererkennung und Fehlerkorrektur.

Schicht 3, Vermittlungsschicht / Layer 3, Network Layer
Die Vermittlungsschicht realisiert den Datentransport zwischen Endsystemen über mögliche Zwischenknoten, mittels der Paket- und Leitweglenkung, dem Routing. Die Dateneinheiten sind Pakete bei verbindungsorientierten Übertragungen und Datagramme bei verbindungslosen Übertragungen. Somit können komplette Netze miteinander verbunden werden, wobei jedoch als Grundlage eine eindeutige Adressierung gegeben sein muss. Typische Protokolle der Vermittlungsschicht sind X.25, Frame Relay und IP.

Schicht 4, Transportschicht / Layer 4, Transport Layer
Die Transportschicht realisiert den Datentransport unabhängig von dem darunter liegenden Netz und stellt dabei einen zuverlässigen Datenverkehr her. Typische Funktionen dieser Schicht sind Adress-Mapping, Flussregulierung zwischen Hosts mit unterschiedlichen Geschwindigkeiten und das Multiplexing von Transportverbindungen in Netzen. Die bekanntesten Protokolle dieser Schicht sind **UDP (U**ser **D**atagramm **P**rotocol) und **TCP** (**T**ransmission **C**ontrol **P**rotocol). Die Schicht 4 liefert gleichzeitig den Übergang zu den anwendungsorientierten Schichten.

Schicht 5, Sitzungsschicht / Layer 5, Session Layer
Die Sitzungsschicht realisiert die Sitzung, d. h. Kommunikation von Prozessen. Des Weiteren organisiert sie den Datenaustausch erweitert um zusätzliche Prozesse, wie Dialog- und Kommunikationssteuerung sowie Synchronisation bei Systemabstürzen.

Schicht 6, Darstellungsschicht / Layer 6, Presentation Layer
Die Darstellungsschicht stellt die Kommunikation zu Anwendungsprozessen heterogener Rechnersysteme her. Dabei beschäftigt sie sich ausschliesslich mit der Syntax, der einheitlichen Behandlung und Darstellung der Daten. Dies bedeutet z. B. die Transformation unterschiedlicher Datenformate in eine Standardform, die sogenannte Code-Konvertierung.

Schicht 7, Anwendungsschicht / Layer 7, Application Layer
Die Anwendungsschicht stellt Dienste für die äussere Nutzung von Rechnernetzen bereit und ist dabei die umfassendste Schicht. Mögliche Funktionen können sein: Die Identifizierung der Kommunikationspartner, die Gewährleistung von Zugriffsrechten und die Gewährleistung bestimmter Dienstqualitäten.

13. Übertragungsverfahren und -techniken

13.1 Einführung

Die Datenübertragung in Netzen lässt sich in verschiedene Formen einteilen. Die Form des **Signals**, d. h. analog oder digital, der **Gleichlauf**, d. h. asynchron/asymmetrisch oder synchron/symmetrisch, die **Zeichenübetragung**, d. h. bitseriell oder bitparallel und der **Betrieb** mit den Betriebsarten Simplex, Halbduplex und Duplex bzw. Vollduplex. Im Folgenden soll auf diese verschiedenen Formen der Datenübertragung eingegangen werden. Wichtig: Diese Formen können in einem Netz nicht einzeln gesehen werden, sondern sie ergänzen sich und beschreiben damit die Datenkommunikation in der Gesamtheit.

13.2 Signal

Prinzipiell lassen sich zeitabhängige Signale in verschiedene Klassen unterteilen. Ist zu jedem Zeitpunkt ein Signalwert vorhanden, spricht man von **Zeitkontinuierlich**, ist nicht zu jedem Zeitpunkt ein Signalwert vorhanden, spricht man von **Zeitdiskret**. Sind alle Signalwerte im Wertebereich zulässig, spricht man von **Wertkontinuierlich**, sind nur bestimmte Signalwerte im Wertebereich zulässig, spricht man von **Wertdiskret**.
Bei einem **analogen Signal** kann das Signal jeden Wert zwischen dem negativen und positiven Maximalwert einnehmen, d. h. es handelt sich um ein zeitkontinuierliches und wertkontinuierliches Signal. In der analogen Datenübertragung werden die Informationen dann durch stetige Veränderungen der elektrischen Spannungen dargestellt. Hierbei kommen die Modulationsverfahren, Frequenzmodulation, Amplitudenmodulation und Phasenmodulation zum Tragen.
Bei einem **digitalen Signal**, kann das Signal nur bestimmte Werte annehmen, d.h. es handelt sich um ein zeitdiskretes und wertdiskretes Signal. Bei der Darstellug digitaler Informationen werden nur zwei Zeichen verwendet. Dieses Verfahren wird auch Dual-System genannt. In diesem Zusammenhang bedeutet der Terminus Binär, dass nur einer von zwei Zuständen angenommen wird.

13.3 Gleichlauf

Der Gleichlauf setzt auf der Sicherungsschicht auf und wird bei synchroner sowie asynchroner Datenübertragung verwendet und ist eine Methode zur zeitlichen Steuerung der Sende- und Empfangseinrichtungen.
Bei der **synchronen Datenübertragung** wird zwischen bitorientierter und zeichenorientierter Übertragung unterschieden, wobei zwischen Sender und Empfänger exakte Zeitintervalle eingehalten werden; die Synchronisation des Taktgebers erfolgt über die Datenflanken. Es wird eine freie Anzahl an Datenbits in einem Frame zusammengefasst. Die Kennzeichnung des

Rahmenbeginns erfolgt über einen speziellen, vorangestellten Frame-Header.
Bei der **asynchronen Datenübertragung** wird nach dem Start-Stop-Prinzip verfahren. Das bedeutet, der Frame ist mit einem Start-bit und einem Stop-bit abgegrenzt, wobei zwischen beiden ein festes Zeitraster vorhanden ist. Nach dem Stop-bit wird wieder der Ruhezustand angenommen, um auf die nächste Übertragung vorzubereiten.

13.4 Zeichenübertragung

Die Zeichenübertragung unterscheidet zwischen **bitseriell** und **bitparallel**. Bei der bitseriellen Übertragung, werden die bits der Zeichen in zeitlicher Reihenfolge hintereinander übertragen. Dahingegen werden bei der bitparallelen Übertragung die bits der Zeichen zur gleichen Zeit parallel übertragen.

13.5 Betrieb

In der Sender-Empfänger-Kommunikation in vernetzten IT-Systemen werden grundsätzlich drei verschiedene Betriebsarten unterschieden; diese sind Simplex, Halbduplex und Duplex bzw. Vollduplex. Bei der Betriebsart **Simplex** sind zwei Instanzen über einen gemeinsamen Kommunikationskanal miteinander verbunden. Hierbei kann jedoch jede Instanz nur entweder Sender oder Empfänger sein, so dass die Kommunikation nur in einer Richtung erfolgen kann. Bei der Betriebsart **Halbduplex** sind zwei Instanzen ebenfalls über einen gemeinsamen Kommunikationskanal miteinander verbunden. Hierbei kann jedoch jede Instanz Sender oder Empfänger sein, allerdings kann zu einem Zeitpunkt eine Instanz nur eine dieser beiden Rollen ausüben. Das bedeutet, dass sich die Instanzen vor der Kommunikation einigen müssen, wer Sender bzw. Empfänger ist, so dass die Kommunikation zwar in beide Richtungen erfolgen kann, zu einem Zeitpunkt jedoch nur eine Richtung möglich ist. Bei der Betriebsart **Duplex** oder auch Vollduplex sind zwei Instanzen über zwei gemeinsame Kommunikationskanäle miteinander verbunden. Hierbei kann jede Instanz Sender und/oder Empfänger zum gleichen Zeitpunkt sein, so dass die Kommunikation in beide Richtungen und zum gleichen Zeitpunkt erfolgen kann.

14. Personal Area Networks - PANs

14.1 Definition

Unter dem Begriff **P**ersonal **A**rea **N**etwork (PAN) fasst man die Kommunikation von Geräten eines oder weniger Nutzer im Umkreis von etwa 10 m zusammen. Hierbei lassen sich in der Regel drei Bereiche voneinander abgrenzen. Die Kopplung von Peripheriegeräten, die Kopplung von externen Bediengeräten und die Kopplung mehrerer Rechnersysteme zur Datenübertragung. Letzteres ist dabei jedoch eher zu vernachlässigen, da dies den Grenzfall zum klassischen LAN darstellt. Da die meisten PANs drahtlos aufgebaut sind, spricht man in der Regel auch von **W**ireless **P**ersonal **A**rea **N**etwork (WPAN); somit sind dies zwei verschiedene Synonyme, die jedoch dasselbe beschreiben. Die beiden häufigsten Technologien, die hierbei eingesetzt werden, sind IrDA und Bluetooth, auf welche im Folgenden noch näher eingegangen werden soll.
Ein weiterer Verwendungszweck des Begriffes Personal Area Network (PAN) ist im Zusammenhang mit Forschungen des M.I.T. (Massachusetts Institute of Technology) zu sehen. Dabei geht es um die Übertragung digitaler Informationen mittels der elektrischen Leitfähigkeit des menschlichen Körpers.

14.2 Übertragungsverfahren

14.2.1 IrDA (Infrared Data Association)

Unter dem Begriff IrDA (Infrared Data Association) fasst man ein Netzkonzept zur drahtlosen Datenübertragung zusammen. Die Eigenschaften sind dabei eine kurze Reichweite, Sichtverbindung und eine Punkt-zu-Punkt-Verbindung; dieses Netzkonzept wird auch als IrDA Data bezeichnet. Dahingegen bietet IrDA Control die Möglichkeit der Kopplung mehrerer Peripheriegeräte zur kabellosen Datenübertragung ohne direkte Sichtverbindung über eine Punkt-zu-Punkt- oder Punkt-zu-Mehrpunkt-Verbindung. Dabei ist zu beachten, dass IrDA Control geringere Geschwindigkeiten als IrDA Data erreicht.

14.2.1.1 IrDA Data

Seit 1994 IrDA Data als Standard verabschiedet wurde, sind mittlerweile weit mehr als 300 Millionen elektronische Geräte mit diesen Schnittstellen im Einsatz, Tendenz steigend. Dies beruht einfach auf der Tatsache, dass es einen erhöhten Bedarf an Kommunikation zwischen einzelnen elektronischen Geräten gibt. Dies reicht von bereits etablierten Geräten aus dem täglichen Gebrauch bis hin zu neueren Geräten, die aus der Entwicklung der IT-Branche herauskommen.

Protokolle

Zu den notwendigen Protokollen einer IrDA Data Implementation gehören: PHY (Physical Signaling Layer), IrLAP (Link Access Protocol) und IrLMP (Link Management Protocol).

Physical Signaling Layer (PHY)

Die Reichweite bei kontinuierlicher Operation beträgt 1 m bis 2 m. Bei einer Low Power Version beträgt die Reichweite 20 cm bis maximal 30 cm bei Kommunikation zwischen Low Power und Standard Power Versionen. Bidirektionale Kommunikation ist der Standard aller Spezifikationen, wobei Datenraten von 9600 B/s Infrared (IR), 115 KB/s Serial Infrared (SIR), 4 MB/s Fast Infrared (FIR) und von 16 MB/s Very Fast Infrared (VFIR) erreicht werden können. Dabei werden die Datenpakete mit einem CRC (Cyclic Redundancy Check)-Verfahren (CRC-16 und CRC-32) geprüft.

Link Access Protocol (IrLAP)

Das Link Access Protocol bietet eine Gerät-zu-Gerät-Verbindung für den zuverlässigen und geordneten Datenaustausch. Es stellt dabei Funktionen zum Verbindungsauf- und -abbau und zur Fehler- und Flusskontrolle zur Verfügung.

Link Management Protocol (IrLMP)

Das Link Management Protocol bietet mehrere Kanäle über eine IrLAP Verbindung an. Ausserdem stellt es Funktionen zum Multiplexen von IrLAP Verbindungen zur Verfügung. Des Weiteren werden mit Hilfe des Information Access Service (IAS) die Protokolle und Services verschiedener Kommunikationspartner in einem IrDa Netz ermittelt, welches die Grundlage der Kommunikation von IrDA Komponenten darstellt.

Optionale Protokolle

Weitere optionale Protokolle befinden sich auf den Schichten 4 und 5 des IrDA Data Protocol Stacks. Dies sind z. B. **Tiny TP**, welches eine Flusskontrolle bei IrLMP Verbindungen mit einem optionalen Segmentierungsservice bietet. **IrCOMM** stellt eine serielle oder parallele COM Portemulation für ältere COM Applikationen dar. Des Weiteren sind dies **OBEX**, welches Objekttransferservices ähnlich dem des Hyper Text Transfer Protocols des WWW bietet und **IrDA Lite**, welches Methoden zur Reduzierung der Grösse des IrDA Codes liefert. Ausserdem gibt es noch das **IrTran-P**, welches einen Bildtransferservice anbietet, wie er bei Digitalkameras und anderen Aufnahmegeräten verwendet wird. In der mobilen Kommunikation spielt das Protokoll **IrMC** eine wichtige Rolle, es stellt die prinzipiellen Spezifikationen für den Datenaustausch zwischen solchen Endgeräten bereit. Letztendlich das Protokol **IrLAN**, welches die Schnittstelle zwischen IR Netzen und einem LAN (Local Area Network) beschreibt.

14.2.1.2 IrDA Control

IrDA Control ist ein Kommunikationsstandard, der es kabellosen Peripheriegeräten ermöglicht, mit vielen verschiedenen intelligenten Hostgeräten zu kommunizieren.

Protokolle
Zu den notwendigen Protokollen einer IrDA Control Implementierung gehören: PHY (Physical Signaling Layer), MAC (Media Access Control) und LLC (Logical Link Control).

Physical Signaling Layer (PHY)
Die Reichweite von IrDA Control ist vergleichbar mit der Reichweite heutiger unidirektionaler Infrarot Systeme und beträgt minimal 5 m. Ebenso wie bei IrDA Data ist die bidirektionale Kommunikation Grundlage für alle Standards, wobei eine Datenrate von maximal 75 KB/s erreicht wird. Dabei werden die Datenpakete mit einem CRC (Cyclic Redundancy Check)-Verfahren (CRC-8 und CRC-16) geprüft.

Media Access Control (MAC)
Der Media Access Control ermöglicht einem Host, mit mehreren Peripheriegeräten zu kommunizieren, maximal jedoch mit acht Geräten gleichzeitig. Des Weiteren wird eine schnelle Reaktionszeit und eine geringe Latenz gewährleistet.

Logical Link Control (LLC)
Der Logical Link Control gewährleistet zuverlässige Features, die Datensequenzierung und Übertragungswiederholung, bei Erkennung von Fehlern, bieten.

14.2.2 Bluetooth

Bluetooth ist eine Lösung zur einfachen Anbindung von Peripheriegeräten über eine drahtlose Schnittstelle. Der Standard wurde von der Firma Ericsson eingeleitet, die Bluetooth seinen Namen gab. Bluetooth (Blauzahn) wurde der vor rund 1000 Jahren herrschende dänische König Harald II genannt, der in Dänemark nach wie vor hohes Ansehen geniesst. Der Standard wird durch die BSIG (Bluetooth Special Interest Group) gefördert und wurde erstmals 1998 vorgestellt. Zusammen mit Ericsson bilden neun Unternehmen die sogenannte Promoter Group, wobei jedoch mittlerweile wesentlich mehr Unternehmen der Interessengruppe angehören.

14.2.2.1 Bluetooth - Grundlagen

Bluetooth arbeitet im 2,4 GHz ISM-Band, das lizenzfrei genutzt werden kann. Dies ist das gleiche Frequenzband, wie es die Wireless LAN Standards IEEE802.11b und IEEE802.11g nutzen.
Dabei gibt es drei unterschiedliche Sendeklassen. Die Sendeklasse 3 mit einer Empfindlichkeit von -70 dBm, einer Leistung von 1mW, einer theoretischen Reichweite von 10 m und einer Netzgrösse im Piconet-Bereich. Dies ist die Klasse, in welcher die meisten heutigen Bluetooth Geräte arbeiten. Auch wenn dies laut Definition der Bereich eines PANs ist, so ist Bluetooth doch nicht auf diese Leistung beschränkt. Durch nachgeschaltete Leistungsverstärker kann die Ausgangsleistung wesentlich gesteigert werden. Dabei arbeitet die Signalklasse 2 mit einer Empfindlichkeit von 4 dBm, einer Leistung von 2,5 mW, einer theoretischen Reichweite von 30 m und einer Netzgrösse im Nanonet-Bereich. Die maximale Leistung wird jedoch in der Signalklasse 1 erreicht, mit einer Empfindlichkeit von 20 dBm, einer Leistung von 100 mW, einer theoretischen Reichweite von 100 m und einer Netzgrösse im Mikronet-Bereich. Netze der Sendeklassen 3 und 2 sind dabei dem PAN-Bereich zuzuordnen, wobei Netze der Sendeklasse 1 den Grenzfall zum LAN darstellen. Es muss jedoch berücksichtigt werden, dass in den heutigen Bluetooth-Lösungen maximal Datenraten von 1 MB/s zu realisieren sind. An zukünftigen Erweiterungen wird jedoch bereits gearbeitet; so wird eine Verdoppelung der Datenrate auf 2 MB/s angestrebt.
Wie bereits erwähnt, arbeitet Bluetooth in dem 2,4 GHz ISM-Band, wobei der genaue Arbeits-Frequenzbereich von 2,402 GHz bis 2,480 GHz liegt. Als Zugriffsverfahren wird ein schnelles Frequenzsprungverfahren, das **F**requency **H**opping **S**pread **S**pectrum (FHSS), verwendet. Dabei werden 1600 mal je Sekunde Frequenzwechsel vollzogen, die in 79 Schritten zu je 1 MHz zueinander liegen. Bluetooth stellt hierbei einen Breitbandkanal für Sprach- und Datenübertragung zur Verfügung, wobei sich bis zu drei Sprachkanäle mit jeweils 64 KB/s betreiben lassen. Prinzipiell kann zwischen einer synchronen und einer asynchronen Übertragung gewählt werden. Die synchrone Übertragung stellt eine Datenübertragungsrate von 433,9 KB/s zur Verfügung. Bei der asynchronen Übertragung kann eine Datenübertragungsrate von 723,2 KB/s in Downloadrichtung und 57,6 KB/s in Uploadrichtung realisiert werden.
Bluetooth kennt drei verschiedene Sicherheitsstufen, wobei nur in der dritten Stufe verschiedene Verschlüsselungsmethoden zum Tragen kommen. So kann beim Verbindungsaufbau die Authentifizierung mit 128 bit und bei der Datenübertragung eine Verschlüsselung von 8 bit bis 128 bit erfolgen.

14.2.2.2 Bluetooth - Netz

In der Sendeklasse 3 bezeichnet man die Netzgrösse als Piconet. In einem Piconet dürfen maximal acht Bluetooth-Geräte miteinander kommunizieren. Die Bluetooth-Geräte identifizieren sich über eine 48 bit lange Identifikationsnummer, wobei das erste aktive Gerät in dem Netz als Master fungiert und für die Steuerung des Frequenz-Hopping zuständig ist. Das bedeutet, dass in einem Piconet ein Master und maximal sieben Slaves arbeiten können. Weiterhin können jedoch bis zu 255 Bluetooth-Geräte als passive Slaves geparkt werden. Diese Geräte können dann über den Master aktiviert werden, sofern dies nötig wird. Darüber hinaus besteht die Möglichkeit des Zusammenschlusses mehrerer Piconets zu einem so genannten Scatternet. Hierbei übernimmt ein gemeinsamer Slave die Vermittlungsfunktion zwischen beiden Piconets.

14.2.2.3 Bluetooth - Vorteile/Nachteile

Die Bluetooth-Technologie ist eine Bereicherung im PAN-Segment und ermöglicht eine einfache Anbindung von Peripheriegeräten. Der Vorteil eines solchen offenen Standards ist die rasche Akzeptanz am Markt. Dies kann jedoch nicht uneingeschränkt gesehen werden, da diese in Teilbereichen sehr stark unterschiedlich ist. Sofern die Entwicklungsziele einer sehr preiswerten Einchip-Lösung der Bluetooth-Komponenten eingehalten wird, steht dem breiten Einsatz nichts im Wege. Durch den Markennamen Bluetooth wird zudem gewährleistet, dass eine Interoperabilität mit Bluetooth-Geräten verschiedener Hersteller erfüllt werden kann. Durch die Nutzung des 2,4-GHz-Frequenzbandes kann es jedoch zu Störungen mit WLAN-Komponenten kommen, die nach den Standards IEEE802.11b oder IEEE802.11g ebenfalls im ISM-Band arbeiten. Auch die Anwendung von Bluetooth zur vernetzten Datenübertragung ist kritisch zu betrachten, da dies den Grenzfall vom WPAN zum WLAN darstellt. Hierzu haben die Industriestandards nach IEEE802.11 eine wesentlich breitere Durchdringung am Markt und eine ausgereiftere Technologie.

15. Local Area Networks - LANs

15.1 Definition

Im Zeitalter der Informationstechnologie gibt es Vernetzungen, die sich über den gesamten Globus ziehen. Das wohl bekannteste Netzwerk ist das Internet, das zunehmend an Popularität gewinnt. Wichtig ist, dass alle Vorteile einer Vernetzung sowohl für kleine Netzwerke als auch für grosse Netzwerke Anwendung finden. Netzwerke, die sich von der Ausdehnung her auf ein Firmengelände oder ein Gebäude begrenzen, werden als **L**ocal **A**rea **N**etwork (LAN) bezeichnet. Ein LAN besteht mindestens aus zwei vernetzten PCs und kann sich vom Umfang her auf eine Vielzahl von PCs und Servern ausdehnen. Die Ziele solcher Zusammenschlüsse lassen sich in vier wichtige Teilbereiche unterteilen. Dies sind der „Datenverbund", d.h. der Zugriff auf entfernte Daten, und der „Funktionsverbund", d.h. der Zugriff auf Rechner, die besondere Dienste zur Verfügung stellen, wie z.B. Server. Des Weiteren der „Lastverbund", d.h. die Lastverteilung auf mehrere Rechner, als auch der „Verfügbarkeitsverbund", d.h. die Gewährleistung von Ausfallsicherheit durch redundante Rechnersysteme. Bei einem LAN muss zwischen drahtgebundenen und drahtlosen Strukturen unterschieden werden. Handelt es sich um eine drahtlose Struktur, so spricht man auch von einem WLAN (Wireless Local Area Network). Im Folgenden soll jedoch erst einmal auf das klassische LAN eingegangen werden.

15.2 Zugriffsverfahren

Da mehrere Rechner auf das gleiche Übertragungsmedium zugreifen, muss der gleichzeitige wechselseitige Zugriff geregelt werden. Nach solchen Zugriffsverfahren lassen sich vernetzte IT-Systeme einfach klassifizieren. Im Wesentlichen lassen sich zwei Zugriffsverfahren voneinander unterscheiden, dies sind die nicht deterministischen, stochastischen Zugriffsverfahren und die deterministischen, festgelegten Zugriffsverfahren. Bekanntester Vertreter nicht deterministischer Zugriffsverfahren ist das CSMA/CD (Carrier Sense Multiple Access / Collision Detection), welches das Zugriffsverfahren in Ethernet und 802.3 LANs ist. Die deterministischen Zugriffsverfahren arbeiten zumeist nach dem Token-Prinzip, wie z.B. Token Passing (Token Ring I), Early Token (Token Ring II), Time Token (FDDI) und Polling Verfahren (VG Any LAN). Im Folgenden soll das CSMA/CD und Token Passing Verfahren noch einmal näher erläutert werden.

15.2.1 CSMA/CD

CSMA/CD steht für Carrier Sense Multiple Access / Collision Detection. Carrier Sense (CS) steht für das Abhören des Übertragungsmediums nach Kommunikation. Möchte eine Station senden, so wartet sie, bis das Medium frei ist und eine weitere zusätzliche Zeitspanne, um selber mit der Übertragung zu beginnen. Multiple Access (MA) steht für den gleichberechtigten, konkurrierenden Zugriff auf das gemeinsame Übertragungsmedium. Collision Detection (CD) ist das Erkennen von Kollisionen durch Abhören des Übertragungsmediums. Wenn eine Station erkannt hat, dass es bei seiner Übertragung zu Kollisionen mit anderen Paketen gekommen ist, sendet sie ein so genanntes Jaming Signal ab und es kommt zum Abbruch aller Sendevorgänge. Nach einer festgelegten und einer zufällig bestimmten Zeitspanne unternimmt die Station einen erneuten Übertragungsversuch. Aufgrund dieser Thematik bezeichnet man ein Ethernet auch als kollisionsorientiertes Netz, da es je nach Aufbau und Auslastung zu Kollisionen kommt. Wichtig ist, dass das CSMA/CD nur dann funktionieren kann, wenn die doppelte maximale Signallaufzeit (RTD, Round Trip Delay) zwischen den entferntesten Stationen kürzer ist als die Übertragunsdauer des kleinsten zulässigen Paketes in einem Ethernet von 512 bit. Aus diesem Kontext ist z.B. die 5-4-3 Repeater-Regel enstanden, welche auch heutzutage noch Bedeutung hat. Sie besagt, dass in einem Ethernet maximal fünf Segmente mit vier Repeatern und drei Inter Repeater Links (IRL) gekoppelt werden sollten.

15.2.2 Token Passing

Im Gegensatz zum CSMA/CD ist das Token Passing ein festgelegtes Verfahren, bei dem es zu keinen Kollisionen kommt. Jede Station kann nur senden, wenn sie ein bestimmtes Bitmuster, das Token, besitzt. Dieses Token berechtigt zum Senden und wird von Station zu Station an einen physikalischen oder logischen Nachfolger weitergereicht. Dabei ist die maximale Sendezeit beschränkt, womit in solchen Netzen kalkulierbare Reaktionszeiten existieren. Dabei prüft eine Station nach Weitergabe des Tokens ab, ob sein Nachfolger das Token korrekt erhalten hat. Erhält diese das Token ohne eine Kennzeichnung seines Nachfolgers, so schickt er dieses erneut auf den Weg. Schlägt auch der zweite Versuch fehl, so wird angenommen, dass diese Station fehlerhaft oder nicht aktiv ist. Nachdem ein Abgleich der nächsten folgenden Station mittels des Tokens erfolgt ist, wird nun die fehlerhafte oder inaktive Station übersprungen und nicht weiter berücksichtigt. Netze, die nach dem Token-Prinzip arbeiten, sind somit sehr interessant für Applikationen, die auf garantierte Reaktionszeiten angewiesen sind.

15.3 Ethernet und 802.3 LAN

Es ist wichtig, die Synonyme Ethernet und 802.3 LAN voneinander abzugrenzen. Ursprünglich wurde das Ethernet mit den Zugriffsverfahren CSMA/CD 1980 von DEC-Intel-Xerox entwickelt. Dieser Standard wurde jedoch von der IEEE (Institute of Electrical and Electronics Engineers) übernommen und als 802.3 LAN 1990 als ISO-Standard veröffentlicht. Die Standards unterscheiden sich im Wesentlichen durch verschiedene Rahmenformate, können jedoch auch in einem Netz koexistieren. Die heutigen Netzwerkkomponenten werden prinzipiell nur noch nach dem Standard 802.3 gefertigt, allerdings umgangssprachlich noch als Ethernet bezeichnet. Die logische Topologie eines Ethernet ist ein Bussystem, wobei die physikalische Topologie von den unterschiedlichen Netzwerkstandards abhängt und auch andere Formen, wie z.B. Sternstrukturen, annehmen kann.

Schichtenmodell

Im Falle eines 802.3 LAN wird die Schicht 2, Sicherungsschicht / Layer 2, Data Link Layer, noch einmal unterteilt in einen MAC Sublayer und ein LLC Sublayer. Der MAC Sublayer (Medium Access Control) regelt den Zugriff auf das Übertragungsmedium und die Zuteilung von Übertragungskapazität, wohingegen der LLC Sublayer (Logical Link Control), die Verbindung mit Protokollen höherer OSI-Schichten herstellt. Hierbei werden drei Typen von LLC Sublayer unterschieden. Der Typ 1 stellt eine verbindungslose, der Typ 2 eine verbindungsorientierte und der Typ 3 eine Mischform aus verbindungsloser und verbindungsorientierter Übertragung zur Verfügung.

Paketformat

Bei Ethernet handelt es sich um ein paketvermittelndes Netzwerk, d. h., die zu übertragenden Daten werden in kleine Einheiten, die Pakete oder auch Rahmen/Frames, aufgeteilt, wobei sich jedes Paket seinen eigenen Weg durch das Netzwerk sucht und erst am Ende wieder zusammengefügt wird. Die maximale Rahmenlänge eines 802.3 LAN-Pakets beträgt 1518 Byte, die minimale Rahmenlänge beträgt 64 Byte. Es werden jedoch in heutigen Netzen in der Regel grössere Pakete gefordert. Diese nennt man Jumbo Frames, welche Pakete grösser 1500 Byte beschreiben. Aus Gründen der Rückwärtskompatibilität wurde bei den jetzigen Ethernet-Standards auf eine Vergrösserung der Paketgrösse verzichtet, worunter jedoch bei Hochgeschwindigkeitsnetzen die Performance leidet. Jumbo Frames können bis zu 9000 Byte gross werden, danach stehen Restriktionen gegen grössere Pakete, aufgrund des im Ethernet Rahmen verwendeten 32 bit CRC-Verfahrens, im Wege. CRC steht für **C**yclic **R**edundancy **C**heck, welches mittels Generatorpolynomen eine Prüfung durchführt, die in dem Feld der FCS (Frame Check Sequence) ausgegeben wird. Eine weitere Vergrösserung wäre zwar wünschenswert, ist jedoch in naher Zukunft nicht abzusehen. Komponenten, die Jumbo Frames unterstützen, sind in der Regel speziell damit gekennzeichnet, jedoch unterstützen viele Komponenten Jumbo Frames stillschweigend bis zu einem gewissen Grad.

15.4 MAC-Adressen

MAC- oder LAN-Adressen sind die elementaren Adressen zur eindeutigen Identifikation von Komponenten in einem lokalen Netzwerk. Prinzipiell gibt es zwei verschiedene Versionen dieser Adressen, eine 16 bit und eine 48 bit Variante. Bei der 16 bit Variante, kennzeichnet das erste bit ob es sich um eine Individual- oder eine Gruppenadresse handelt, die weiteren 15 bit stehen zur Identifikation zur Verfügung. Die Gruppenadresse kann eine Multicast-Gruppenadresse oder eine Broadcast-Adresse sein. Heutzutage werden jedoch fast ausschliesslich 48 bit-Adressen verwendet. Bei diesen Adressen steht ebenfalls das erste bit für die Kennzeichnung, ob es sich um eine Individual- oder eine Gruppenadresse handelt. Daneben gibt es noch ein zweites bit, welches kennzeichnet, ob es sich um eine globale oder lokale Adresse handelt, die restlichen 46 bit stehen zur Identifikation zur Verfügung. Bei globalen Adressen müssen die Hersteller von Controllerchips die ersten 3 Byte der MAC-Adresse von der IEEE zukaufen. Dabei haben Hersteller in der Regel ein vorgegebenes Spektrum an Adressen, die sie für ihre Controllerchips verwenden können. Die restlichen 3 Byte der MAC-Adresse werden von dem Hersteller selber vergeben. Hiermit kann gewährleistet werden, dass die Adressen weltweit einmalig sind und es somit zu keinen Dubletten kommt, was innerhalb eines Netzwerkes zu Komplikationen führt. Da allerdings niemand gezwungen werden kann von der IEEE Adressen zu kaufen, können die Adressen auch lokal administriert werden.

15.5 Ethernet-Standards

Von Ethernet gibt es eine Vielzahl von Realisierungen, die sich zum grössten Teil in der Geschwindigkeit, den Übertragungsverfahren, der maximalen Segmentlänge sowie Konnektortypen unterscheiden. So gibt beispielsweise die Nomenklatur des Standards 10 BASE-5 nach IEEE802.3 an, dass es sich um ein Ethernet mit 10 Mbit/s Basisbandübertragung mit einer maximalen Segmentlänge von 500 m handelt. Im Folgenden werden nun die wichtigsten Standards, die in der Praxis Anwendung gefunden haben und finden, erläutert.

15.5.1 10 BASE-5

Der Standard 10 BASE-5 nach IEEE802.3 gibt an, dass es sich um ein Ethernet mit 10 Mbit/s Basisbandübertragung und einer maximalen Übertragungsstrecke von 500 m handelt. 10 BASE-5 ist auch unter dem Synonym Thick Net bekannt, da es als Übertragungsmedium dickes 50 Ohm Koaxialkabel RG8 verwendet. Physikalisch verwendet Thick Net die Bus-Topologie, wobei die 5-4-3 Repeater-Regel zu berücksichtigen ist. Dies bedeutet, dass in einem Thick Net maximal 5 Segmente mit einer maximalen Segmentlänge von 500 m über 4 Repeater miteinander verbunden werden können. Dadurch ergeben sich maximal 3 Inter Repeater Links (IRL). Pro Segment können maximal 100 Stationen angeschlossen werden, wobei als Konnektortyp AUI (Attachement Unit Interface) verwendet wird; die maximale Länge des AUI-Kabels beträgt 50 m. Der Standard 10 BASE-5 hat eine lange Zeit breite Verwendung gefunden, ist jedoch in Neuinstallationen nicht mehr vorhanden.

15.5.2 10 BASE-2

Der Standard 10 BASE-2 nach IEEE802.3a gibt an, dass es sich um ein Ethernet mit 10 Mbit/s Basisbandübertragung und einer maximalen Segmentlänge von 185 m handelt. 10 BASE-2 ist auch unter dem Synonym Thin Net oder Cheaper Net bekannt, da es als Übertragungsmedium dünnes 50 Ohm Koaxialkabel RG58 verwendet. Physikalisch verwendet Thin Net die Bus-Topologie, wobei die minimale Segmentlänge zwischen zwei Stationen 0,5 m beträgt und maximal 4 Repeater zwischen zwei Stationen geschaltet werden dürfen. Pro Segment können maximal 30 Stationen angeschlossen werden, wobei als Konnektortyp BNC-T-Adapter verwendet werden. Der Standard 10 BASE-2 hat in näherer Vergangenheit breite Verwendung gefunden, ist jedoch in Neuinstallationen nicht mehr vorhanden.

15.5.3 10 BASE-T

Der Standard 10 BASE-T nach IEEE802.3i gibt an, dass es sich um ein Ethernet mit 10 Mbit/s Basisbandübertragung und einer maximalen Segmentlänge von 100 m bei kupferbasierender Verkabelung handelt. Als Übertragungsmedium werden Kupfer Twisted Pair Kabel verschiedener Standards eingesetzt, die als Konnektortyp RJ-45-Konnektoren verwenden. Auf die unterschiedlichen Standards von Verkabelung soll in einem späteren Kapitel noch einmal eingegangen werden. Physikalisch verwendet 10 BASE-T die Stern-Topologie, d. h., es wird eine aktive Komponente zum sternförmigen Konzentrieren der Stationen verwendet; der Konzentrator dient hierbei gleichzeitig als Verstärker. Der Standard 10 BASE-T hat in näherer Vergangenheit breite Verwendung gefunden und hat eine breite installierte Basis, ist jedoch in Neuinstallationen nicht mehr vorhanden.

15.5.4 10 BASE-FL

Der Standard 10 BASE-FL nach IEEE802.23j gibt an, dass es sich um ein Ethernet mit 10 Mbit/s Basisbandübertragung und einer maximalen Segmentlänge von 2000 m bei glasfaserbasierender Verkabelung handelt. Als Übertragungsmedium werden Glasfaser-Duplexkabel eingesetzt, die als Konnektortyp häufig ST-Konnektoren verwenden. Auf die unterschiedlichen Standards von Verkabelung soll in einem späteren Kapitel (15.9) noch einmal eingegangen werden. Der Standard ist eine Erweiterung von FOIRL (Fiber Optic Inter Repeater Link) und definiert die Verbindungen zwischen Konzentratoren als auch zwischen Stationen und Konzentratoren. Der Standard 10 BASE-FL hat in näherer Vergangenheit breite Verwendung gefunden und hat eine breite installierte Basis, ist jedoch in Neuinstallationen nicht mehr vorhanden.

15.5.5 100 BASE-TX

Der Standard 100 BASE-TX nach IEEE802.3u gibt an, dass es sich um ein Fast Ethernet mit 100 Mbit/s Basisbandübertragung und einer maximalen Segmentlänge von 100 m bei kupferbasierender Verkabelung handelt. Als Übertragungsmedium werden Kupfer Twisted Pair Kabel verschiedener Standards eingesetzt, die als Konnektortyp RJ-45-Konnektoren verwenden. Auf die unterschiedlichen Standards von Verkabelung soll in einem späteren Kapitel (15.9) noch einmal eingegangen werden. Physikalisch verwendet 100 BASE-TX die Stern-Topologie, d. h., es wird eine aktive Komponente zum sternförmigen Konzentrieren der Stationen verwendet; der Konzentrator dient hierbei gleichzeitig als Verstärker. Der Standard 100 BASE-TX hat eine breite installierte Basis und wird sehr häufig in Neuinstallationen verwendet.

15.5.6 100 BASE-FX

Der Standard 100 BASE-FX nach IEEE802.3u gibt an, dass es sich um ein Fast Ethernet mit 100 Mbit/s Basisbandübertragung und einer maximalen Segmentlänge von 400 m zwischen Stationen und Konzentratoren und 2000 m zwischen Konzentratoren handelt. Als Übertragungsmedium werden Glasfaser-Duplexkabel eingesetzt, die als Konnektortyp häufig ST-, SC-, MT-RJ- oder VF-45-Konnektoren verwenden. Auf die unterschiedlichen Standards von Verkabelung soll in einem späteren Kapitel (15.9) noch einmal eingegangen werden. 100 BASE-FX ist dabei auf dem FDDI (Fiber Distributed Data Interface) aufgesetzt, welcher allerdings nach dem Time-Token-Verfahren arbeitet. Der Standard 100 BASE-FX hat eine installierte Basis und wird ebenfalls für Neuinstallationen im LWL-Umfeld eingesetzt.

15.5.7 1000 BASE-T

Der Standard 1000 BASE-T nach IEEE802.3ab gibt an, dass es sich um ein Gigabit Ethernet mit 1000 Mbit/s Basisbandübertragung und einer maximalen Segmentlänge von 100 m im Anschlussbereich handelt. Als Übertragungsmedium werden Kupfer Twisted Pair Kabel verschiedener Standards eingesetzt, die als Konnektortyp RJ-45-Konnektoren verwenden. Auf die unterschiedlichen Standards von Verkabelung soll in einem späteren Kapitel (15.9) noch einmal eingegangen werden. Physikalisch verwendet 1000 BASE-TX die Stern-Topologie, d. h., es wird eine aktive Komponente zum sternförmigen Konzentrieren der Stationen verwendet; der Konzentrator dient hierbei gleichzeitig als Verstärker. Der 1000 BASE-T-Standard setzt auf den Standard 100 BASE-T2 und 100 BASE-T4 auf, die Eigenschaften für die Übertragung über Kategorie-3-Kupferkabel spezifizierten und hierbei mehr als zwei Adernpaare nutzen. Um 1000 Mbit/s zu erzielen, werden über jedes Adernpaar 250 Mbit/s übertragen. Der Standard erfährt eine immer breitere Akzeptanz und wird in Neuinstallationen eingesetzt.

15.5.8 1000 BASE-SX

Der Standard 1000 BASE-SX nach IEEE802.z gibt an, dass es sich um ein Gigabit Ethernet mit 1000 Mbit/s Basisbandübertragung über Short Wavelength handelt. Das heisst, es wird mittels einer Wellenlänge von 850 nm gearbeitet, mit der je nach Glasfaserkabel Entfernungen von maximal 275 m bei 62,5 /125 Micron Multimodefasern und maximal 550 m bei 50/125 Micron Multimodefasern zu überbrücken sind. Der Standard verwendet eine Punkt-zu-Punkt-Verbindung, also die Nutzung des CSMA/CD. Als Konnektortyp werden in der Regel SC-Konnektoren verwendet, aber auch MT-RJ- oder VF-45-Konnektoren sind im Einsatz. Der Standard erfährt neben seinem Kupfer-Pendant breite Akzeptanz und kommt in LWL-Neuinstallationen zum Einsatz.

15.5.9 1000 BASE-LX

Der Standard 1000 BASE-LX nach IEEE802.3z gibt an, dass es sich um ein Gigabit Ethernet mit 1000 Mbit/s Basisbandübertragung über Long Wavelength handelt. Das heisst, es wird mittels einer Wellenlänge von 1300 nm gearbeitet, mit der je nach Glasfaserkabel Entfernungen von maximal 550 m bei 62,5/125 bzw. 50/125 Micron Multimodefasern und maximal 5000 m bei 9/125 Micron Singlemodefasern zu überbrücken sind. Es können auch grössere Entfernungen überbrückt werden, allerdings handelt es sich hierbei in der Regel um herstellerspezifische Lösungen, die nur untereinander kompatibel sind. Der Standard verwendet eine Punkt-zu-Punkt-Verbindung ohne die Nutzung des CSMA/CD. Als Konnektortyp werden in der Regel SC-Konnektoren verwendet. Neben 1000 BASE-SX ist 1000 BASE-LX eine Lösung im LWL-Primär-Bereich der strukturierten Verkabelung und findet in solchen Umgebungen Akzeptanz.

15.5.10 Auto Negotiation

Im Rahmen des Fast Ethernet Standards wurde das **A**uto **N**egotiation **P**rotocol (ANP) festgelegt, welches zum Einsatz kommt, wenn Geräte wahlweise mit 10 Mbit/s oder 100 Mbit/s kommunizieren möchten. Das ANP basiert auf dem Nway-Protokoll von National Semiconductor, welches ebenfalls häufig in Beschreibungen zu finden ist. Das Protokoll stellt automatisch die grösstmöglichste Geschwindigkeit ein, die mittels der angeschlossenen Kommunikationspartner zu realisieren ist. Des Weiteren wird die Betriebsart gewählt, also entweder Halbduplex oder Vollduplex, wie im Kapitel Übertragungsverfahren beschrieben. Das ANP ist für 10 BASE-T und 100 BASE-T-Komponenten optional. Nicht möglich ist es bei 100 BASE-FX, da aufgrund der unterschiedlichen Wellenlängen bei optischer Übertragung eine Interoperabilität nicht gewährleistet werden könnte. Für 1000 BASE-T ist das ANP vorgeschrieben. Probleme beim ANP können dann entstehen, wenn Stationen auf die gesendeteten Kontrollpakete nicht antworten und somit automatisch der Halbduplex-Betrieb eingestellt wird. Sollte nun der

Kommunikationspartner manuell auf Vollduplex eingestellt sein, kann die Verbindung nicht hergestellt werden.

15.6 Ringtopologien

Bei den Ringtopologien werden die Daten seriell in einer Richtung übertragen und in der Regel von Station zu Station sequenziell weitergereicht. In der Regel gibt es eine Station, die die Steuerungsaufgaben in dem Ring übernimmt. Durch die Struktur führt automatisch der Ausfall einer Station zum Ausfall des ganzen Netzwerkes, was allerdings in der Praxis durch Konzentratoren oder Doppelringstrukturen vermieden wird. Bei Ringtopologien steigt die Dauer der Übertragung proportional mit der Hinzunahme weiterer Stationen, was zum einen kalkulierbare Reaktionszeiten ergibt, zum anderen jedoch oft eine geringere Übertragungsgeschwindigkeit ermöglicht.

15.6.1 Token Ring

In einem Token Ring LAN nach IEEE802.5 setzt eine logische Ringtopologie auf einer physikalischen Sterntopologie auf. Dadurch führt der Ausfall einer einzelnen Station nicht mehr zu einem Ausfall des ganzen Netzes. Der Konzentrator in einer solchen Struktur wird als MAU (Multistation Access Unit) bezeichnet. In der ersten Realisierung von Token Ring werden Übertragungsraten von 4 Mbit/s realisiert, wohingegen in der zweiten Realisierung von Token Ring Übertragungsraten von 16 Mbit/s realisiert werden. Token Ring I arbeitet dabei nach dem Token Passing, Token Ring II nach dem Early-Token-Verfahren. Token Ring hat seinen Namen von einem bestimmten Bitmuster, dem so genannten Token, welches im Ring kreist. Es kann nur die Station senden, die über das freie Token verfügt. Die Station, die senden will, geht nach dem Erhalt des freien Tokens von dem Listening-Modus in den Send-Modus. Die zu übertragenden Daten werden dem freien Token angehängt, womit dieses belegt wird. Dies bedeutet, dass keine der anderen Stationen, wenn das Token belegt ist, seinen Zustand verändert; sie bleiben im Listening-Modus. Die Station im Send-Modus sendet solange, bis die Übertragung abgeschlossen oder ein bestimmte Zeitspanne erreicht ist; hiermit können festgelegte Reaktionszeiten eingehalten werden. Wenn die Übertragung abgeschlossen wurde, wechselt die Station wieder in den Listening-Modus und gibt das Token auf dem Ring frei, so dass andere Stationen senden können.
Bei Token Ring I beträgt die maximale Rahmenlänge 4500 Byte, die maximale Anzahl der Stationen pro Segment 260 und die maximale Ausdehnung pro Segment 150 m bei UTP- und 250 m bei STP-Verkabelung. Wohingegen bei Token Ring II die maximale Rahmenlänge 16000 Byte beträgt, die maximale Anzahl von Stationen pro Segment 188 und die maximale Ausdehnung pro Segment 100 m bei UTP- und 150 m bei STP-Verkabelung. Es gibt jedoch unterschiedliche proprietäre herstellerspezifische Standards, die zu berücksichtigen sind; auch die verwendeten Kabeltypen sind von entscheidener Bedeutung. Typischer Fehler in Token

Ring LANs ist das Einfügen von Stationen mit unterschiedlichen Geschwindigkeiten. Wenn dies geschieht, empfängt die Station für sich keinen gültigen Token, was dazu führt, dass eine Station ein Beacon aussetzt, welches das Netz lahmlegt; von daher spricht man auch von Beaconing. Des Weiteren gibt es neben Token Ring noch den Standard Token Bus nach IEEE802.4, wobei eine logische Ringtopologie auf eine physikalische Bustopologie aufgesetzt wird. Token Bus ist jedoch kaum im Einsatz.

15.6.2 FDDI

FDDI steht für Fiber Distributed Data Interface und ist eine ISO-Norm die von der ANSI X3T9.5 erstellt wurde. FDDI ist ein Standard für LANs und MANs der auf einer LWL-Doppelringstruktur aufbaut und Datenübertragungsraten von 100 Mbit/s realisiert. Es werden zwei Typen von Stationen unterschieden, die angeschlossen werden können, Class-A-Stationen und Class-B-Stationen, man spricht auch von DAS (Dual Attached Station) und SAS (Single Attached Station). Class-A-Stationen verfügen dabei über zwei Schnittstellen und können redundant an den LWL-Doppelring angebunden werden, wohingegen Class-B-Stationen über ein Interface verfügen. In der Standardkonfiguration gibt es einen primären und einen sekundären Ring, wobei sichergestellt werden kann, dass bei Ausfall einer Leitung oder einer Station, die Datenübertragung weiter fortgeführt werden kann, da der sekundäre Ring aktiviert wird und zusammen mit dem primären Ring einen neuen vollständigen Ring bildet; dies setzt voraus, dass die betroffenen Stationen, die direkt an dem Ring angeschlossen sind, Class-A-Stationen sind. Somit ist durch die Doppelringstruktur und Rekonfiguration bei einer Unterbrechung die Ausfallsicherheit gewährt. FDDI ist insbesondere auch für den MAN-Bereich geeignet, da die maximale Entfernung zwischen zwei FDDI-Stationen 2 km mit Multimodefasern und 10 km mit Monomodefasern beträgt; die maximale überbrückbare Entfernung liegt bei 100 km. Obwohl FDDI ursprünglich für Lichtwellenleiter entwickelt wurde, gibt es inzwischen auch eine kupferbasierende Lösung, genannt CDDI (Copper Distributed Data Interface). Bei CDDI sind nur die für den Kupferbereich typischen 100 m zwischen den einzelnen Stationen zu erreichen.

15.7 Protokolle/Standards

Jede Station, die an ein Netzwerk angeschlossen ist, benötigt sowohl einen entsprechenden Netztreiber als auch einen Protokolltreiber, der die Verbindungen zu den höheren Protokollschichten herstellt. Wenn von LAN-Protokollen die Rede ist, wird von einer ganzen Protokollfamilie gesprochen, nicht von einem einzelnen Protokoll. Ein Protokoll ist notwendig, um die Kommunikation zwischen zwei Instanzen zu realisieren, es stellt im Prinzip die gemeinsame Sprache beider Instanzen dar. Im Folgenden sollen einige wichtige LAN-Protokolle vorgestellt werden.

15.7.1 Protokolle

15.7.1.1 NetBIOS

NetBIOS steht für **Net**work **B**asic **I**nput **O**utput **S**ystem und ist eine IBM-Entwicklung aus dem Jahr 1984. Das Protokoll ist hardwareunabhängig und kann somit in Ethernet-Netzen und Token-Ring-Netzen eingesetzt werden. Es realisiert Teile der Schicht 2 und stellt Funktionen der Schichten 2 - 5 zur Verfügung. Die Schicht 3 ist nur als Nullschicht implementiert, womit dieses Protokoll nicht routingfähig ist. Routing war zum damaligen Zeitpunkt noch nicht ein so entscheidenes Thema wie heute. NetBIOS ermöglicht die Kommunikation über symbolische Namen anstelle von Netzen, wobei jedoch die Anzahl limitiert ist.

15.7.1.2 NetBEUI

NetBEUI steht für **Net**work **B**ios **E**xtended **U**ser **I**nterface und ist eine IBM-Entwicklung aus dem Jahr 1985. Es ist eine erweiterte Benutzerschnittstelle, welche auf NetBIOS aufbaut. Somit ist das Protokol ebenfalls nicht routingfähig, da wie beim Vorgänger die Schicht 3 nur als Nullschicht implementiert ist. NetBEUI liefert eine hohe Performance in lokalen Netzen mit einer maximalen Anzahl von 200 Stationen und ist bei vielen Betriebssystemen als Standardprotokoll eingerichtet. Sollte eine Kommunikation über die Schicht 2 hinaus erforderlich sein, kommen andere Protokolle wie z.B. TCP/IP ins Spiel, welches in dem Kapitel WAN noch einmal näher erläutert werden soll.

15.7.1.3 NDIS

NDIS steht für **N**etwork **D**river **I**nterface **S**pecification Support und ist eine Programmierschnittstelle zwischen der Schicht 2 und den darauf aufsetzenden Protokollen. Dabei fungiert NDIS als protokollunabhängige Schnittstelle, die als Vermittler zwischen dem Netztreiber und den Protokollen anderer Schichten dient.

15.7.1.4 ODI

ODI steht für **O**pen **D**ata **L**ink **I**nterface, wurde von Novell entwickelt und eignet sich für NetWare Protokollstacks. ODI arbeitet auf Schicht 2 und simuliert eine virtuelle Netzwerkkarte, mit welcher unterschiedliche Paketformate verschickt werden können. Dabei ist ODI hardwareunabhängig und bildet die Schnittstelle mit Protokollen höherer Schichten.

15.7.2 Standards

Unter Standards versteht man allgemein anerkannte Definitionen zur Lösung eines Sachverhaltes. Der Standard hat in einem Normierungsgremium unterschiedliche Stufen der Entwicklung durchlaufen und bildet zum Schluss eine technisch ausgereifte Lösung. Im Folgenden sollen die LAN-Standards der IEEE (**I**nstitute of **E**lectrical and **E**lectronical **E**ngineers), einem amerikanischen Normierungsgremium von Ingenieuren, welche Normierungen auf internationaler Ebene herausgeben, erläutert werden. Mit der Arbeitsgruppe 802 werden die Standards in lokalen Netzen vorangetrieben, welche wertvolle Beiträge für die IT-Industrie darstellen. Besonders von Interesse sind die Standards nach IEEE802.1, welche übergreifende Standards zum Thema LAN/MAN Bridging und Management darstellen.

15.7.2.1 VLAN nach IEEE802.1q

VLAN steht für Virtual LAN und erlaubt es, innerhalb eines Ethernets separate, voneinander getrennte Broadcastdomänen einzurichten. Stationen, die sich in einem VLAN befinden, können nur mit Kommunikationspartnern innerhalb ihres VLANs kommunizieren. Sollte die Kommunikation über ein VLAN heraus notwendig sein, so müssen aktive Komponenten eingesetzt werden, die auf Schicht 3 arbeiten; dies können sowohl Router als auch Multilayer Switches sein. Durch VLANs wird einem die Möglichkeit gegeben, den Datenverkehr innerhalb eines Ethernets einzugrenzen, um die Leistung des gesamten Netzes zu steigern. VLANs werden in der Regel dazu verwendet, unterschiedliche Ordnungseinheiten wie beispielsweise Abteilungen innerhalb einer Firma zusammenzufassen. VLANs nach IEEE802.1q, oder auch VLAN tagging, arbeiten auf Schicht 2 und markieren die Ethernet-Rahmen, die von den einzelnen Stationen gesendet werden, mit speziellen Tags, um diesen unterschiedliche VLANs zuzuordnen. Dies bedeutet, hierbei handelt es sich um logische und nicht etwa um physikalische VLANs, wie es zum Beispiel beim portbasierenden VLAN der Fall ist. Somit gewinnt der Administrator eine erhebliche Flexibilität, sobald aktive Komponenten im Einsatz sind, die VLAN tagging unterstützen, da jede Station an dem Gerät einem bestimmten VLAN zugeordnet werden kann. Sollten sich z.B. die Netzstrukturen innerhalb des lokalen Netzes ändern, so spielt dies für das Gerät keine Rolle.

15.7.2.2 CoS nach IEEE802.1p

CoS steht für Class of Service und ist ein Weg, um Datenverkehr innerhalb eines LANs anhand verschiedener Gruppen wie z.B. E-Mail, File Transfer, Voice, Video etc. zu klassifizieren. Jede Klasse hat ihre eigene Priorität, welches beim Queuing dann entsprechend berücksichtigt und bearbeitet wird. Wichtig ist jedoch, dass CoS nicht mit QoS (Quality of Service) verwechselt werden darf. CoS kann keine Bandbreiten zuweisen, wie es beim QoS möglich ist, sondern priorisiert Pakete, die jedoch nach dem Best-Effort-Prinzip verschickt werden. CoS arbeitet auf der Schicht 2 und bietet eine einfache Möglichkeit der besseren Nutzung der Ressourcen. CoS markiert dabei die Ethernet-Rahmen mittels spezieller Tags, die der Klasse der jeweiligen Gruppe zugeordnet werden. Neben CoS nutzt diese Technik ebenfalls ToS (Type of Service), welches neben DiffServ (Differentiated Services) eine weitere Möglichkeit für Class of Service bietet. DiffServ geht dabei einen anderen Weg und analysiert die PHB (Port Hop Behaviour) um die vorhandene Bandbreite besser nutzen zu können.

15.7.2.3 Spanning Tree nach 802.1d

Wenn mehr als zwei Bridges in einem lokalen Netz im Einsatz sind, regelt das Spanning Tree Protocol (STP), dass die Kommunikation nur über eine Bridge läuft und es nicht zu so genannten Bridge Loops kommt. Bridges trennen Kollisionsdomänen voneinander, indem sie den Datenverkehr analysieren und entscheiden, auf welchem Zweig des Netzwerkes sich die Zieladresse des Empfängers befindet. Somit wird der Datenverkehr nicht mehr auf dem ganzen Netzwerk verteilt, sondern auf einzelne Zweige begrenzt. Da die Bridges selbstlernend das Netz analysieren werden, sie auch als Transparent Bridges bezeichnet. Auf die einzelnen Hardwarekomponenten lokaler Netze soll noch einmal in dem Kapitel Hardware eingegangen werden. Da in einem Netzwerk in der Regel mehrere Bridges vorhanden sind und Segmente auf verschiedenen Wegen miteinander verbunden sind, kann es zu Bridge Loops kommen, was den Datenverkehr nachhaltig beeinträchtigt. Das STP steuert, dass sich die Bridges mittels BPDUs (Bridge Protocol Data Units) untereinander verständigen und nur die effizienteste Strecke zwischen zwei Stationen verwendet wird, alle weiteren Strecken werden nicht genutzt. Sollte es nun zu einem Ausfall einer Strecke kommen, so wird das Netz mittels des STP-Algorithmus rekonfiguriert, um die beste verbleibende Strecke zu finden. Nachteil des STP ist die lange Rekonfigurierungszeit, welche 30 bis 60 Sekunden beträgt. Die IEEE ist dieses Problem mit dem RSTP (Rapid Spanning Tree Protocol) angegangen nach IEEE802.1w, welches deutlich geringere Rekonfigurationszeiten gegenüber STP hat, jedoch nicht in Token-Ring-Netzen eingesetzt werden kann.

15.7.2.4 Link Aggregation nach IEEE802.3ad

Link Aggregation ist eine Methode mehrere physikalische Links zu einem logischen Link zusammenzufassen, um die Bandbreite zu erhöhen sowie Ausfallsicherheit zu gewährleisten. Dadurch führt der Ausfall eines Links zwischen zwei Kommunikationspartnern nicht mehr zum Ausfall der Verbindung. Die Verbindung kann aufrecht erhalten werden, wodurch nur die Bandbreite insgesamt reduziert wird. Die Möglichkeit, durch die Aggregation höhere Bandbreiten zu erzielen, ist eine einfache Möglichkeit, die bestehenden Technologien zu verwenden, um höhere Datenraten zu erzielen; es ist nicht notwendig die komplette Netztechnologie zu ändern. Link Aggregation kommt bei kupfer- und glasfaserbasierenden 100 Mbit/s und 1000 Mbit/s Ethernet-Netzen zum Einsatz, wobei insbesondere das aggregieren von Gigabit

Ethernet Links von Interesse ist, um die Lücke bis zu ökonomisch realisierbaren 10 Gigabit Ethernet-Netzen zu schliessen. In der Vergangenheit wurde häufig der Begriff Trunking bzw. Port Trunking verwendet, welcher jedoch bereits belegt ist und im englischen regionale Bündelfunknetze beschreibt. Daher wählte die Arbeitsgruppe den Namen Link Aggregation.

15.8 Hardware - aktive Komponenten

15.8.1 Repeater

Ein Repeater ist eine aktive Komponente, die auf der Schicht 1 eines Ethernet LAN arbeitet und Regenerierungsfunktionen wahrnimmt. Ein Repeater wird verwendet, wenn die maximale physikalische Ausdehnung eines Segmentes erreicht ist und darüber hinaus erweitert werden soll. Der Repeater nimmt wie angesprochen Regenerierungsfunktionen war, das bedeutet, er regeneriert Pegel und Takt beim Signalverlauf. Darüber hinaus verfügt der Repeater über eine gewisse Fehlererkennung, d. h., er kann fehlerhafte Signale oder Kollisionen auf ein bestimmtes Segment begrenzen, was insgesamt zu einer Performancesteigerung führt. Da ein Repeater auf Schicht 1 arbeitet, ist er völlig protokolltransparent und dient alleine zur Erweiterung eines Segementes über die physikalischen Grenzen der Topologie hinaus.

15.8.2 Hub

Ein Hub ist im Prinzip ein Multiport Repeater und somit eine aktive Komponente, die auf der Schicht 1 eines Ethernet LANs arbeitet. Der Hub dient als Konzentrator in einer Sterntopologie und kann mittels unterschiedlicher Konnektoren und Übertragungsmedien verschiedene Stationen und Segmente anbinden. Man unterscheidet Hubs nach dem Ort des Einsatzes, so z. B. Workgroup, Departemental oder Enterprise Hubs. Je nach Einsatzort unterscheiden sich die Hubs in ihrer Grösse und der Erweiterbarkeit. Die Leistung eines Hubs wird im Wesentlichen durch seine internen Busse, die die Backplane bilden, bestimmt.

15.8.3 Bridge

Eine Bridge ist eine aktive Komponente, die auf Schicht 2 eines Ethernet LAN arbeitet. Die meissten Bridges in Ethernet LANs arbeiten dabei im Speziellen auf der MAC Sublayer und selten auf der LLC Sublayer. Bei anderen Topologien, wie z. B. Token Ring, bei denen etwas mehr Intelligenz gefordert wird, arbeiten die Geräte jedoch häufig auf dem LLC Sublayer. Bridges werden zum einen verwendet, wenn die maximale physikalische Ausdehnung eines Segmentes erreicht ist und darüber hinaus erweitert werden soll. Sie übernimmt Regenerierungsfunktionen und verfügt über eine Fehlererkennung. Des Weiteren werden mittels einer Bridge Kollisionsdomänen voneinander getrennt, indem die Datenpakete anhand ihrer MAC-Adresse analysiert werden.

Eine Bridge lernt mit der Zeit, welche Stationen sich in welchen Segmenten befinden, und selektiert, ob es notwendig ist, den Datenverkehr auf das gesamte Netz auszustrahlen. Sollten sich Sender und Empfänger in dem gleichen Segment befinden, so wird die Kommunikation auch auf dieses Segment begrenzt. Man spricht in diesem Fall von sogenannten Learning Bridges, da sie die Adressen des lokalen Netzes eigenständig lernen. Sobald eine Learning Bridge das Spanning Tree Protocol (STP) verwendet, spricht man auch von Transparent Bridges. Transparent Bridges nutzen so das STP um einen schleifenfreien Kommunikationspfad in einem Netzwerk zu finden. Schleifen können entstehen, wenn mehrere Bridges im Einsatz sind und es unterschiedliche Wege für die Datenübertragung gibt. Da solche Schleifen die Datenkommunikation lahmlegen, sind Transparent Bridges von grosser Bedeutung. Des Weiteren steckt hinter diesem Namen die Eigenschaft der Transparenz gegenüber den angeschlossenen Stationen in einem Netzwerk. Dies beruht auf der Tatsache, dass die Bridges die Pakete nicht verändern und allein auf der Schicht 2 eines LANs arbeiten. Neben diesen Typen gibt es weitere Typen
von Bridges, wie z.B. Encapsulation Bridges, Translation Bridges oder Source Routing Bridges. Eine Encapsulation Bridge kapselt den Rahmen eines Protokolls in den Datenbereich eines anderen Protokolls, um Daten auch über Strecken zu übertragen, die durch den eigentlichen Protokolltyp nicht unterstützt werden. So können z.B. Ethernet-Rahmen über ein FDDI-Netzwerk übertragen werden. Oft wird dieses Verfahren auch als Tunneling bezeichnet. Der Nachteil bei diesem Verfahren liegt in dem Protocol Overhead, der durch die Verschachtelung entsteht, wodurch Bandbreite auf dem Übertragungsmedium vergeudet wird. Bei Translation Bridges werden die Adressen von dem Typ eines Rahmenstandards in den Typ eines anderen Rahmenstandards übersetzt. Damit nun eine Kommunikation stattfinden kann, müssen die Rahmentypen noch von der minimalen und maximalen Länge angepasst werden, so dass beide beteiligten Standards mit den Rahmen arbeiten können. Source Routing Bridges werden eingesetzt, um die Übertragung zwischen unterschiedlichen Token-Ring-Netzen zu ermöglichen.

15.8.4 Switch

Ein Switch ist im Prinzip eine Multiport Bridge und somit eine aktive Komponente, die auf Schicht 2 eines Ethernet LANs arbeitet. Switches nehmen dabei, wie der Name sagt, Schaltfunktionen wahr und dienen als Konzentrator in Netzen mit Sterntopologie. Den Kern eines Switches bildet dabei die Switching Fabric, welche die Performance bestimmt. Darüber hinaus kennzeichnen die Forwarding Rate und die Filtering Rate die Leistungsfähigkeit eines Switches. Die Forwarding Rate beschreibt die maximale Anzahl an Datenpaketen, die pro Sekunde weitergeleitet werden können, wohingegen die Filtering Rate die maximale Anzahl der bearbeiteten Datenpakete und verwaltbaren MAC-Adressen beschreibt. Switches werden ausserdem nach dem Schaltverfahren unterschieden; diese sind Cut Through, Fragment Free und Store and Forward. Bei Cut Through werden die Datenpakete, um die Verzögerungszeit in dem Switch so kurz wie möglich zu halten, einfach durchgeschleust. Nachdem die Zieladresse ermittelt wurde, wird nicht die vollständige Übertragung der Daten abgewartet, sondern gleich weitergeleitet. Für dieses Verfahren sind, neben der Zieladresse keine weiteren Informationen, die in dem Paket enthalten sind, wichtig. Dadurch kann die Verzögerungszeit drastisch reduziert werden. Bei dem Fragment-Free-Verfahren wird ein bestimmtes Zeitfenster abgewartet, um Kollisionen im Zielsegment zu vermeiden. Das geläufigste Verfahren ist jedoch das Store-and-Forward-Verfahren bei welchem die Daten in dem Switch zwischengespeichert werden, bevor sie weitergeleitet werden. Der Vorteil dieses Verfahrens ist, dass die Daten eine Fehlererkennung und Fehlerkorrektur durchlaufen, wohingegen der Nachteil einer grösseren Verzögerungszeit besteht.

Layer 3 Switching

Immer häufiger wird mit dem Begriff Layer 3 Switching und weiteren Synonymen diese Technologie geworben. In diesem Absatz soll nun ein wenig Klarheit in diese Technologie gebracht werden. Neben Layer 3 Switching beschreibt eine ganze Gruppe von Synonymen diese Technologie. So wird z.B. von Switching Routers, Layer 4 Switching und Multilayer Switching gesprochen. Alle diese Begrifflichkeiten beschreiben jedoch die gleiche Technologie, wobei im Folgenden der Begriff Layer 3 Switching verwendet werden soll. Es ist ein Irrglaube, dass ausschliesslich durch reine Bandbreite bzw. durch reine Packet Switching Performance, die Leistung eines Netzwerkes gesteigert werden kann.
Die Vorteile eines Layer 3 Switches liegen darin, dass die entscheidenen Komponenten neben dem Packet Switching vor allem das Route Processing und die intelligenten Netzwerkdienste sind; diese drei Komponenten bilden das Fundament, auf dem ein Layer 3 Switch konstruiert ist. Ein Layer 3 Switch versteht sich als hochperformanter Router, spezifiziert auf lokale Netzwerke; er arbeitet im Vergleich zu einem klassischen Layer 2 Switch auch auf den höheren Schichten des OSI-Referenzmodells. Im Unterschied zu klassischen Routern unterscheidet sich jedoch die physikalische Implementation. So basiert bei klassischen Routern das Packet Switching auf mikroprozessorbasierenden Engines, bei Layer 3 Switchen jedoch auf Application Specific Integrated Circuits (ASIC) hardwarebasierenden Technologien. Dadurch arbeiten klassische Router im Kpps- und Layer 3 Switches im Mpps-Bereich. Neben diesen unterschiedlichen Implementationen haben klassische Router und Layer 3 Switches im folgenden Punkt sehr viel gemeinsam. Durch das Route Processing wird sozusagen das hardwarebasierende Packet Switching eines Layer 3 Switches in die richtige Richtung gebracht. Route Processing ist eine softwarebasierende Implementation, die jedoch unabhängig vom Packet Switching zu sehen ist. Mit dem Route Processing werden Protokolle wie RIP, RIPv2, OSPF, OSPFv2 eingesetzt, die die Paket- und Leitweglenkung steuern und somit Routing-Tabellen generieren, die die sich ständig ändernden Netzstrukturen abbilden. Ein Layer 3 Switch ohne die Ausstattung entsprechender Routingprotokolle ist - wenn man es so sagen möchte - ein führerloses Gerät. Neben dem Packet Switching und Route Processing machen die Intelligent Network Services einen Grossteil der Vorteile eines Layer 3 Switches aus. Dies sind so genannte value-added Services, wie z.B. Management, Security, IP Multicasting, Quality of Service (QoS).

Besonders hervorzuheben ist in diesem Zusammenhang das Quality of Service. Unter QoS versteht man alle Verfahren, die den Datenverkehr so beeinflussen, das der Dienst mit einer festgelegten Qualität beim Empfänger ankommt. Dass QoS eine immer grössere Rolle spielt, liegt in der Art der zu übertragenen Daten. In der Vergangenheit waren es hauptsächlich Filetransfer und E-Mail, mittlerweile jedoch spielen Anwendungen aus dem Voice- und Video-Bereich eine immer grössere Rolle. Diese Anwendungen sind auf bestimmte Dienstqualitäten in Bezug auf Latenzzeit, Paketverlustrate und Bandbreite angewiesen. Zur Realisierung von QoS gibt es eine Vielzahl von unterschiedlichen Lösungen der Normierungsinstitute. Es gibt momentan wenig einheitliche, herstellerübergreifende QoS Modelle, von daher werden häufig proprietäre Lösungen eines Herstellers bevorzugt, was jedoch die Flexibilität in Bezug auf die Netzwerkausrüstung einschränkt. Mittels weiterer Intelligent Network Services lässt sich also die gesamte Performance eines Netzwerkes weiter steigern, unabhängig von weiteren Steigerungen der Bandbreiten. Aus diesem und den beschriebenen Gründen werden Layer 3 Switches auch in Zukunft immer stärkere Verbreitung finden.

Cascading / Stacking

Im Zusammenhang mit Lösungen im Switching-Bereich kommen häufig die Begriffe Stacking und Cascading ins Spiel. Beide Begriffe beschreiben die Möglichkeit, einen oder mehrere Switches zu einer Einheit zu verbinden, allerdings auf unterschiedliche Art und Weise. Der prinzipielle Unterschied zwischen dem Cascading und dem Stacking ist, dass beim Cascading die Switches über Standard Ports und beim Stacking über spezielle Stacking Ports miteinander verbunden werden. Dies kann beim Cascading dazu führen, dass die Schnittstelle zwischen beiden Geräten der Bottle Neck in dieser Konfiguration ist und nachteilige Auswirkungen auf die Performance des Netzes hat. Beim Stacking dahingegen werden jedoch speziell dafür vorgesehene Ports zum Zusammenschliessen mehrerer Switches verwendet. Hierdurch können beide Geräte mit der vollen Bandbreite untereinander verbunden werden und bilden eine Einheit. Bei den Stacking-Lösungen der Hersteller ist es zudem möglich, den physikalischen Switch-Stack als einen logischen Switch über eine IP-Adresse anzusprechen. Dies vereinfacht die Wartung der Geräte erheblich. Es ist jedoch zu beachten, dass Stacking-Lösungen hersteller- und produktspezifisch sind. Über das klassische Stacking hinaus gibt es von vielen Herstellern die Lösung, mehrere über das Netzwerk verteilte Switches zentral als einen Stack zu verwalten, auch wenn diese physikalisch nicht miteinander verbunden sind. Dies ist jedoch ein Grenzfall zum klassischen Stacking.

Modulare Switches

Hardwareseitig betrachtet lassen sich zwei grundsätzliche Typen von Switches unterscheiden. Dies sind zum einen die fix konfigurierten Switches, die von ihrer Portstruktur festgelegt sind und vor allem im Edge Bereich zum Einsatz kommen, und zum anderen die modularen Switches, die von ihrer Portstruktur flexibel konfigurierbar sind und vor allem im Core-Bereich zum Einsatz kommen.

Aber auch viele Switches, die im Edge-Bereich lokaler Netze zum Einsatz kommen, sind modular erweiterbar. Diese Switches verfügen über eine fix konfigurierte Portkonfiguration mit zusätzlichen erweiterbaren Modulsteckplätzen, die mit unterschiedlichen Schnittstellenmodulen ausgestattet werden können. Dadurch, dass in der Regel eine Vielzahl von unterschiedlichen Modulen angeboten wird, kann die Installation flexibel von Ethernet-Standards und Medienschnittstellen erfolgen. Prinzipiell sind heutzutage zwei Typen von Modulen zu unterscheiden. Dies sind zum einen Uplinkmodule, die in der Regel nur für einen bestimmten Gerätetyp eines bestimmten Herstellers geeignet sind. Darüber hinaus sind Anstrengungen der Netzwerkhersteller unternommen worden, einen einheitlichen Modulstandard zu entwickeln. Das Ergebnis dieser Anstrengungen ist **GBIC**, welches für **G**iga**b**it **I**nterface **C**onverter steht. GBIC-Module sind Gigabit-Ethernet-Module, die prinzipiell in allen GBIC Modul Slots integriert werden können. Allerdings haben unterschiedliche herstellerspezifische Entwicklungen dazu geführt, das trotz eines einheitlichen Modulstandards und Formfaktors eine generelle Interoperabilität nicht gewährleistet werden kann. Mit diesen Modulen können auch Edge Switches flexibel angebunden werden.
Modulare Switches die im Core-Bereich anzutreffen sind, sind dahingegen in der Regel vollständig modular konfigurierbar. Bestehend aus einem Chassis, Switch-Controller-Einschüben und Schnittstellen-Einschüben können eine Vielzahl von Portkonfigurationen realisert werden. Aufgrund der zentralen Funktion solcher Switches sind die vorhandenen Komponenten in der Regel redundant ausgelegt, um einen Totalausfall des Netzwerkes zu vermeiden.

15.9 Hardware - passive Komponenten

Wenn man in der Netzwerktechnik von passiven Komponenten spricht, so ist die Netzwerkverkabelung gemeint. Durch die sich ständig wandelnden Netzwerktechnologien werden auch immer andere Ansprüche an das physikalische Übertragungsmedium gestellt. Auswahlkriterien für die Verkabelung sind Störsicherheit, Erweiterungsmöglichkeiten und in erster Linie die zu überbrückenden Entfernungen, die zu realisierenden Übertragungsgeschwindigkeiten sowie die Kosten der Verkabelung. Die Verkabelung muss Investitionssicherheit bieten und auch für zukünftige Standards verwendet werden können. Bei der Auswahl der passiven Komponenten müssen höchste Ansprüche berücksichtigt werden, da diese das Fundament für ein performantes Netzwerk sind.

15.9.1 Strukturierte Verkabelung

In der Verkabelungstechnik ist ein Strukturmodell für universelle Verkabelungsmethoden entwickelt worden. Strukturiert bedeutet in diesem Zusammenhang, dass möglichst wenig unterschiedliche Übertragungsmedien die Übertragung möglichst vieler unterschiedlicher Anwendungen realisieren müssen. Die Umsetzung erfolgt durch Bildung verschiedener Hierarchiestufen. Der **Primärbereich** stellt die gebäudeübergreifende Verkabelung dar mittels oftmals redundanter Kabeltrassen, die an Gebäudeverteilern beginnen bzw. enden. Der Primärbereich setzt aufgrund der zu überbrückenden Entfernungen in der Regel auf glasfaserbasierender Verkabelungstechnologie auf. Im **Sekundärbereich** werden die Gebäudeverteiler mit den Etagenverteilern verbunden, so dass man in diesem Zusammenhang auch vom vertikalen Bereich spricht. Letztendlich werden im **Tertiärbereich** die Etagenverteiler mit den Endgeräten verbunden, so dass man in diesem Zusammenhang auch vom horizontalen Bereich spricht.

15.9.2 Backbonekonzepte

Im Zusammenhang mit der Entwicklung der strukturierten Verkabelung sind des Weiteren zwei wesentliche Backbonekonzepte entstanden. Das Backbone bildet im wortwörtlichen Sinn das Rückrat eines Netzwerkes, über welches alle Daten zu den angeschlossenen Stationen laufen. Beim Konzept des **Collapsed Backbone** wird das Etagenbackbone auf einen einzigen leistungsstarken Konzentrator verdichtet; alle Stationen sind unmittelbar mit diesem Konzentrator verbunden. Ein Vorteil bei diesem Konzept ist, dass es keine weiteren aktiven Komponenten gibt, die Verzögerungszeiten verursachen könnten, und jede angeschlossene Station theoretisch über die volle Bandbreite der angeschlossenen Strecke verfügen kann. Durch die Zentralisierung werden weniger aufwendige Gebäudestrukturen mit Verteilerräumen benötigt und es kann mit weniger Aufwand und Installationskosten ein redundantes Netzwerk aufgebaut werden. Jedoch bringt dieses Konzept auch Nachteile mit sich. Es entsteht ein erheblicher Verkabelungsaufwand, da jede Station einzeln angeschlossen werden muss. Hieraus folgt auch, dass der zentrale Konzentrator über eine hohe Portdichte verfügen muss, die der Anzahl der anzuschliessenden Geräte entspricht. Des Weiteren entsteht durch diese Struktur ein Single Point of Failure.
Das Konzept des **Distributed Backbone** geht einen anderen Weg. In diesem Konzept bündeln viele Etagenverteiler die Horizontale und führen die Etagen auf den zentralen Gebäudeverteiler. Vorteil dieses Konzeptes ist eine erhöhte Ausfallsicherheit in Teilbereichen durch die dezentrale Struktur. Des Weiteren entsteht ein erheblich geringerer Verkabelungsaufwand und es kann auf der Horizontalen mit einer kostengünstigeren Kupferverkabelung gearbeitet werden. Ein Nachteil liegt in der Anzahl der aktiven Komponenten, da durch dessen Passieren Verzögerungszeiten entstehen. Die für die Endstationen verfügbare Bandbreite verringert sich mit der Anzahl der angeschlossenen Stationen am Etagenverteiler. Ausserdem können strukturelle Änderungen nur mit grossem Aufwand realisiert werden.

15.9.3 Kupferbasierende Verkabelung

Kupferkabel haben eine breite installierte Basis, viele Ethernet-Standards setzen auf ihnen auf. Vorteile der kupferbasierenden Verkabelung sind die schnelle, flexible und kostengünstige Installation. Nachteile dahingegen sind die Empfindlichkeit gegenüber elektromagnetischen

Einflüssen als auch die in der Regel kurzen überbrückbaren Entfernungen. Daher kommt kupferbasierende Verkabelung häufig im Tertiär- und Sekundär-Bereich zum Einsatz. In der Praxis sind zwei Übertragungsmedien stark verbreitet, die Koaxialkabel und die Twisted-Pair-Kabel. Koaxialkabel sind bei den Ethernet-Standards 10 BASE-5 und 10 BASE-2 zum Einsatz gekommen. 10 BASE-5 hat dickes RG8-Kabel mit AUI-(Attachement Unit Interface) Anschlüssen und 10 BASE-2 hat dünnes RG58-Kabel mit BNC-(Bayonet Neil Concelman) Anschlüssen verwendet. Das Kabel ist wie folgt aufgebaut.
Es existiert eine Kernleitung, die von einer Isolierung aus PVC oder Teflon sowie einer Kupfer- oder Aluminiumleitung umgeben ist. Diese sind noch einmal von einer äusseren Abschirmung umgeben. Twisted-Pair-Kabel wird seit dem Standard 10 BASE-T für alle neueren kupferbasierenden Ethernet-Standards eingesetzt und verwenden den RJ-45-Anschluss. Twisted Pair ist die Bezeichnung für Kupferkabel mit einem oder mehreren verdrillten Leitungspaaren. Die für die kupferbasierenden Ethernet-Standards verfügen über vier verdrillte Adernpaare, also insgesamt acht Adern. Wobei fast alle Dienste für die Übertragung zwei Adernpaare benötigen.
Twisted-Pair-Kabel werden nach Art der Schirmung sowie standartisierten Kategorien unterschieden. Nach der Schirmung werden folgende Kabeltypen voneinander unterschieden. **UTP** steht für **U**nshielded **T**wisted **P**air, weder die Aderpaare untereinander noch die Gesamtheit der Adernpaare nach aussen ist geschirmt. **S/UTP** steht für **S**creened / **U**nshielded **T**wisted **P**air, wobei die Adernpaare untereinander nicht geschirmt sind, sondern die Gesamtheit der Adernpaare über eine Schirmung nach aussen verfügen. **STP** steht für **S**hielded **T**wisted **P**air, wobei die Adernpaare untereinander geschirmt sind, das Gesamtkabel jedoch nach aussen nicht geschirmt ist. **S/STP** steht für **S**creened / **S**hielded **T**wisted **P**air, wobei sowohl die Adernpaare untereinander als auch die Gesamtheit der Adernpaare nach aussen geschirmt sind. Des Weiteren werden Kupferkabel in verschiedene Leistungsklassen unterteilt. Diese Leistungsklassen definieren die Minimalanforderungen aller elektrischen Eigenschaften einer Übertragungsstrecke. Die gängigen Kategorien sind Kategorie 3 mit einer Bandbreite von 16 MHz gem. EN 50173, Kategorie 5 mit einer Bandbreite von 100 MHz gem. EN 50288-2-1, Kategorie 6 mit einer Bandbreite von 250 MHz gem. Draft International Standard Juli 2002, Kategorie 7 mit einer Bandbreite von 600 MHz gem. EN 50288-4-1. Kupferkabel der Kategorie 3 eignen sich für den Ethernet-Standard 10 BASE-T , Kupferkabel der Kategorie 5 eignen sich für den Ethernet-Standard 100 BASE-T, Kupferkabel der Kategorie 5 enhanced und insbesondere der Kategorien 6 und 7 eignen sich für den Ethernet-Standard 1000 BASE-T.

15.9.4 Glasfaserbasierende Verkabelung

Glasfaserkabel haben eine breite installierte Basis und viele Ethernet-Standards setzen auf ihnen auf. Vorteile der glasfaserbasierenden Verkabelung ist die Unempfindlichkeit gegenüber elektromagnetischen Einflüssen, hohe zu realisierende Übertragungsraten sowie hohe überbrückbare Entfernungen. Nachteile sind die nur bedingt flexiblen und schwierig zu installierenden Kabel sowie die teuren aktiven und passiven LWL-Komponenten. Daher

kommt die Kupferverkabelung in der Regel im Sekundär- und Primär-Bereich zum Einsatz. Das Glasfaserkabel dahingegen besteht aus einem Mantel aus Kunststoff, unterteilt in Secondary und Primary Buffer, der die Glasfaser schützt. Die Lichtsignale werden im Kern übertragen, welcher noch einmal von einem Mantel, dem Glass Clading, umgeben ist. Der Unterschied zwischen den beiden Glasfasern Kern und Mantel liegt im Brechungsindex.
Es werden im Wesentlichen zwei Typen von Glasfasern unterschieden, dies sind die Multimodefasern und die Single- bzw. Monomodefasern. Bei den Multimodefasern wird das Licht in mehreren Moden übertragen. Bei der Multimode-Stufenfaser hat der Glasfaserkern einen höheren Brechungsindex als der Glasfasermantel, so dass es zu einer Totalreflexion des Lichts an der Grenzfläche kommt. Dahingegen hat die Multimode-Gradientenfaser einen parabelförmigen Brechungsindex von der Glasfaserkernmitte zur Grenzfläche, so dass es zu einer wellenförmigen Ausbreitung des Lichts kommt. Heutzutage sind hauptsächlich Multimode-Gradientenfasern im Einsatz. Bei der Singlemodefaser wird das Licht in einer Mode übertragen. Durch den sehr kleinen Kerndurchmesser einer Singlemodefaser kann sich das Licht nahezu geradlinig ausbreiten, was eine geringe Dämpfung und somit hohe überbrückbare Entfernungen zur Folge hat. Entscheidendes Kriterium zur Differenzierung dieser Glasfasern ist der Durchmesser des Glasfaserkerns und -mantels. Bei Multimodefasern sind zwei gängige Durchmesser im Einsatz, 62.5/125 und 50/125 Micron. Singlemodefasern haben dahingegen nur einen Kerndurchmesser von 9/125 Micron. Je nach Ethernet-Standard und verwendetem Übertragungsmedium lassen sich unterschiedliche Übertragunsstrecken überbrücken. Bei 1000 BASE-SX lassen sich mittels 62.5/125 Micron Fasern 220 m - 275 m oder mittels 50/125 Micron Fasern 500 m - 550 m überbrücken. Bei 1000 BASE-LX lassen sich mittels 62.5/125 und 50/125 Micron Fasern 550 m oder mittels 9/125 Micron Faser 5000 m überbrücken. Unabhängig von der Glasfaser wird eine Vielzahl von Anschlüssen verwendet, wie z.B. ST-, SC-, MT-RJ- oder VF-45-Konnektoren.

15.10 Management

In komplexen lokalen Netzen ist Netzwerk-Management ein unverzichtbares Werkzeug für den Netzwerk-Administrator, um sein Netz zu kontrollieren. In diesem Zusammenhang ist das Protokoll SNMP (Simple Network Management Protocol) von entscheidener Bedeutung. SNMP wurde 1988 entwickelt und bildet die Grundlage für die Verwaltung in TCP/IP-Netzen und setzt auf den anwendungsorientierten Schichten des OSI-Referenzmodells auf. Das Ziel bei der Entwicklung von SNMP war die Software- und Hardwareunabhängigkeit sowie minimalster Verbrauch von Systemressourcen. Eine SNMP-Umgebung besteht aus einer Management-Station, auf der eine entsprechende SNMP-Management-Software installiert ist sowie den Netzwerkkomponenten, die mit entsprechenden SNMP-Agenten ausgestattet sind. Die SNMP-Agenten setzen auf der MIB (Management Information Base) auf, in der die Eigenschaften der Netzwerkkomponenten beschrieben sind, und um zu gewährleisten, dass die Management-Station nur Daten anfordert, die der Agent auch liefern kann.

Die Hauptaufgaben des Managements bestehen in der Überwachung, Steuerung, Diagnose und Problemanalyse. Dabei fordert die Management-Station die Daten bei den SNMP-Agenten an, um sie dann entsprechend aufzuarbeiten, damit der Administrator diese auswerten kann. Von SNMP gibt es in der Zwischenzeit drei verschiedene Versionen, die ständig den aktuellen Bedürfnissen angepasst worden sind. Auch bei MIB gibt es eine zweite Version, die MIB-II, bei der eine Reihe neuer Protokolle unterstützt werden, die noch detailliertere Informationen liefern. Aufgrund des Object Identifier ist MIB-II jedoch rückwärtskompatibel mit MIB-I. In diesem

Zusammenhang muss auch **RMON** angesprochen werden, welches für **R**emote **Mon**itoring steht. RMON ist eine MIB, die entwickelt wurde, um proaktives Netzwerkmanagement zu ermöglichen. Bei MIB müssen die Informationen regelmässig abgerufen werden, was jedoch zu erhöhter Netzwerkauslastung führen würde.

Mittels RMON werden die Information durch das Gerät selber gesammelt und gespeichert. Dabei können mittels RMON Grenzwerte gesetzt werden, so dass es nur zu einer Benachrichtung kommt, wenn dieser Grenzwert überschritten ist. Dies führt zu einer erheblichen Reduzierung der Netzwerkauslastung. Aufgrund der Tatsache, dass RMON jedes Frame analysieren muss, kann es jedoch hier zu Verzögerungszeiten kommen, welches die Netzwerk-Performance negativ beeinflusst. Dabei arbeitet RMON1 auf den Schichten 1 - 2 und RMON2 auf den Schichten 3 - 7 des OSI-Referenzmodells. RMON2 löst RMON1 nicht ab, sondern ist eine Erweiterung, um die Transparenz für höhere Protokollschichten zu erlangen. All diese Komponenten ermöglichen es dem Administrator lokale Netzwerke zu managen, welches in komplexeren Strukturen unumgänglich ist. Es ist jedoch darauf zu achten, dass die Nutzung von Management-Komponenten selber zu Verzögerungen im Netzwerk führen kann, so dass immer der physikalische Grundsatz „Jede Messung verändert den aktuellen Zustand" berücksichtigt werden muss.

16. Metropolitan Area Networks-MANs

16.1 Definition

Metropolitan **A**rea **N**etworks (MANs) nennt man Netze, die bezüglich der räumlichen Ausweitung zwischen den auf eine Örtlichkeit begrenzten lokalen Netzen (LANs) und den Wide Area Networks (WANs) anzusiedeln sind.
Von der konzeptionellen Seite her gesehen ist ein MAN ein Kopplungsnetz, das einzelne Netzwerke, in der Regel einzelne LANs, miteinander verbindet. Durch die Verbindung dieser LANs in ein MAN können alle Vorteile, die LANs mit sich bringen, für einen grösseren Einzugsbereich genutzt werden.
Von der spezifischen Seite aus betrachtet ist ein MAN allerdings wiederum selbst ein einzelnes Netz, abgegrenzt von anderen Netzen, das von einem Betreiber eingerichtet und zur Dienstebereitstellung genutzt wird.
Von der räumlichen Betrachtungsweise aus gesehen dehnt sich ein MAN auf bis zu 150 Kilometer, mindestens aber 2 Kilometer, aus. Typischerweise werden MANs für Ballungsräume und Städte und deren Einrichtungen oder aber als Campus-Netze für Universitäten aufgebaut.

Die Aufgabe eines MANs besteht darin, neben klassischen Diensten der Datenübertragung, auch Mehrwertdienste wie Telefonie über IP, Bild- und Videoübertragung über IP oder auch günstiges Routing für alle angeschlossenen User bereitzustellen. Ausserdem können in einem MAN virtuelle lokale Netze auch standort- und einrichtungsübergreifend eingerichtet werden.

Die Basis der Stadtnetze bildet heute SDH, eine Technologie zur logischen Verschaltung der Kabel und zur Herstellung logischer Verbindungen zwischen den Teilnehmern. Da es sich bei SDH lediglich um eine Technik zur Bereitstellung von Leitungen und logischen Verbindungen handelt, nicht aber um eine vermittelnde Technik, muss im Falle eines Dienstangebotes eine vermittelnde Technik, wie ATM, eingesetzt werden.
Die Dienstbereitstellung wird in einem MAN dank der verwendeten High-Speed-Technologien FDDI, DQDB oder auch ATM qualitativ sehr hochwertig und vor allem mit kürzeren Übertragungszeiten realisiert als in einem WAN. Eine weitere Technologie stösst mittlerweile in die High-Speed-Regionen der MANs vor: das Ethernet, dank seiner neuesten Evolutionsstufe dem 10 Gigabit-Ethernet.

16.2 Übertragungs-Technologien für den Aufbau eines MANs

16.2.1 Distributed Queue Dual Bus (DQDB)

DQDB wurde von der Arbeitsgruppe IEEE 802.6 im Rahmen der MAN-Standardisierung definiert und kann für Entfernungsbereiche bis zu 100 Kilometer und weiter als Backbone eines

MANs eingesetzt werden.
Dieses Verfahren ermöglicht sowohl die asynchrone als auch die isochrone Übertragung beispielsweise codierter Sprache. Vom Konzept her handelt es sich bei DQDB um zwei Lichtwellenleiterbusse, die unidirektional gegenläufig betrieben werden. Dabei ist sowohl eine Stern- als auch eine Ring-Topologie realisierbar. Jeder Knoten in einer DQDB-Ring-Struktur hat Verbindungen zu beiden Bussen und kommuniziert mit anderen Knoten, indem er ihm Informationen auf einem der beiden Busse zusendet. Dabei basiert die Auswahl des Busses auf der Kommunikationsrichtung. Der Doppelbus unterstützt auf der untersten Ebene Voll-Duplex-Verbindungen, da je ein Bus als Lese- oder Schreibverbindung genutzt wird.
Als standardisierte Übertragungssysteme über DQDB sind G.703 mit der Geschwindigkeit von 34 oder 139 Mbit/s oder SDH mit 155 Mbit/s nach den Standards G.707, G.708 und G.709 durch die IEEE vorgeschlagen.

Die Übertragungstechnologien FDDI und ATM sowie der Standard G.703 und SDH mit den entsprechenden Standards werden auch in LANs bzw. WANs eingesetzt und sind daher in den entsprechenden Kapiteln erläutert.

17. Wide Area Networks-WANs

17.1 Definition

Wide **A**rea **N**etworks (WANs, oder auch Weitverkehrsnetze) nennt man Netze, die flächendeckend und regional übergreifend aufgebaut sind. Sie dienen den angeschlossenen Benutzern sowohl zur geschäftlichen als auch zur privaten Kommunikation. Die räumliche Ausdehnung kann dabei bis zu 1.000 km oder sogar 10.000 km betragen.
Die grundsätzlich angesetzte Vermittlungstechnologie ist entweder eine datenpaket- oder eine leitungsvermittelnde. WANs bestehen oft auch aus mehreren einzelnen Netzwerken, die zum Beispiel über ISDN, X.25 oder auch ATM miteinander verbunden sind. Sichere Übertragung wird heute in WANs über Virtual Private Networks (VPN) realisiert.
Aus dem Alltag seit Jahrzehnten nicht mehr wegzudenken ist als Beispiel für ein WAN das zur Telefonie genutzte Analognetz. In diesem Netz werden Daten mit einer Übertragungsrate von 56 Kbit/s übertragen. Aufgrund der höheren Anforderungen an Übertragungsraten in WANs aufgrund neuer zu übertragender Dienste wie Video und Sprache über IP sind mittlerweile Übertragungsraten von bis zu 622 Mbit/s unter Nutzung von ATM realisiert. Mit der Entwicklung von 10 Gigabit-Ethernet steht die Migration in noch schnellere Übertragungsraten aber bereits vor der Tür.
In Europa werden WANs meist von Telekommunikationsanbietern betrieben.

17.2 Adressierung im WAN

Die Adressierung im WAN beruht auf den Internet-Protocol-(IP)Adressen welche den an das WAN angeschlossenen aktiven Netzwerkkomponenten via der **netid** und den Hosts via der **hostid** zugewiesen werden. IP-Adressen sind einmalig und bestehen in der IP Version 4 aus 32 bits welche zur einfacheren Handhabung in vier Oktette unterteilt werden.
Zwei IP-Adressen sind aus diesem Schema der Adressierung aber ausgenommen:
Die IP-Adresse, bei der alle bits der Host-ID auf „0“ gesetzt sind, und die Adresse, bei der alle bits auf „1“ gesetzt sind. Erstere dient als allgemeine Beschreibung einer Netzadresse, letztere ist eine reservierte Broadcastadresse.
Die Verwaltung und Vergabe von IP-Adressen wird vom **Network Information Centre (NIC)** geregelt. Das NIC vergibt dabei die netids, die hostids werden vom jeweiligen Besitzer einer netid vergeben.

Es wird zwischen drei Arten von Netzklassen-Adressen unterschieden:
Mit Klasse-A-Adressen können 128 Netze adressiert werden, da bei ihnen das erste Oktett die Netzadresse bildet, das erste bit in diesem Oktett aber eine „0“ ist. Die restlichen drei Oktette sind für die Vergabe an Hosts freigegeben, was der theoretischen Möglichkeit der eindeutigen Adressvergabe an je 16.777.214 Hosts entspricht.

Mit Klasse-B-Adressen können 16.384 Netze mit je 65.534 Hosts adressiert werden. Die ersten beiden bits im ersten Oktett von IP-Adressen in Klasse-B-Netzen sind mit „10" definiert und kennzeichnen dadurch Klasse-B-Netze als solche. Generell bilden die ersten beiden Oktette die netid, die letzten beiden Oktette die hostid.
Mit Klasse-C-Adressen können 2.097.152 verschiedene Netze mit je bis zu 254 Hosts adressiert werden. In Klasse-C-Netzen sind die ersten drei bits des ersten Oktetts mit „110" zur eindeutigen Identifikation belegt. Nur das vierte Oktett wird für die Vergabe von IP-Adressen an Hosts genutzt, die anderen drei Oktette dienen der Vergabe von netids.

Da frei verfügbare Adressen nach IPv4 aufgrund der explosionsartigen Entwicklung des Internets mittlerweile zur Neige gehen, wird in der Praxis fast nur noch den direkt an das WAN angeschlossenen aktiven Netzwerkkomponenten eine eindeutige IP-Adresse vergeben. Alle anderen Devices die hinter der jeweiligen WAN-Schnittstelle angebunden sind, erhalten Adressen aus dem Private Name Space, die dann aber nicht mehr weltweit eindeutig sind. Um eventuelle Fehlleitungen zu vermeiden, werden an der Schnittstelle zum WAN via Network Adress Translation (NAT) die IP-Adressen als zu dem anhängenden Netz zugehörig identifiziert.

Um dieser Problematik der zu wenigen Adressen nach IPv4 entgegenzuwirken, wurde eine neue Adressstruktur entwickelt:
In der zu IPv4 kompatiblen Internet Protocol Version 6 (**IPv6**) beruht die Adressierung auf dem Hexadezimal-System. Eine Adresse nach IPv6 ist 128 bits lang und besteht aus einer Serie aus acht 16 bit langen Anteilen. Damit stehen viermal soviele bits in IPv6 zur Verfügung als in IPv4.
Ein entscheidender Vorteil der IPv6-Adressierung im Vergleich zu der nach Pv4 ist neben dem grösseren Adressraum und der damit verbundenen Möglichkeit, jedem Host eine weltweit einmalige Adresse zu vergeben, dass so genanntes Site Multihoming möglich wird. Dank Site Multihoming können Hosts mehrere IPv6-Adressen zugewiesen werden und damit kann in der Praxis ein Host die Dienste mehrerer Provider nutzen. Ausserdem bietet die Adressierung nach IPv6 ein fest definiertes Header-Format was die Verarbeitung der damit adressierten Pakete weitaus effizienter werden lässt. Darüber hinaus bietet IPv6 optional auch die Möglichkeit zur Nutzung von Security Headern.

17.3 Protokolle im WAN

Unter WAN-Protokollen sind die Protokollfamilien zu verstehen, die auf dem Layer 3 des ISO/OSI-Referenzmodells angesiedelt sind. Die heute verbreitetsten Layer-3-Protokolle werden im Folgenden inklusive der Transport- und Routingprotokolle vorgestellt.

17.3.1 Das Internet-Protokoll

Die Aufgabe des plattformunabhängigen **I**nternet-**P**rotokolls (**IP Protokoll**) besteht darin, Daten über mehrere Netze hinweg von einem Sender bis zum Empfänger zu übertragen. IP ist auf Layer 3 angesiedelt und ist für die Übertragungsregelung der Datenfragmente, die aus Layer 4 an das Layer 3 weitergegeben werden, verantwortlich. Ein IP-Paket ist durch eine Mindestgrösse von 576 Bytes und eine Maximallänge von 65.535 Bytes definiert. Aufgrund dieser Variabilität und der unterschiedlich definierten Übertragungsstruktur und Paketlänge pro zu durchlaufendem Teilnetz kann es sein, dass ein IP-Paket im Laufe der zu überwindenden Übertragungsstrecke auf kleinere Teilstücke aufgeteilt werden muss. Diese Aufteilung wird auch Fragmentierung genannt. Das Zusammensetzen der einzelnen Teilstücke in den Ursprungszustand nennt sich wiederum Reassemblierung.
Der Aufbau eines IP-Datenpakets (auch: Datagramm) bleibt in seiner Grundstruktur aber ungeachtet der Fragmentierung immer gleich:
Die Hauptbestandteile eines IP-Pakets sind in der fortlaufenden Reihe: Der Header mit den Informationen zum Paket selbst, die Sender- und Empfängeradresse sowie alle Informationen, die der Übertragungskontrolle und der Fehlerbehebung dienen. Dem Header folgen optionale Informationen zur Sendung wie zum Beispiel Security-Regeln für die Datenübertragung. In den letzten bits werden die zu übertragenden Dateninformationen angegliedert.
IP-Pakete werden paketorientiert übertragen. Diese Übertragung erfolgt verbindungslos und nicht garantiert. Im Falle eines Puffer-Überlaufs auf dem Übertragungsweg wird ein IP-Paket bei der Ankunft bei diesem überlasteten Wegpunkt von diesem verworfen. Dank der eingefügten Frequency Check Sum und der direkt aufgebauten Kommunikation zwischen Sender und Empfänger findet aber im Fehlerfall eine Retransmission statt. Da IP-Pakete nicht als Summe von Informationseinheiten, sondern als unabhängig voneinander gesehen werden, werden sie auch willkürlich, das heisst verbindungslos, übertragen. Jedes Datenpaket nimmt für sich den optimalen Weg vom Sender zum Empfänger. Das Ordnen der IP-Pakete in die richtige Reihenfolge beim Empfänger obliegt dem auf das IP-Protokoll aufsetzenden Protokoll TCP.

17.3.2 Das Transmission Control Protocol (TCP)

Das Transmission Control Protocol (TCP) ist im OSI-Referenzmodell auf Layer 4 angesiedelt und ist für die Verarbeitung des Datenstromes aus Layer 5-7 in für das auf Layer 3 angesiedelte IP-Protokoll verarbeitbare Fragmente verantwortlich. TCP teilt die Datenflut zum Beispiel eines zu übertragenden Files dank der festgelegten Regeln in Pakete auf und übergibt diese an das Übertragungsprotokoll.
Das vom amerikanischen Verteidigungsministerium definierte Protokollstack **TCP/IP** (**T**ransmission **C**ontrol **P**rotocol/**I**nternet **P**rotocol) ist auf jeder wichtigen Rechnerplattform verfügbar. Es wurde nicht für ein spezielles Nachrichtentransportsystem konzipiert wie zum Beispiel ein

LAN-Protokoll, sondern für den Einsatz auf unterschiedlichen Medien und Rechnern. Damit ist TCP/IP das Protokollstack zur Vernetzung von heterogenen Systemen. Es lassen sich z.B. Rechner vernetzen, die als Betriebssystem Unix (bzw. seine Varianten SunOS, Digital UNIX, HP-UX, AIX, Linux), OpenVMS, DOS oder Windows einsetzen. Auf TCP/IP setzen eine Reihe von Applikationen auf, die normalerweise unter dem Obertitel des Protokolls gemeint werden: zum Beispiel **ftp** für den Filetransfer, **telnet** und **rlogin** für Remote Control bzw. Remote Login, electronic Mail, Webbrowser etc.

17.3.3 User Datagram Protocol (UDP)

Das **U**ser **D**atagram **P**rotocol (**UDP**) ist wie das TCP auf Layer 4 nach dem OSI-Referenzmodell angeordnet und ist wie TCP ein Transportprotokoll, welches direkt auf dem IP-Protokoll aufbaut. UDP ist rein für den Transport verantwortlich und wurde für den Zweck entwickelt, Applikationen die Möglichkeit zu geben direkt Datagramme zu versenden. UDP arbeitet verbindungslos. UDP schickt Daten auf den Weg zum Empfänger ohne aber eine Bestätigung der erfolgreichen Übertragung zu bekommen. Die Sicherheit der Übertragung ist mit UDP also nicht garantiert, verlorene Pakete werden nicht neu gesendet.

17.3.4 Routing Protokolle

Für den Ablauf und die Wegentscheidung der Übertragung zwischen einem Sender- und einem Zielnetz sind die Routing-Protokolle verantwortlich. Die Forwarding-Entscheidung eines Routers im WAN basiert auf der über das Routing-Protokoll aufgebauten Routing-Tabelle und der daraus abgeleiteten Metrik. Die Metrik eines Routing-Protokolls ist als der Wert definiert, auf dessen Basis ein Router seine Forwarding-Entscheidung trifft. Die Metrik-Berechnung ist von Protokoll zu Protokoll verschieden.
Routing-Protokolle sind in statische und dynamische Routing-Protokolle zu unterscheiden.
Statische Routing-Protokolle werden in der Regel nur in kleineren Netzen oder für Wählverbindungen eingesetzt, da der manuelle Pflegeaufwand der Routing-Tabellen sehr hoch ist: Jede neue Route muss, wie jede Änderung einer Route, einzeln von Hand in die Routing-Tabelle eingetragen werden.
Dynamische Routing-Protokolle hingegen finden sich oft in grösseren, wachsenden Netzen. Dank des geringeren Pflegeaufwands der Routing-Tabellen für den Administrator sind sie für diesen Einsatz prädestiniert. Dynamische Routing-Protokolle erkennen Änderungen im Netz und pflegen als Reaktion auf solche Veränderungen ihre Routing-Tabelle. Änderungen erfahren diese Protokolle von ihren Nachbarn im Netz. In einem auf Basis eines dynamischen Routing-Protokolls aufgebauten WAN propagiert jeder Router seine Wegstationsinformationen, d. h. die ihm bekannten IP-Adressen, an seine Nachbarn. Die Wahl der besten Route durch das Netz wird anhand der protokollspezifisch propagierten Information getroffen.

Ein zweites generelles Unterscheidungsmerkmal zwischen Routing-Protokollen ist, ob es sich um ein Distance-Vector oder ein Link-State-Protokoll handelt.
Distance-Vector-Protokolle sind durch ihre vergleichsweise langsame Konvergenz, die limitierte Skalierbarkeit bei aber einfacher Installation und komfortablem Betriebsverhalten zu charakterisieren. Sie arbeiten nach dem „Routing by Rumour"-Prinzip und senden in periodischen Zeitabständen ihre komplette Routing-Tabelle an ihre direkten Nachbarn. Diese wiederum verarbeiten diese Information, indem sie ihre eigene komplette Routing-Tabelle durch die neue Information ersetzen. In grossen Netzen, in denen auch sehr komplexe Routing-Tabellen geführt werden, führt dieses Verfahren zu übermässigem Traffic und zu hoher Beanspruchung der Router. Beispiel für Distance-Vector-Protokolle sind RIP, RIPv2 und IGRP.
Link-State-Protokolle hingegen unterstützen Triggered Updates, das heisst, neue Routing-Informationen werden prompt als alleinige Änderung propagiert, nicht als gesamte neue Routing-Tabelle. Dies bedeutet sehr geringe Belastung der Links und Router durch Routinginformationsabgleiche. Durch die Propagierung einer Topologieänderung im Netz direkt nach deren Erkenntnis sind Netze auf Basis der Link-State-Protokolle deutlich konvergenter als die auf Basis von Distance-Vector-Protokollen. Beispiel für Link-State-Protokolle sind OSPF und IS-IS. EIGRP vereint Merkmale beider Protokollarten in sich.

17.3.4.1 RIP

Das **R**outing **I**nformation **P**rotocol (**RIP**) ist ein Distance Vector-Routing-Protokoll dessen Metrik rein auf der Basis von so genannten **Hop Counts** basiert. Dabei ist ein Hop mit der Übertragung von einer Routing-Komponente zur nächsten definiert. Weitere Entscheidungskriterien für die Metrik wie zum Beispiel die Bandbreite einer Verbindung oder die Verzögerungszeit einer Übertragung (Delay) werden in RIP nicht berücksichtigt. RIP ist das älteste Routing-Protokoll und ist in der Verfahrensweise sehr einfach aufgebaut. Es ist ein flaches, classful Routing-Protokoll, das alle Routing-Informationen im gesamten Netz propagiert. RIP unterstützt kein VLSM (Variable Length Subnet Masking) und keine manuelle Route Summarization. Die maximale Distanz für ein Netzwerk, das mit RIP arbeitet, sind 15 Hops.

17.3.4.2 RIPv2

RIPv2 ist eine erweiterte Version von RIP und unterstützt VLSM und kann neben den periodischen Updates, die typisch für Distance-Vector-Protokolle sind, auch getriggerte Updates, d. h. ausserplanmässige Veränderungen in der Topologie eines Netzwerks, propagieren. RIPv2 ist hauptsächlich in kleinen Netzen implementiert, die mit Point-to-Point Verbindungen arbeiten. Ausserdem wird es für Einwahl-Verbindungen genutzt, da in RIPv2 die Routing-Tabelle „eingefroren" werden kann, bis eine Verbindung angefordert wird und dann erst die Routing-Informationen ausgetauscht werden.
Zwei Schwächen von RIP sind allerdings auch in RIPv2 nach wie vor vorhanden: Die Hop-

Count-Limitierung auf max. 15 Hops und das Kriterium für die Berechnung der Metrik, das weiterhin nur auf dem Hop Count beruht.

17.3.4.3 IGRP/EIGRP

IGRP, das **I**nterior **G**ateway **R**outing **P**rotocol, ist ein von Cisco entwickeltes und damit proprietäres Distance-Vector-Routing-Protocol. Seine Metrik-Berechnung ist im Vergleich zu RIP um die minimale Bandbreite und die Verzögerungszeit auf einem Link komplexer. Aufgrund der reinen Distance-Vector-Funktionalität hat es recht langsame Konvergenzzeiten und kommt nur in kleinen Netzen zum Einsatz.
Die Schwächen von IGRP wurden in der erweiterten Version, dem **EIGRP**, **E**nhanced **I**nterior **G**ateway **R**outing **P**rotocol, beseitigt. EIGRP vereint sowohl Eigenschaften von Distance-Vector- als auch von Link-State-Protokollen in sich. So unterstützt EIGRP VLSM und getriggerte Updates, d. h. das sofortige Propagieren von ausserplanmässigen Veränderungen in der Topologie eines Netzwerks. Ausserdem führen Router mit EIGRP-Unterstützung Routing-Tabellen, die nicht nur die beste Route aufführen, sondern die Gesamttopologie des Netzes in sich verzeichnen. Ausserdem wird manuelle IP Adress Summarization unterstützt. Zur Metrix-Kalkulation stehen bei EIGRP folgende Parameter zur Verfügung: die Bandbreite, Verzögerung, Zuverlässigkeit, Durchsatz und die MTU. Standardmässig werden aber nur die Bandbreite und die Verzögerung zur Berechnung der optimalen Route herangezogen.
Sowohl IGRP als auch EIGRP können aufgrund der Proprietarität nur in Netzen, die auf Cisco-Hardware basieren, eingesetzt werden. Nur deren Hardware unterstützt diese Protokolle.

17.3.4.4 OSPF

Open **S**hortest **P**ath **F**irst (**OSPF**) ist ein Link-State-Protokoll und wurde für das Routing von IPv4 entwickelt. OSPF ist optimiert für den Einsatz in grossen, skalierbaren Netzen, in denen die Beschränkungen, denen RIP unterliegt, nicht akzeptabel sind. OSPF bietet bessere Konvergenzfunktionen, unterstützt VLSM und manuelle IP Adress Summarization. Die Metrik-Berechnung zur Findung der optimalen Route basiert bei OSPF auf den Pfadkosten und der Summe der Bandbreiten, die die Verbindungen zwischen dem ersten und dem letzten Wegpunkt in der Übertragung zur Verfügung stellen.
Beim Einsatz von OSPF ist eine sehr genaue Kenntnis des Netzes Grundvoraussetzung. In OSPF-Umgebungen muss ein Backbone als Area 0 definiert sein, an das alle anderen Areas als Non Backbone direkt angebunden sein müssen. Aller Routing-Verkehr zwischen Non Backbones muss über das Backbone geleitet werden. Die Grenzrouter zwischen den verschiedenen Areas werden Area Border Router genannt. Auf ihnen können IP Summaries realisiert werden, so dass die Routing-Tabellen relativ klein gehalten werden können und damit die Auslastung der Router minimiert wird.

17.4 Datenvermittlung im WAN

WANs vermitteln Daten entweder auf Basis der Leitungsvermittlung oder der Datenpaketvermittlung.

17.4.1 Leitungsvermittlung

Bei der Leitungsvermittlung sind die Vermittlungsstellen nach einem hierarchischen Ansatz gegliedert. Die Vermittlungsstellen wenig hoher Hierarchie werden den Vermittlungsstellen höherer Hierarchie linienförmig zugeordnet. Die Datenübertragung kann in solchen Netzen mit der vollen Bandbreite einer zur Verfügung stehenden Leitung realisiert werden, da für jede Kommunikation zwischen Sendern und Empfängern immer eine eigene Leitung über die verschiedenen Hierarchien hinweg aufgebaut wird. Wird die Bandbreite von der Übertragung aber nicht voll ausgenutzt, so geht die Bandbreite für die Zeit der Kommunikation verloren, da diese eine aufgebaute Leitung nur für diese eine Kommunikation verwendet werden kann. Die Verbindung ist nur für die beteiligten Kommunikationspartner reserviert (Pre-Allocation).
Vorteile der leitungsvermittelnden Übertragung sind die fast gänzlich verzögerungsfreie Übertragung, die vollständige Protokoll-Transparenz und das unkomplizierte Routing mit wenig Rechenaufwand.
Nachteilig wirkt sich die sehr lange Dauer des Verbindungsauf- und -abbaus aus. Ausserdem sind keine redundanten Pfade vorgesehen und auch die schlechte Ausnutzung der Bandbreite ist als Nachteil der leitungsvermittelnden Übertragung zu sehen.

17.4.2 Datenpaketvermittlung

Eine datenpaketvermittelnde Übertragung teilt die zu übertragende Information (die Daten) in einzelne Teilstücke, Pakete genannt, auf. Diese bekommen bei der **Einzelpaketvermittlung** vom Absender eindeutige Merkmale zur Adressierung, Sendefolge, Flusskontrolle und Fehlerkorrektur zugewiesen, um es dem Empfänger zu ermöglichen, die gesamte Informationsübertragung auszuwerten und festzustellen, ob und wann eine Übertragung vollständig abgeschlossen ist und wie aus den einzelnen Paketen die Gesamtinformation zusammenzusetzen ist. Die einzelnen Pakete werden in einem auf Zwischenspeichern beruhenden Verfahren vom Absender über verschiedene Wegpunkte (Knoten) bis zum Empfänger weitergeleitet. Jeder Knoten speichert die Pakete, prüft sie und vermittelt die geprüften Pakete dann an den nächsten Knoten weiter. Dieses Verfahren des Empfangens, Zwischenspeicherns, Prüfens und Weiterleitens nennt man auch **Store and Forward**.
Datenpaketvermittelnde Übertragungsverfahren haben deutlich geringere Übertragungszeiten als leitungsvermittelnde Übertragungsverfahren, vor allem aufgrund der geringeren Verbindungsauf- und -abbauzeiten. Ausserdem ist die Bandbreitenausnutzung optimiert und es können redundante Pfade genutzt werden. Nachteilig ist die höhere Fehleranfälligkeit.

17.5 Übertragungsverfahren im WAN

17.5.1 Synchrone Übertragungsverfahren

Synchrone Übertragungsverfahren übertragen Daten innerhalb vorgegebener Zeitintervalle. Diese Zeitintervalle werden anhand eines Taktsignals synchronisiert. Jede angeschlossene Endstation liest das Taktsignal im Header des Datenpakets aus und ordnet sich diesem unter. Synchrone Übertragungsverfahren sind schneller und effektiver als die im Vergleich dazu ungeordnet ablaufenden asynchronen Übertragungsverfahren.

17.5.2 Asynchrone Übertragungsverfahren

Asynchrone Übertragungsverfahren haben im Vergleich zu synchronen Übertragungsverfahren kein vorgegebenes Taktsignal. Die Datenpakete asynchroner Übertragungsverfahren haben zur Fehlererkennung Start- und Stopp-bits. Ist die Differenz bei der Ankunft beim Empfänger zwischen einem Start- und einem Stopp-bit länger, als diese es noch beim Absender war, so entsteht ein Übertragungsfehler.

17.6 WAN-Technologien

Generell basieren WAN-Technologien auf den unteren drei Schichten des OSI-Referenzmodells: Dem Physical, dem Data Link und dem Network Layer. Die Services werden in der Regel via einer der folgenden Technologien bereitgestellt:
- Durch Leased Lines (Standleitungen)
- Durch Circuit Switching
- Durch Packet Switching
- Durch Cell Switching

Alle aufgeführten Switching-Verfahren basieren auf der Basis virtueller Kanäle, wobei die Kanalzugehörigkeit eines Datenpakets jeweils vom Service Provider anhand der Informationen im Paket auszulesen sein muss.

17.6.1 Leased Lines

Standleitungen sind Punkt-zu-Punkt-Verbindungen, die dauerhaft für Datenübertragungen reserviert sind. Sie werden nicht nur aufgebaut, wenn eine Übertragung getätigt werden muss, sondern sind permanent geschaltet, ganz gleich ob Daten fliessen oder nicht. Bei Leased Lines empfiehlt es sich daher die Bandbreitennutzung nach Möglichkeit so weit als möglich zu optimieren um einen optimalen Return of Investment zu garantieren. Der Carrier der Leased Line errichtet eine Verbindung entweder über eine physikalische Verbindung oder über einen zugewiesenen Kanal, wobei entweder Frequenz-Modulation oder das Zeitmultiplexing zum

Einsatz kommen. In der Regel ermöglichen Leased Lines synchrone Datenübertragung.

17.6.2 Circuit-Switched-Netzwerke

Circuit-Switched-Netzwerke stellen für die Zeit der Übertragung eine dedizierte Verbindung zwischen Sender und Empfänger zur Verfügung. So laufen zum Beispiel Analog-Verbindungen über das Telefonnetz (PSTN) über Circuit-Switched-Netzwerke. Während der Dauer der Verbindung steht die Leitung keiner weiteren Verbindung zur Verfügung, auch wenn die verfügbare Bandbreite nicht voll genutzt wird. Weitere Beispiele für Circuit-Switched-Verbindungen sind ISDN und asynchrone serielle Verbindungen.

17.6.3 Packet- und Cell-Switched-Netzwerke

In Packet- und Cell-Switched-Netzwerken kreiert der Carrier permanente Virtual Circuits (PVCs) oder aber geswitchte Virtual Circuits (SVCs). In diesen Netzen teilen sich die Benutzer die zur Verfügung stehenden Ressourcen und nutzen für ihre Datenübertragung verschiedene Wege durch das Netz. Dies ermöglicht es dem Carrier seine Infrastruktur besser auszulasten als bei Punkt-zu-Punkt Verbindungen und damit den Return of Investment für alle Beteiligten zu optimieren. Dieser Aufbau findet Anwendung in Netzen die X.25, Frame Relay oder auch SMDS (Switched Multimegabit Data Service) nutzen sollen.
ATM ist eine Technologie, die nur in reinen Cell-Switched Netzwerken zum Einsatz kommt. ATM teilt digitale Daten in Zellen fest definierter Grösse auf und überträgt sie über ein physikalisches Medium unter Nutzung digitaler Signal-Technologie. ATM-Zellen können entweder asynchron, gequeued oder aber unter Nutzung eines Multiplexing-Verfahrens übertragen werden.

17.6.4 Digital Subscribe Line (DSL)

DSL ist eine Übertragungstechnologie, die hohe Übertragungsraten über die traditionelle Telefonverkabelung ermöglicht. Die vier Varianten von DSL sind die Asymetric Digital Subscriber Line (ADSL), die High-Data-Rate Digital Subscriber Line (HDSL), die Single-Line Digital Subscriber Line (SDSL) und die Very-High-Data-Rate Digital Subscriber Line (VDSL). Aufgrund der Tatsache, dass DSL und die Telefonübertragung auf der Basis unterschiedlicher Frequenzen arbeiten, können beide Datenströme parallel zueinander übertragen werden. Die gebräuchlichste DSL-Variante ist das ADSL.
ATM und DSL werden in einem Folgeabschnitt nochmals näher beschrieben.

17.7 Datenübertragung im WAN

17.7.1 Analoge Datenübertragung im WAN

Das wohl umfangreichste und jedem bekannte WAN ist das öffentliche Telefonnetz. Über Wählverbindungen wird in diesem Netz vor allem die Sprachkommunikation abgewickelt. Die Nutzung dieses Netzes zum Übertragen von Daten mittels Modem oder in Form von Fax-Transfer wird auch weiterhin seine Bedeutung behalten.

17.7.2 Digitale Datenübertragung im WAN

17.7.2.1 Integrated Services Digital Network - ISDN

ISDN vereinigt die Nutzung von Sprache, Text, Bildern und Daten in einem einzigen Netz. Mit nur einem ISDN-Anschluss können somit verschiedene Telekommunikationsdienste genutzt werden, wie z.B. Telefon, Fax, Dateitransfer etc. Die hohe Übertragungsgeschwindigkeit, die störungsfreie Datenübertragung, der schnelle Verbindungsaufbau und die wachsende Verbreitung machen ISDN nicht nur für Neueinsteiger im Bereich der Datenkommunikation interessant, sondern auch für Anwender, die bisher auf analoge Modemlösungen angewiesen waren. ISDN verwendet die bereits verlegten Telefonleitungen zum Endgerät. Der wesentliche Unterschied zum bisherigen Telefonnetz besteht darin, dass Signale bis zum Teilnehmer durchgehend digital übertragen werden. Der Datenverkehr zwischen den Hauptvermittlungsstellen und den Ortsvermittlungsstellen ist bereits vollständig digital.

17.7.2.1.1 Kompatibilität

Wird eine Verbindung zwischen zwei ISDN-Endgeräten hergestellt, so werden dazu zunächst Steuerinformationen im D-Kanal übertragen. Darin enthalten ist zum Beispiel die Nummer des Anrufers, die dann bei einem ISDN-Telefon im Display angezeigt wird, sowie Informationen über die Art des gewünschten Dienstes (z.B. Sprache oder Fax) und weitere Angaben, die zum Aufbau der Verbindung zwischen den beiden ISDN-Stellen nötig sind. Nach der Einführung von ISDN entwickelten sich unterschiedliche Standards für die Protokolle, die bei der Übertragung der Steuerinformationen im D-Kanal verwendet werden. Dies führte zum Beispiel dazu, dass in Deutschland heute zwei D-Kanal-Protokolle im ISDN vorhanden sind: Zum einen die nationale Lösung 1TR6 und zum anderen das europäische Protokoll DSS1 oder auch E-DSS1. Man spricht hier vom Euro-ISDN-Protokoll, obwohl es mittlerweile auch in vielen nichteuropäischen Ländern eingesetzt wird. Weltweit ist die Zahl der Netzbetreiber, die Euro-ISDN anbieten, auf über 30 angewachsen, davon 20 in Europa. Während man beim Telefonieren keinerlei Probleme zu erwarten hat, wenn die D-Kanal-Protokolle der Standorte unterschiedlich sind, gibt es unter Umständen Probleme, wenn Daten übertragen werden sollen oder wenn bestimmte Dienstmerkmale oder Leitungstypen im ISDN benötigt werden, die jedoch nur national verfügbar sind. Mittlerweile hat sich Euro-ISDN in vielen Ländern durchgesetzt, so dass bei Neuinstallationen mit ISDN dieser Verbindungstyp eingesetzt werden sollte.

17.7.2.1.2 Verbindungstypen

Innerhalb von ISDN kann man zwischen folgenden Verbindungstypen unterscheiden: Bei der **ISDN-Wählverbindung** wird ein B-Kanal für einen ISDN-Dienst durch den Wählvorgang zu einem beliebigen ISDN-Teilnehmer bereitgestellt. Wählverbindungen sind auch zu anderen Netzen möglich (analoges Telefonnetz, Mobilfunk, X.25). Digitale **Festverbindungen** stellen permanent geschaltete digitale 64 Kbit/s-Kanäle bereit. Es können maximal 30 B-Kanäle (PRI) pro Anschluss bereitgestellt werden. Diese exklusiven Festverbindungen können sowohl mit Steuerkanal als auch ohne genutzt werden.

17.7.2.1.3 CAPI

CAPI steht für Common ISDN Application Interface und wurde mit dem Ziel entwickelt, eine einheitliche Schnittstelle zwischen der Anwendungssoftware und dem ISDN-Endgerät (z.B. ISDN-Karte) zu schaffen. CAPI ermöglicht prinzipiell die Nutzung jeder ISDN-Karte mit CAPI-Unterstützung mit jeder ISDN-Anwendungssoftware, die ebenfalls CAPI unterstützt. Federführend bei der Entwicklung von CAPI waren hauptsächlich deutsche Firmen der ISDN-Branche und die Deutsche Telekom. In der Praxis kommen momentan zwei CAPI-Versionen zum Einsatz. CAPI-Version 1.0 und 1.1 ist auf PC-basierende ISDN-Lösungen zugeschnitten und wird von nahezu allen PC-basierenden ISDN-Karten unterstützt. Die neuere Version CAPI 2.0 bringt als wesentliche Verbesserung die Unterstützung beliebiger Plattformen. Die Plattformunabhängigkeit ist mit ein Grund, warum zum Beispiel Windows NT in den Remote Access Services (RAS) CAPI 2.0 verwendet.

17.7.2.1.4 Kommunikation via ISDN mit analogen Gegenstellen

Falls sich die Gegenstelle im analogen Telefonnetz befindet, etwa wenn es sich um ein analoges Modem oder um einen analogen Zugang zu einem Netzwerk handelt, so gestaltet sich die Datenkommunikation wesentlich schwieriger. Die Verbindung mit analogen Gegenstellen funktioniert nur, wenn dies vom ISDN-Endgerät unterstützt wird. Einige ISDN-Karten oder ISDN-Terminaladapter haben daher einen eingebauten analogen Modemchip oder digitalen Signalprozessor (DSP), der eine Nutzung wie ein analoges Modem gestattet. Die Kommunikation mit analogen Faxgeräten ist jedoch auch mit ISDN-Karten möglich, die keinen Modemchip besitzen, wenn eine entsprechende Faxsoftware für diese Karte verfügbar ist. Diese Software bereitet dann die digitalen Daten für das analoge Faxgerät auf. Allerdings ist diese Methode aufwendig und kann unter Umständen zu Fehlern in der Faxübertragung führen.

17.7.2.1.5 Kommunikation via ISDN mit digitalen Gegenstellen

Befindet sich auf der Gegenseite ein digitales Endgerät wie zum Beispiel ein PC mit ISDN-Karte oder ein digitales Faxgerät (Fax Gruppe 4) oder handelt es sich um einen ISDN-Zugang zu einem Netzwerk oder zu einem Dienstleistungsanbieter (Datex-J-Dienst, CompuServe, Internet-Provider), so erfolgt der Datenaustausch im ISDN-B-Kanal gewöhnlich entweder nach X.75- oder V.110-Norm. Das X.75-Protokoll nutzt die Bandbreite des ISDN voll aus, dabei beträgt die Datenübertragungsrate 64.000 bit/s pro ISDN-B-Kanal. Handelt es sich um eine Gegenstelle, die weniger als 64.000 bit/s zulässt, so muss die Datenrate angepasst werden. Man spricht daher von der Bitratenadaption. Dabei werden zwischen der benötigten Bitrate und den 64000 bit/s Maximaldatenübertragung Füllbits eingefügt. Dieses Verfahren ist in der Norm V.110 für 2400 bis 38400 bit/s definiert. Absolute Flexibilität in der ISDN-Kommunikation zu digitalen Gegenstellen kann nur durch Nutzung von Hardware erreicht werden, die beide Standards unterstützt.

17.7.2.2 Digitale Multiplexhierarchien

17.7.2.2.1 Plesiochronous Digital Hierarchy (PDH)

Die plesiochrone digitale Hierarchie (PDH) definiert eine digitale Übertragungstechnik für die Übertragung zwischen Knoten, die nicht identisch getaktet, also asynchron sind. PDH wurde 1972 von der damaligen CCITT genormt und hat verschiedene Bitraten, die alle auf der Grundbitrate von 64 Kbit/s aufbauen. Diese Grundbitrate wird in G.702 der ITU-T definiert und wird auch als E-0-Schnittstelle bezeichnet. Die PDH wird mittlerweile in neuen Installationen von der synchronen digitalen Hierarchie (SDH) abgelöst. Die europäische digitale Multiplex-hierarchie PDH arbeitet auf Basis einer Grundbitrate von 64 Kbit/s je Schnittstelle. Diese Grundbitrate wird auch als E-0-Schnittstelle bezeichnet. Weitere E-X-Schnittstellen definieren sich dank einer Multiplexhierarchie, bei der die höherwertige Schnittstelle das Vierfach-Multiplex der niederwertigeren Schnittstelle bildet.

17.7.2.2.2 PDH-Standards

G.703

Die ITU-Empfehlung G.703 beschreibt eine Leitungsschnittstelle, die ab Übertragungsgeschwindigkeiten von 64 Kbit/s aufwärts verwendet wird. Es handelt sich um eine bitorientierte digitale Schnittstelle für die Übertragung von unstrukturierten Datenströmen. Das unstrukturierte G.703 wird in der Regel für Übertragungen mit der maximal mit G.703 möglichen Übertragungsrate von 2 Mbit/s verwendet, diese Übertragungsrate kann aber auch nur zu Teilen ausgenutzt werden. Unstrukturiert heisst in diesem Zusammenhang, dass alle 32 zur Verfügung stehenden 64 Kbit/s-Datenkanäle zu einem Datenkanal mit 2 Mbit/s zusammenge fasst werden.

G.703 wird meistens zur Verbindung von Kommunikationsequipment wie Routern oder Multiplexern verwendet. Die Übertragung erfolgt entweder über Balanced (120 Ohm Twisted Pair) oder Unbalanced (Dual 75 Ohm Coax) Kabel. Am weitesten verbreitet ist der Balanced Service. Ausnahmen stellen die Niederlande und U.K. dar.

G.704

G.704 ist die strukturierte Version von G.703. G.704 arbeitet exakt wie G.703, nur dass hier alle 32 zur Verfügung stehenden 64 Kbit/s-Datenkanäle (auch Zeitschlitze) einzeln für Übertragungen genutzt werden. Zeitschlitz 0 ist bei G.704 allerdings für die Synchronisation reserviert.

17.7.2.2.3 PDH Multiplexing

Zur Erhöhung der Bandbreite können 32 E-0-Leitungen zu einer E-1-Schnittstelle zusammengefasst werden. Man spricht dann von Multiplexing. Als Resultat des Multiplexings können die Daten mehrerer Leitungen ohne Durchsatz-Reduzierung über nur eine Leitung weitergesendet werden. Die E-1-Übertragungsschnittstelle (auch CEPT1) ist das Primary Rate Interface (PRI) der digitalen Multiplexhierarchie PDH in Europa und damit die erste Stufe des Multiplexings. Sie überträgt bis zu 2.048 Kbit/s bzw. 2 Mbit/s. Diese 2.048 Kbit/s setzen sich aus 32 E-0-Nutzkanälen zur Übertragung von Sprache und Daten á 64 Kbit/s zusammen. Als Variationen von E-Schnittstellen sind dank Multiplexing folgende Steigerungen möglich:
E-2: Eine Strecke, über die vier E-1-Leitungen zusammengefasst in einer Leitung mit einem Datendurchsatz von 8.448 Millionen bit pro Sekunde (MbpS) übertragen werden.
E-3: Eine Strecke, über die vier E-2-Leitungen zusammengefasst in einer Leitung mit einem Datendurchsatz von 34.368 Millionen bit pro Sekunde (MbpS) übertragen werden.
E-4: Eine Strecke über, die vier E-3-Leitungen zusammengefasst in einer Leitung mit einem Datendurchsatz von 139.264 Millionen bit pro Sekunde (MbpS) übertragen werden.
E-5: Eine Strecke über, die vier E-4-Leitungen zusammengefasst in einer Leitung mit einem Datendurchsatz von 565.148 Millionen bit pro Sekunde (MbpS) übertragen werden.
„Plesiochron“ ist gleichbedeutend wie „quasi synchron“. Dies gibt einen Hinweis darauf, dass bei PDH in den unterschiedlichen Multiplexstufen gewisse unvermeidliche Taktabweichungen auftreten. Diese Taktabweichungen werden zur Taktangleichung in den oberen Hierarchiestufen durch Füllbits ausgeglichen.

17.7.2.2.4 Multiplex-Verfahren

Multiplexing kann auf fünf verschiedene Arten durchgeführt werden: Raummultiplex, Frequenzmultiplex, Zeitmultiplex, Codemultiplex und Wellenlängenmultiplex.

17.7.2.2.4.1 Raummultiplex

Beim Raummultiplex (engl. Space Division Multiplexing (SDM)) werden die physikalischen Übertragungsmedien in einem Frequenzband oder Kabel zusammengefasst. In Bezug auf die digitale Übertragung wird das Raummultiplex zum Beispiel bei der Zusammenfassung mehrerer ISDN-Anschlüsse an einer Ortsvermittlungsstelle in einem Primary Rate Interface angewandt.

17.7.2.2.4.2 Frequenzmultiplex

Im Frequenzmultiplex (engl. Frequency Division Multiplexing (FDM)) wird ein breites Frequenzband in mehrere kleinere Frequenzbänder aufgeteilt, die alle parallel zueinander, aber unabhängig voneinander Daten übertragen können. Einsatz findet das FDM zum Beispiel in telegraphischen Verbindungen. FDM ist heute kaum mehr im Einsatz, da es vom Zeitmultiplex abgelöst wurde.

17.7.2.2.4.3 Zeitmultiplex

Beim Zeitmultiplex (engl. Time Division Multiplexing (TDM)) werden die einzelnen Sendungsanforderungen nacheinander abgearbeitet. Jeder Kanal bekommt für die Sendung seiner Daten einen Zeitschlitz zugeordnet. Ist der Zeitschlitz überschritten, wird die Übertragung abgebrochen und der nächste Kanal bekommt für die Zeitdauer eines Zeitschlitzes das Senderecht. Beim TDM wird wiederum zwischen synchronem Zeitmultiplex (engl. Synchronous Time Division Multiplexing (STD)) und asynchronem Zeitmultiplex (engl. Asynchronous Time Division Multiplexing (ATD)) unterschieden. Das Synchronous Time Division Multiplex-(STD)Verfahren definiert Übertragungsrahmen, die jeweils aus einer bestimmten Anzahl von Zeitschlitzen fester Grösse bestehen. Jeder Benutzer bekommt einen ganz bestimmten Zeitschlitz innerhalb des Übertragungsrahmens zugeordnet, während dem er Senden bzw. Empfangen kann.
Das Asynchronous Time Division Multiplex-(ATD)Verfahren überträgt die zu übertragenden Daten asynchron in Informationseinheiten fester oder variabler Länge. Die Zuordnung der Informationseinheiten erfolgt über Kanal-Identifikations-Nummern, sog. Channel Identifier, mit denen jedes Paket versehen wird. ATD wird daher auch als Adressen-Multiplex bezeichnet. Werden bei der Übertragung Datenpakete mit fester Länge eingesetzt, spricht man von Cell Switching, bei variabler Paketlänge hingegen von Datenpaketvermittlung.

17.7.2.2.4.4 Codemultiplex

Das Codemultiplex (engl. Code Division Multiplexing (CDM)) ermöglicht das gleichzeitige Senden von Daten mehrerer Sender über ein Medium (Frequenz oder Kanal). Ermöglicht wird dies durch die individuelle Codierung der Daten durch Bitmuster je Sender, die es dem

Empfänger ermöglichen, aus dem entstehenden Datengemisch anhand des Codes die ursprüngliche Information wieder herzustellen. CDM findet in UMTS Anwendung.

17.7.2.2.4.5 Wellenlängenmultiplex

Das Wellenlängenmultiplex (engl. Wave Division Multiplexing (WDM)) wird bei der Übertragung über Lichtwellenleiter eingesetzt. Beim WDM werden unterschiedliche Lichtwellenlängen parallel zueinander als ein Lichtstrom übertragen. Die gleichzeitige Übertragung kann sogar im Voll-Duplex-Modus durchgeführt werden.

17.7.2.2.5 Synchronous Digital Hierarchy (SDH)

SDH, in der amerikanischen Variante SONET, ist eine flexible, transparente Multiplexstruktur und zeichnet sich durch seine hohe Verfügbarkeit und Sicherheit aus. Über SDH können Übertragungsraten zwischen 155 Mbit/s bis zu 40 Gbit/s realisiert werden. Im Vergleich zu PDH bringt SDH die Vorteile der Bündelung mehrerer niedrigerer Übertragungsraten (z.B. 2 Mbit/s) in einen höheren Übertragungsrahmen. Für die Informationsübertragung nutzt SDH STM-Signale (Synchronous Transport Module), die im STM-Basis-Datenrahmen STM-1 mit 155 Mbit/s übertragen werden. Die höheren Übertragungsraten lassen sich dank Multiplexing realisieren. Das Taktsignal ist bei SDH, im Vergleich zum Taktsignal bei PDH, durch einen einheitlich zentral erzeugten Netztakt geregelt. Dadurch folgen alle Hierachiestufen demselben Takt und es kann direkt auf tiefer gelegene Hierarchiestufen zugegriffen werden, ohne dass alle Multiplexstufen durchlaufen werden müssen. Dieses direkte Zugreifen wird über die STM-Transporteinheiten realisiert.

17.7.2.2.5.1 SDH Multiplexing

Der STM-Basis-Datenrahmen STM-1 ermöglicht eine Datenübertragungsrate von 155 Mbit/s. Eine Erhöhung der Datenrate erfolgt immer durch die Vervierfachung der niedereren Multiplexhierarchie. Daraus ergeben sich folgende Datenübertragungsraten:
STM-4 mit 622 Mbit/s Übertragungsrate als zweite Hierarchiestufe
STM-16 mit 2,5 Gbit/s Übertragungsrate als dritte Hierarchiestufe
STM-64 mit 10 Gbit/s Übertragungsrate als vierte Hierarchiestufe
STM-256 mit 40 Gbit/s Übertragungsrate als fünfte Hierarchiestufe

17.7.3 Serielle Schnittstellen im WAN

Serielle Schnittstellen werden oft für Standleitungsanbindungen in WANs genutzt. Die gebräuchlichsten werden im Folgenden beschrieben.

17.7.3.1 V.24

V.24, entwickelt von der ITU, ist eine Schnittstelle, die über 15 Meter 20 Kbit/s überträgt. Sie ist die wohl am meisten verbreitete Technologie zum Anschluss von Data Terminal Equipment (DTE), der ersten oder aber letzten Einheit in einer Kommunikation, die in der Regel mit einem Telekommunikationsanschluss (z.B. einem Modem) angebunden ist. Dabei ist V.24 unabhängig von der Art der Übertragung. Sowohl synchrone als auch asynchrone Übertragungen werden unterstützt. Die physikalische Schnittstelle ist der Miniatur D-Sub Steckverbinder mit 25 Polen.

17.7.3.2 RS-232

RS-232 ist die serielle, bidirektionelle Schnittstelle, die als Basis auf den funktionalen Eigenschaften von V.24 aufbaut und asynchron Daten überträgt. RS-232 definiert die serielle Übertragung sowohl im Halb-Duplex-, als auch im Voll-Duplex-Modus. RS-232 ist für zwei serielle Kanäle beschrieben, die beide unabhängig voneinander aktiv sein und gleichzeitig Senden und Empfangen (Voll-Duplex) können. In der Praxis wird RS-232, das in der aktuellen Version vollständig RS-232-C heisst, für die Kommunikation eines Rechners mit einem anderen Rechner oder einem anderen seriellen Gerät verwendet. Da der Computer intern einen parallelen Datenstrom nutzt, spezifiziert RS-232, wie diese parallelen Datenströme vom Universal Asynchronous Receiver/Transmitter (UART) Chip am Data Terminal Equipment (DTE) Interface am Rechner in einen seriellen Datenstrom umgewandelt werden, der dann seriell, immer nur ein bit nach dem anderen, zu einem anderen Rechner gesendet wird. Als DTE des Rechners kommuniziert der UART auch mit anderen seriellen Geräten, die dann das Gegenstück zum DTE als Kommunikationsschnittstelle haben: das Data Communication Equipment (DCE), welches zum Beispiel Modems und Router nutzen.

17.7.3.3 X.21

X.21 ist der ITU-T-Standard für den Zugriff auf digitale Netze. Er gilt für alle paketvermittelnden und leitungsvermittelnden Netze, aber auch für Standleitungen, mit digitalem Zugang. Dabei gilt X.21 sowohl für symmetrische als auch für asymmetrische Signalleitungen. Mit X.21 können Durchsatzraten von bis zu 10 Mbit/s erreicht werden, in der Regel werden aber 2 Mbit/s-Standleitungen über X.21 aufgebaut. Die standardmässige Schnittstelle für X.21 ist ein 15-poliger Steckverbinder.

17.7.3.4 V.35

V.35 arbeitet mit Bandbreiten grösser 19.2 Kbit/s und wird ebenfalls als Schnittstelle zwischen paketorientierten Datennetzen und Zugangsequipment zu diesen Netzen verwendet. Mit V.35 können mehrere Telefonleitungen zusammengefasst werden.

17.7.4 X.25 und Frame Relay

17.7.4.1 X.25

Der wohl bekannteste Standard für paketvermittelnde Übertragungsverfahren ist **X.25**. X.25 wurde von der ITU-T entwickelt. Die ITU-T beschreibt in ihrer Empfehlung für X.25 den synchronen Betrieb einer datenpaketvermittelnden Endstation an einem öffentlichen Netz. Dabei berücksichtigt sie auch den zeitlichen Ablauf und das Übertragungsformat für X.25-Übertragungen. Die Empfehlung der ITU-T orientiert sich an den drei untersten Schichten im OSI-Referenzmodell. In X.25 Schicht 1 erfolgt der physikalische Anschluss und die eigentliche Bitübertragung. In Schicht 2 die Leitungssicherung und Kontrollschemata für die Prüfung und Fehlererkennung der Übertragung. In Schicht 3 für X.25-Übertragungen werden Aufbau und Abbau der Verbindung und der Anschluss der Endsystemeverbindungen für die höheren Anwendungsschichten definiert. Diese Schnittstelle zwischen der dritten Schicht und der im OSI-Modell darüberliegenden Transportschicht heisst Network Service Access Point (NSAP). Bei X.25 werden zwischen den angeschlossenen Endstationen bis zu 4.096 virtuelle Verbindungen aufgebaut, die auf maximal 16 logische Kanäle aufgeteilt sind. Diese Verbindungen sind entweder permanent (Permanent Virtual Circuit) aufgebaut oder dynamisch schaltbar (Switched Virtual Circuit). X.25-Dienste eignen sich insbesondere für die Kopplung lokaler Netze mit X.25-fähigen Remote Routern. Die wesentlichen Vorteile liegen in der kurzen Verbindungsaufbauzeit von einer Sekunde und der guten Übertragungsqualität. Übertragungsgeschwindigkeiten von 300 bis 64000 bit/s sind möglich. Zum Zweck der Datenübertragung über X.25 gibt es eigene Datennetze, z.B. Datex-P in Deutschland, Telepac in der Schweiz, Datanet 1 in den Niederlanden oder ISTEL, British Telecom.

17.7.4.2 Frame Relay

Frame Relay ist ein X.25-ähnliches Übertragungsverfahren, das sich durch einen vergleichsweise geringen Protokoll-Overhead auszeichnet. Im Gegensatz zu X.25 arbeitet Frame Relay nur auf den Ebenen 1 und 2 des ISO/OSI-Modells. Das Protokoll kümmert sich damit nicht mehr selbst um die korrekte Zustellung von Datenpaketen, sondern legt die Verantwortung hierfür in die Hände der Endgeräte. Die von X.25 bekannten Probleme der Effizienz werden somit durch die Verlagerung der Fehlerkorrektur auf obere Protokollschichten umgangen. Es werden auch bedeutend höhere Datenraten als bei X.25 ermöglicht. Damit eignet sich Frame

Relay sehr gut, um den Durchsatz im WAN zu verbessern. Im Vergleich zu Standleitungen bringt Frame Relay immer dann wirtschaftliche Vorteile, wenn die Punkt-zu-Punkt-Verbindung nur ungenügend ausgelastet ist. Je nach Land kann die Frame-Relay-Technik in unterschiedlichen privaten oder öffentlichen Netzen eingesetzt werden, so z.B. im Datex-M-Dienst der Deutschen Telekom. Für den Netzzugang wird das SNI (Subscriber Network Interface) als Netzwerkabschluss eingesetzt. Der Small-Entry-Anschluss beginnt bei 64 Kbit/s, die nächste Kategorie bei 2 Mbit/s (E-1). Die Standardschnittstelle zu Router oder Bridge ist in solchen Fällen X.21. Die höchste Geschwindigkeitsklasse erreicht derzeit 34 Mbit/s nach dem Standard E3. Obwohl Frame Relay deutliche Vorteile gegenüber X.25 bietet, ist diese Technik für die Unterstützung zeitkritischer Anwendungen wie Sprach- und Videoübertragung weniger geeignet. Noch bis vor einigen Jahren stellte dies kein Problem dar, da Sprach-, Bild- und Datennetze ohnehin getrennt errichtet wurden. Seit jedoch Multimedia-Anwendungen wie Videoconferencing und Videodistribution sowohl in LAN- als auch in WAN-Netzwerken immer häufiger genutzt werden, ist die Integration von Audio- und Videoinformation in das bislang nur für Datenübertragungen verwendete Netzwerk erforderlich. Hier kommt vor allem das paketvermittelnde Übertragungsverfahren ins Spiel - der Asynchrone Transfer Modus ATM.
Es gibt verschiedene Anbieter für Frame-Relay-Verbindungen. Diese Anbieter unterscheiden sich deutlich im Preis, aber teilweise noch deutlicher in der Leistung. Es ist in diesem Markt keinesfalls üblich, dass zugesagte CIRs (Committed Information Rates) auch wirklich zur Verfügung gestellt werden oder dass Round Trip Delays in vernünftigen Bereichen liegen.
Ehe man sich für einen Frame-Relay-Anbieter entscheidet, sollte man genau prüfen, wie gut dessen Netz ist, und sich vertraglich zusichern lassen, was bei Nichteinhaltung zugesicherter Eigenschaften passiert.

17.7.5 Asynchronous Transfer Mode (ATM)

Asynchronous Transfer Mode (ATM) ist eine schnelle, dienstorientierte, asynchrone, paketvermittelnde Übertragungstechnologie, welche hauptsächlich für den Einsatz in Weitverkehrsnetzen entwickelt wurde. Allerdings hat ATM auch in einigen lokalen Netzen Einzug gehalten.

17.7.5.1 Datenübertragung in ATM-Netzen

In der Regel ist es unerheblich, ob ein Filetransfer eine Sekunde länger oder kürzer dauert. Anders ist dies bei zeitkritischen Daten wie Audio und bewegten Bildern. Schon eine kleine Verzögerung im Audio-Datenstrom bewirkt ein hörbares Aussetzen oder Knacken und bei Videoinformation ist ein ungleichmässiger Bildablauf das unweigerliche Ergebnis. Sollen also multimediale Daten in das Netzwerk integriert werden, so müssen sämtliche beteiligten Hardware- und Softwarekomponenten ein berechenbares Echtzeitverhalten aufweisen. ATM bietet diesen Service und ist damit eine Technologie für Multimedia-Anwendungen. Der Schlüssel zu ATM liegt allerdings in der Übertragungsgeschwindigkeit, die bis hinauf in den

Gigabit-Bereich reicht. Netzwerkmanager drängen ihre Lieferanten und Systemintegratoren zu Lösungen für Ihre Bandbreitenprobleme im Backbone. Hier stellt ATM eine zukunftsträchtige Investition dar und wird sich weiter von einer Highend-Technologie zur alltäglichen Lösung hinbewegen. Unternehmen sollten sich über den Markt informieren und Migrationswege ausloten, die den Anwender zu ATM hinführen. Zur Geschwindigkeit kommt die Skalierbarkeit von ATM, worunter man die Möglichkeit der flexiblen Bereitstellung der jeweils erforderlichen Bandbreite versteht. Die heutige Generation von ATM Switches etwa unterstützt typischerweise 155 Mbit/s beziehungsweise 622 Mbit/s pro Port. Aber auch dies ist noch längst nicht die Obergrenze: Geschwindigkeiten im Multi-Gigabit-Bereich sind im ATM realisierbar. ATM ist die erste Netzwerktechnik, die LANs und WANs nahtlos integrieren kann. Dies macht zusätzliche Gateways überflüssig, die von LAN- auf WAN-Protokolle umsetzen.
Bei ATM werden alle Arten von Informationen, also Audio-, Video- und Dateninformationen, in Paketen mit fester Länge (53 Bytes) befördert, die als Zellen bezeichnet werden (cell relay). 48 Bytes stehen für Nutzdaten zur Verfügung, 5 Bytes sind für Kontrollinformationen reserviert. Aus dieser Datenstruktur resultieren einige wesentliche Eigenschaften von ATM. Durch die einheitliche Länge aller Zellen entsteht eine kalkulierbare Verzögerung bei der Übertragung beliebiger Informationen, wodurch auch bei mehreren konkurrierenden Datenströmen für die einzelnen Anwendungen garantierte Bandbreiten vergeben werden können. Das von anderen Topologien bekannte Problem längerer Pakete, die z.B. bei Filetransfers auftreten und andere Anwendungen blockieren, tritt durch die Zellstruktur bei ATM nicht auf. Sehr kurze Blöcke eignen sich besser für die Sprachübertragung, lange Blöcke für den Transfer von Daten und bewegten Bildern. Mit der Zellengrösse bei ATM hat das ATM-Forum einen salomonischen Kompromiss gefunden, der prinzipiell für alle Dienste geeignet ist. Da nun die meisten Informationen nicht in einer einzelnen ATM-Zelle unterzubringen sind, werden die unterschiedlich langen Pakete höherer Netzwerkschichten mit dem Anpassungsmechanismus **SAR** (**S**egmentation **a**nd **R**eassembly) des sendenden ATM-Adapters auf ATM-Zellen aufgeteilt und am Ziel wieder zusammengesetzt.

Die Übertragung selbst beruht auf dem Prinzip der virtuellen Verbindung, das auch paketvermittelnden Netzen wie X.25 zugrunde liegt. Bei diesem Prinzip werden keine festen Kanäle zwischen den beteiligten Endeinrichtungen geschaltet. Vielmehr werden die Zellen einer bestimmten Verbindung dann, wenn sie erzeugt werden, auf einem vorher festgelegten Weg durch das Netz transportiert. Dadurch können die Betriebsmittel in den Netzelementen effizient für mehrere Verbindungen eingesetzt werden. ATM kennt sowohl Festverbindungen (**PVCs**, **P**ermanent **V**irtual **C**ircuits) als auch geschaltete Verbindungen (**SVCs**, **S**witched **V**irtual **C**ircuits). Dabei kann es sich wiederum um virtuelle Punkt-zu-Punkt- oder Punkt-zu-Mehrpunkt-Verbindungen handeln.
Verbindungen können mit einer gewissen Betriebsgüte **QoS** (**Q**uality **o**f **S**ervice) aufgebaut werden. Jedem an ATM angeschlossenen Gerät kann durch die erwähnten PVCs oder SVCs statisch oder dynamisch die benötigte Bandbreite zugeordnet werden, wobei diese nur durch

die Kapazität der ATM-Hardware begrenzt ist. Nach erfolgtem Verbindungsaufbau hat man die Gewissheit, die Bandbreite des angeforderten Übertragungskanals alleine nutzen zu können, ohne von anderen sendewilligen Stationen gestört oder sogar unterbrochen zu werden.

Dabei wird versucht, den jeweiligen Anforderungen bestmöglich gerecht zu werden. Grundsätzlich bietet ATM hier drei verschiedene Kategorien von Diensten an: garantierte Dienste, vorhersagbare Dienste oder Dienste, die eine jeweils verfügbare Bitrate bestmöglich nutzen. Eine garantierte Verbindung wird für die Unterstützung konstanter Bitraten (**CBR**, **C**onstant **B**it **R**ate) benötigt, bei der alle Zellen zuverlässig mit nur geringfügiger Zeitabweichung an den Bestimmungsort übertragen werden müssen, wie etwa bei Sprachinformation. Es existieren aber auch Anwendungen mit variablen Bitraten, beispielsweise Filetransfer und E-Mail, für die ein Service, der die verfügbaren Bitraten bestmöglich nutzt, ausreichend ist. Dabei gibt es keine festen Garantien. Die Zellen werden vielmehr einfach auf der Bandbreite, die Verbindungen mit höherer Priorität noch übrig lassen, bestmöglich übertragen. In der Spezifikation des ATM-Forums sind diese Dienste unter dem Begriff Traffic Management subsumiert.

17.7.5.2 Schnittstellen

Sowohl für Weitverkehrsnetze (WAN) als auch für Lokale Netze (LAN) sind eine Vielzahl von ATM-Übertragungsschnittstellen definiert. Die Übertragungsgeschwindigkeiten für die physikalischen Medien reichen dabei von 1,5 Mbit/s bis zu 622 Mbit/s. Die Unterschiede zwischen LAN-und WAN-Spezifikationen liegen vor allem im Übertragungsmedium. Sind für den WAN-Bereich primär Single-Mode-Fasern und Koaxialkabel vorgesehen, so kommen im LAN-Bereich verstärkt Multi-Mode-Fasern und Twisted-Pair-Kabel zum Einsatz.

17.7.5.3 Verfügbarkeit und Standardisierung

Der Motor für die Standardisierung von ATM ist das bereits erwähnte ATM-Forum: Eine Interessenvereinigung von ATM-Herstellern, die die zögerliche ITU (früher CCITT) mit Vorschlägen versorgen. Die Definition der Zellen ist seit längerem abgeschlossen. Es ist festgelegt, wie die Hardware von ATM-Systemen zu funktionieren hat, weiter ist beschrieben, wie Verbindungen aufgebaut und kontrolliert werden und welche logischen Interfaces dabei vonnöten sind. ATM umfasst aber noch weitere Spezifikationen. Nach Angaben der Hersteller lassen sich die Produkte mittels Firmwareupgrade problemlos an unterschiedliche Standards anpassen. Dadurch ist bei Produkten des gleichen Herstellers auch die Konformität mit allen Spezifikationen des ATM-Forums gewährleistet. Sollen ATM-Produkte mehrerer Hersteller zusammen eingesetzt werden, muss die Kompatibilität der eingesetzten Produkte zueinander gegeben sein.

17.7.5.4 Migration in bestehende Netze

Die grossen Unterschiede zu bisherigen Netzwerken machen eine flexible Einbindung von ATM-Produkten in vorhandene Netzwerke nötig, um bestehende Investitionen weiter nutzen zu können. Diese länger dauernden Anpassungen bezeichnet man als Migration. Die Migration von ATM wird in mehreren Schritten verlaufen. ATM Switches können in grossen Netzen als Collapsed Backbone eingesetzt werden. Bisher verlegte ring- oder busförmige Backbone-Kabel fallen dann punktförmig auf den ATM Switch zusammen, über den alle Segmente und Geräte des Netzes sternförmig verbunden werden. An ATM Switches können weitere ATM Switches oder Endgeräte mit ATM Adaptern angeschlossen werden. Die Anbindung vorhandener Netzwerk-Topologien an zentrale ATM Switches erfolgt heute vor allem mit Hilfe von ATM-Lösungen, die auf Routern basieren. Auch die meisten Hersteller von grossen Netzwerk-Konzentratoren bieten Module für ATM-Verbindungen an.

Als letzter Schritt wird die durchgehende Verbindung zu den Endgeräten anstehen. Es ist zu erwarten, dass dieser Prozess die summierten Pro-Port-Kosten von ATM-Vernetzungen noch weiter sinken lassen wird. Für Anwendungen wie Hochleistungs-Workstations, Server, Bildübertragung oder Virtual Reality ist ATM jetzt schon eine Alternative zu anderen Topologien. Wie soll man nun aber bestehende Anwendungen in ein ATM-Netz integrieren? Die einfachste Möglichkeit bestünde in dem Austausch des existierenden LAN Interfaces eines Rechners gegen eine ATM-Karte und der Installation des ATM-Treibers. So leicht ist es aber leider nicht, denn ATM fehlt eine Eigenschaft, die konventionelle LANs aufweisen: die Unterstützung von Broadcasts, Multicasts und die Benutzung von MAC-Adressen. Das allerdings sind grundlegende Voraussetzungen für den Einsatz der meisten Netzwerkprotokolle wie TCP/IP oder IPX.

Die vom ATM-Forum verabschiedete Lösung für diese Problematik heisst **LAN** Emulation **LANE 2.0**. LANE besteht aus vier Softwarekomponenten in einem Netz aus ATM- und herkömmlichen LAN-Technologien. Die aus drei Komponenten bestehenden LAN Emulation Services (LESs) werden auf einem oder mehreren an das ATM-Netz angeschlossenen Rechnern als ATM-Applikationen oder als integrierter Bestandteil eines ATM Switches bereitgestellt. Der **L**AN **E**mulation **C**lient (LEC) als vierte Komponente wird auf den Endgeräten installiert. LAN Emulation Services:
Der **L**AN **E**mulation **C**onfirmation **S**erver LECS koordiniert alle LESs und LECs.
Der **L**AN **E**mulation **S**erver LES übersetzt MAC- in ATM-Adressen und umgekehrt.

Der **B**roadcast and **U**nknown **S**erver BUS leitet Broadcast- und Multicastpakete mit Hilfe von ATM Point to Multipoint-Verbindungen und Pakete an unbekannte Rechner weiter, bis die Zieladresse gefunden ist. Zu Beginn einer Übertragung kontaktiert der LEC den LECS unter Verwendung einer einheitlichen Netzwerkadresse, um allgemeine LANE-Informationen auszutauschen. Dabei gibt der LECS dem Client die Adresse des für ihn zuständigen LES. Der LEC nimmt danach Verbindung mit dem LES auf. Dann werden ATM-Adresse, MAC-Adresse, Frame-Grösse und LAN-Typ vereinbart. Broadcasts und Pakete mit unbekanntem Ziel werden vom LEC an den BUS übergeben, der die Weiterleitung übernimmt. Die fehlenden MAC-Level-Eigenschaften werden also für die Clients emuliert, für die sich ATM dann z. B. als 802.3-(Ethernet) oder 802.5-(Token Ring)Netzwerk darstellt. Damit wird eine Kommunikation zwischen konventionellem LAN und ATM möglich.

17.7.6 Digital Subscribe Line (DSL)

DSL ist eine Übertragungs-Technologie die hohe Übertragungsraten über die traditionelle Telefonverkabelung ermöglicht. Die vier standardisierten Varianten von DSL sind die Asymetric Digital Subscriber Line (ADSL), die High-Data-Rate Digital Subscriber Line (HDSL), die Single-Line Digital Subscriber Line (SDSL) und die Very-High-Data-Rate Digital Subscriber Line (VDSL). Wird generell von DSL in all seinen Varianten gesprochen, so ist oft auch der Term **xDSL** zu sehen. Aufgrund der Tatsache, dass DSL und die Telefonübertragung auf der Basis unterschiedlicher Frequenzen arbeiten, können beide Datenströme parallel zueinander übertragen werden.

17.7.6.1 Asymetric Digital Subscriber Line (ADSL)

ADSL ist der am weitesteten verbreitete und am häufigsten eingesetzte DSL-Standard. Bei ADSL handelt sich um ein asymmetrisches breitbandiges Datenübertragungsverfahren, welches auf die herkömmliche Kupferdoppelader im Anschlussbereich geschaltet wird. Zur ADSL-Kommunikation muss auf beiden Seiten der Anschlussleitung ein ADSL-Modem installiert sein, sowohl in der Ortsvermittlungsstelle als auch beim Teilnehmer. Beim ADSL-Verfahren wird die Kupferleitung in drei Kanäle aufgeteilt: den Downstream-Kanal vom Dienstanbieter zum Endkunden, den Upstream-Kanal in umgekehrter Richtung und einen Kanal, über den durch Vorschalten eines Splitters gleichzeitig die PSTN- und ISDN-Kommunikation erfolgt. Verfahrensmässig wird das zu übertragende Signal in diverse Teilsignale unterteilt, die über verschiedene Trägerfrequenzen übertragen werden. Neben der diskreten Mehrtonmodulation (DMT), die im ADSL-Standard spezifiziert ist, wird auch das CAP/QAM-Verfahren eingesetzt. Mit ADSL sind Übertragungen bis zu 6 Mbit/s über normale Telefonkabel realisierbar, für die bidirektionale Übertragung steht ein zweites Frequenzband mit Übertragungsraten bis zu 640 Kbit/s zur Verfügung. ADSL kann gleichermassen für Verteildienste und interaktive Videodienste eingesetzt werden. Beispiele hierfür sind Pay-per-Channel-, Pay-per-View-, Video-on-Demand- und Information-on-Demand-Anwendungen. Die Entfernung bis zum nächsten Knoten kann für Übertragungsgeschwindigkeiten über 1,5 Mbit/s 4 km betragen, unterhalb davon auch bis zu 6 km.

17.7.6.2 High-Data-Rate Digital Subscriber Line (HDSL)

HDSL ist ideal für den Anschluss von Nebenstellenanlagen und bietet sich als Alternative für lokales Frame Relay an. Ausserdem kann es verstärkerunterstützte oder E-1-Leitungen ersetzen. Mit HDSL können Übertragungsraten von bis zu 2 Mbit/s erreicht werden, welche über Strecken von bis zu 5 Kilometern erreicht werden können.

17.7.6.3 Symmetric Digital Subscriber Line (SDSL)

Wie HDSL ist SDSL ein Verfahren für Übertragungen im Voll-Duplex-Modus mit symmetrischen Übertragungsgeschwindigkeiten von 64 Kbit/s bis 2 Mbit/s (E-1-Leitung). Zur Übertragung wird allerdings im Gegensatz zu HDSL nur eine Doppelader benötigt. Die maximale Entfernung für SDSL liegt bei 3,5 km.

17.7.6.4 Very-High-Data-Rate Digital Subscriber Line (VDSL)

VDSL kommt überall dort zum Einsatz, wo über kürzere Entfernungen symmetrische oder asymmetrische Datenströme mit hoher Geschwindigkeit zu übertragen sind. Diese Variante des DSL kann sowohl über Kupfer- als auch über Glasfaserkabel übertragen werden.
Mit VDSL werden je nach Klasse bei symmetrischer Übertragung Bitraten von bis zu 72 Mbit/s erreicht. An Klassen unterscheidet man zwischen asymmetrischer und symmetrischer Übertragung, wobei die Klasse für die asymmetrischen Betriebsmodi Bitraten von 8 Mbit/s, 16 Mbit/s und 28 Mbit/s kennt. Die symmetrische Klasse hat Summenbitraten von 12, 24, 48 und 72 Mbit/s. Sie kann also auch für die Übertragung von hochauflösendem Fernsehen eingesetzt werden. Mit VDSL werden im Downstream, also vom Knoten zum Anwender, Übertragungsgeschwindigkeiten von 13 Mbit/s bis zu 52 Mbit/s über Kupfer-Doppeladern erreicht. Die Übertragungsgeschwindigkeiten für den Upstream liegen zwischen 1,5 Mbit/s und 2,3 Mbit/s.
VDSL wird in der Reichweite in drei Bereiche eingeteilt: in den Long Range zwischen einem Kilometer und 1,5 Kilometer, den Mid Range zwischen 300 Meter und 500 Meter und den Short Range unterhalb 300 Meter.

17.8 Sicherheit in WANs

Sicherheit in Netzen ist grundsätzlich unter der Berücksichtigung der Grundvoraussetzung für den Erfolg eines Unternehmens zu implementieren: Die einzigartige Lösung, auf Basis derer ein Unternehmen seinen Erfolg gründet, muss auch im alleinigen Besitz des Unternehmens bleiben. Sollten die zugehörigen Informationen und Daten Dritten bekannt werden, so läuft das Unternehmen Gefahr seinen Umsatz und Gewinn mit Dritten teilen zu müssen oder aber ihn ganz an diese zu verlieren. Auch böswillige Attacken, die den reibungslosen Ablauf der Prozesse in einem Unternehmen stören sollen, sind als Gefahren für die Sicherheit im Unternehmen zu sehen. Im Bereich der WANs ist daher dafür Sorge zu tragen, dass WAN-basierende Kommunikation nicht abgehört werden kann, dass keine Eindringlinge aus dem WAN in das interne Firmennetz gelangen und damit Zugang zu den Ressourcen im Netz erhalten und diese eventuell abändern könnten, und dass Public Servers wie Web Server oder Mail Server nicht attackiert werden können.

17.8.1 Attacken und Angriffsziele

Die grösste Bedrohung stellen für ein Unternehmen so genannte Integrity oder auch Confidentiality Threats dar. Von Integrity Threats (dt. Datenintegritäts-Bedrohungen) spricht man, wenn ein Angreifer versucht unternehmenseigene Daten ohne entsprechende Zugangs- oder Editier-Erlaubnis zu ändern. Zum Beispiel versucht bei einem Integrity Threat ein Angreifer, Zugang zu unternehmenseigenen Daten wie Entwicklungsplänen zu erhalten, diese zu ändern oder zu löschen. Dabei mag der Besitzer diesen Eingriff gar nicht bemerken bevor es zu spät ist und alle Daten verloren sind. Ein anderes Beispiel ist die Attacke auf einen Web Server und die damit verbundene Änderung der Präsentation des Angegriffenen im Internet. Der damit u.U. verbundene Imageverlust ist, wird man Opfer eines solchen Angriffs, in Zahlen nicht auszudrücken! In vielen Unternehmen werden Integrity Threats als die am meisten ernst zu nehmende Art der Bedrohung gesehen, da es sehr schwierig ist, eventuelle Änderungen zu entdecken und diese rückgängig zu machen. Im Falle des Löschens von Daten wird unter Umständen sogar die Basis des gesamten Unternehmenserfolgs vernichtet.
Confidentiality Threats (dt. Vertraulichkeits-Bedrohungen) zielen darauf, Zugang zu geheimen oder streng vertrauliche Daten zu erhalten, um Wissen über deren Inhalt zu erlangen. Diese Attacken sind noch schwieriger zu identifizieren, da, nachdem der Angreifer das Netz wieder verlassen hat, keine merklichen Änderungen an den noch vorhandenen Daten festzustellen sind. Auch wenn sich der Angreifer die geheimen Daten kopiert hat, ist dies nur sehr schwer oder auch gar nicht nachvollziehbar. Eine weitere Attacke dieser Art ist das Abfangen, Abändern und Weiterschicken von abgeänderten Daten, die über das WAN, zum Beispiel von einer Zweigstelle an die Zentrale, übertragen werden.

Eine weitere Gefahr stellen Dienst-Verfügbarkeits- oder auch Denial of Service- (DoS-) Attacken dar, die gezielt darauf abzielen Dienste unbrauchbar zu machen. Bei einer DoS-Attacke werden eine Unmenge an Daten oder Requests an das Ziel geschickt, um es so zu beschäftigen, dass es seinen eigentlichen Dienst nicht mehr verrichten kann, oder sogar so überfordert wird, dass es den Dienst ganz einstellt. Öffentlich zugängliche Server wie Web Server oder WWW Server werden zum Beispiel mit E-Mails oder Anfragen geflutet und dadurch in die Knie gezwungen.
Auch Internet-Verbindungen können Angriffsziele für DoS-Attacken werden: Der Angreifer schickt dabei zum Beispiel so viele Pakete an einen Router, dass dieser die Anfragen von den

eigentlichen Nutzern nicht mehr annehmen und abarbeiten kann.
Auch aktive Netzwerkkomponenten können Ziel eines Angreifers sein. Erlangt ein Angreifer Zugriff auf zum Beispiel einen Switch oder einen Router, so ergeben sich vielfältige Möglichkeiten diesen illegalen Zugriff für schädigende Operationen zu nutzen:

- Das Abfangen von Daten
- Das Attackieren von eingerichteten Security Services, die auf der Basis des Vertrauens zwischen Netzwerkkomponenten eingerichtet sind
- Das Abändern von Konfigurationen.

Der Angreifer könnte zum Beispiel auf einem Backbone Switch die darüber fliessenden Daten kopieren und entführen. Wird ein Remote Access Server Opfer einer Attacke, so könnte der Angreifer hier zum Beispiel Passwörter auslesen und diese dann für weitere Angriffe nutzen, sich zum Beispiel via dem Passwort als regulärer User Zugriff zum Netz verschaffen. Bei der Attacke auf eine Firewall könnte der Angreifer zum Beispiel die Konfiguration so ändern, dass er künftig von der Firewall als zugangsberechtigt identifiziert wird. Ein Zugangsrouter könnte umkonfiguriert werden, so dass der eigentliche Dienst des Zugangs zum Internet nicht mehr zur Verfügung steht. Ganze Netzwerke sind dann Ziele für Angreifer, wenn sich der Angreifer aus einem solchen Angriff zum Beispiel erhofft Informationen für spezifische Folge-Angriffe gewinnen zu können. So könnte ein Netzwerk zum Beispiel nach potentiellen, ungeschützten Angriffszielen durchsucht werden. Der Angreifer versucht sich dabei ein Bild vom gesamten Netz inklusive der gesamten Topologie, der genutzten Services und der eingesetzten Applikationen zu machen. Aus dieser Analyse leitet er Schwächen und Angriffspunkte ab, die dann für weitere, spezifischere Attacken ausgenutzt werden. Solche spezifischeren Attacken können zum Beispiel Attacken auf Hosts, Applikationen oder die Netzwerkverfügbarkeit sein. Auch diese Attacken folgen den gleichen Zielen wie die bereits beschriebenen: unerlaubte Lese- oder Schreibzugriffe auf geheime Daten zu erlangen oder aber Services unverfügbar zu machen.

17.8.2 Schutzmassnahmen und -Strategien

Die beschriebenen möglichen Gefahren stellen für jeden Netzbetreiber eine fast nicht zu kalkulierendes Risiko dar, wenn keine angemessenen Sicherheitsmassnahmen getroffen werden. Die Grundvoraussetzung für einen effektiven Schutz gegen Angriffe von aussen ist, die potentiellen Angriffspunkte im eigenen Netz zu kennen, zu klassifizieren und dementsprechende Vorkehrungen zum Schutz dieser Punkte zu treffen. Die Definition der möglichen Gefahren und wie im Unternehmen mit ihnen umgegangen wird, erfolgt in einer internen Security Policy. Eine **Security Policy** dokumentiert die Risiken, denen ein Netz ausgesetzt ist, und wie mit diesen Risiken, umgegangen wird. Das Entwickeln und Umsetzen einer solchen Policy ist ein laufender Prozess. Policies werden in der Regel auf einzelne Bereiche heruntergebrochen mit dem Ziel die identifizierten Risiken zu minimieren. Auf Basis der Security Policy werden

bereichsspezifisch Sicherheitsvorkehrungen getroffen. Inhalte einer solchen Policy könnten zum Beispiel sein:
- Definition einer Netzwerkzugangskontrolle. Wer erlangt wann via welchem Weg auf welche Daten Zugriff?
- Definition einer Datenhierarchie. Welche Daten sind von welcher Wichtigkeit für das Unternehmen und wer erhält auf sie welchen Zugriff?
- Definition einer User Policy. Wie haben sich die Benutzer zu verhalten, wenn sie Zugang zum Netzwerk haben?

Ein weiteres Beispiel:
Als Teil einer allumfassenden Security Policy will ein Unternehmen zum Beispiel Richtlinien für den Internet-Zugang entwickeln. Dabei sagt die Security Policy, dass der Internet-Zugang den Benutzern nur für bestimmte, notwendige Dienste zur Verfügung steht, dass kein User Applikationen selbst installieren und dann benutzen darf und dass alle Transaktionen, die die definierten Sicherheitsvorkehrungen brechen, via einem Audit lückenlos dokumentiert werden sollen. Als Resultat aus dieser Definition der Richtlinien für den Internet-Zugang implementiert das Unternehmen folgende Vorkehrungen:
- Die Firewalls lassen nur noch HTTP-Verkehr und E-Mails passieren
- Internet-Zugang darf nur noch geschäftsbedingt erfolgen
- Das geschützte Netzwerk erlaubt keinen Download von ausführbaren Programmen von externen Quellen
- Die Netzwerkkomponenten führen Log Files über allen Internetverkehr.

17.8.3 Zugangskontrolle in Netzen

Vor allem Datenintegrität und Datengeheimhaltung werden durch eine durchdachte Zugangskontrolle gewährleistet. Eine Zugangskontrolle basiert auf einer, zum Beispiel in einer Security Policy definierten Richtlinie, in der festgelegt ist, welcher User Zugang zu welchen Ressourcen erhält. Netzwerkzugangskontrolle basiert auf zwei Massnahmen: der Authentifizierung und der Autorisierung.

17.8.3.1 Authentifizierung

Die Authentifizierung prüft und ermittelt die Identität eines Users. Administratoren erhalten nach der erfolgreichen Authentifizierung Zugang zu Netzwerkkomponenten, Hosts und Netzwerkmanagement-Einrichtungen, User erhalten Zugang zum Netz und den Ressourcen für die sie autorisiert wurden. Besonders wichtig ist diese Authentifizierung, wenn öffentliche Zugangsmöglichkeiten, wie zum Beispiel Access Points, im Netzwerk implementiert sind. An solchen Access Points ist es unabdingbar, zugangsberechtigte von nicht-zugangsberechtigten Nutzern zu unterscheiden.

Die Identifizierung eines Users basiert auf einem eindeutigen Schlüssel:
- Den ein User kennt, zum Beispiel ein Passwort oder ein PIN
- Den ein User besitzt, zum Beispiel ein Token oder eine Smart-Card
- Der Teil des Users ist, zum Beispiel ein Fingerabdruck.

Eine effektive Zugangskontrolle verbindet mindestens zwei der oben genannten Kriterien: **Two Factor Authentification**. Diese Methoden, die heute im EDV-Bereich gebräuchlich sind, sind die Basis für eine ganze Reihe von Möglichkeiten zur Benutzeridentifizierung und Autorisierung. Nachfolgend sind die verschiedenen Verfahren sowie ihre jeweiligen Vor- und Nachteile dargestellt.

17.8.3.1.1 Verfahren zur Authentifizierung

Die gebräuchlichsten Verfahren zur Benutzeridentifikation sind heute:
- Unabhängige Passwörter
- Rückrufsysteme (Dial Back)
- Autorisierung durch Frage-Antwort-Systeme
- Software Token
- Zeitabhängige Token.

17.8.3.1.1.1 Wiederverwendbare Passwörter

Verwendet man das heute am weitesten verbreitete Schutzverfahren, den Einsatz von Passwörtern, so nimmt man folgende Nachteile in Kauf:
- Passwörter können manipuliert werden
- Passwörter werden in der Praxis nicht in regelmässigen Abständen geändert
- Passwörter können im Besitz von mehr als einem Benutzer sein
- Passwörter sind abhängig von verschiedenen sozialen Komponenten
- Passwörter können von speziellen Programmen entschlüsselt werden. Zudem muss beachtet werden, dass der Umlauf und Gebrauch nur schwer kontrolliert und verfolgt werden kann.

17.8.3.1.1.2 Rückrufsysteme

Rückrufsysteme in Verbindung mit Passwörtern bieten einen höheren Schutz und haben den Vorteil, dass der Zugriff über die Auflistung der Telefonate festgestellt werden kann. Der zusätzliche Vorteil der Kostenübernahme durch den Anrufer (meistens die Unternehmenszentrale) ist zwar zweckmässig, aber für die Sicherheitsbetrachtungen nicht weiter relevant. Jedoch beinhalten auch Rückrufsysteme weitere Nachteile:
- Das Gerät und nicht der Benutzer wird autorisiert
- Bei mobilen Benutzern ist der Rückruf nur selten zu realisieren. Autorisierte Benutzer, die nicht ein bestimmtes Gerät benutzen, könnten ausgeschlossen werden

- Das System kann durch Anrufweiterschaltung manipuliert werden
- Es ist für den Benutzer umständlich und zeitaufwendig
- Es kann nur für den Zugriff über Wählleitungen eingesetzt werden (daher z. B. kein Schutz für X.25-Zugänge oder Zugang über das Internet)
- Es wirkt nicht als Schutz auf der Anwendungsebene oder Protokollebene.

Insgesamt sind Rückrufsysteme nur schwer zu kontrollieren und bieten noch keinen umfassenden Schutz.

17.8.3.1.1.3 Frage-Antwort-Systeme

Frage-Antwort-Systeme bestehen aus zwei Teil-Systemen, wobei das eine System beim Benutzer und das zweite auf dem Host installiert ist. Bei der Durchführung einer Zugangskontrolle schickt das Host-System dem anderen Informationen, die von der Benutzerseite über einen eingebauten Algorithmus verändert und eventuell um Daten ergänzt werden. Diese werden als Resultat an das Host-System zurückgegeben. Ist das Resultat in Ordnung, wird der Zugriff gewährt. Dieser Vorgang kann mehrere Male durchlaufen werden, um eine höhere Sicherheit zu erreichen. Die bei einigen Softwareprodukten üblichen Hardware-Dongle-Systeme gehören auch zu den Frage-Antwort-Systemen. Diese Systeme bieten eine recht hohe Zugriffssicherheit. Sie besitzen je nach Art des Systems aber auch Nachteile:

- Der Benutzer muss eventuell mehrere Schritte durchlaufen
- Je nach Art des Systems unhandlich. PIN ist in Zeichenfolgen (Token) gespeichert, die ausgetauscht werden, eine zweite PIN wird für den Host benötigt
- Die Authentisierungssysteme können verliehen oder gestohlen werden
- Der Export ist problematisch.

17.8.3.1.1.4 Software Token

Wird der Zugangsschutz im Betriebssystem- oder in einer Anwendungssoftware implementiert, wird kein externes Gerät zur Autorisierung benötigt. Dies ist der wesentliche Vorteil der Software Token. Die Nachteile dieser Lösung sind:

- Abhängigkeit vom Datenendgerät bzw. dem Betriebssystem
- Der Software Token kann kopiert oder verändert werden
- PIN, Schlüssel und Algorithmus sind im Programm gespeichert
- Das Management ist problematisch.

Kontrolle und Pfadverfolgung sind nur sehr mühsam durchzuführen und können zur falschen Person führen. Daher lassen sich der Umlauf und Gebrauch nicht verlässlich kontrollieren.

17.8.3.1.1.5 Zeitabhängige Token

Eine wesentlich höhere Sicherheit bieten zeitabhängige Zeichen- oder Zahlenfolgen, die über aufwendige Algorithmen immer wieder neu berechnet werden. Die Hardware, die dazu benötigt wird, lässt sich auf einer Fläche nicht grösser als eine Kreditkarte unterbringen.
Die Vorteile dieses Systems:
- Unabhängig vom Datenendgerät, Kartenlesegerät wird nicht benötigt
- Einloggen erfolgt in einem Schritt, kein Frage-Antwort-Prozess- Sicher, beruht auf zwei unabhängigen Faktoren (benutzereigener PIN und Token)
- Es kann immer nur eine Person zur gleichen Zeit die Tokenkarte besitzen, bei Diebstahl kann die Karte sofort deaktiviert werden. Daher ist der Zugriff selbst dann noch kontrollierbar, wenn PIN und Karte in falsche Hände geraten.

17.8.3.1.2 Authentifizierungsprotokolle

17.8.3.1.2.1 Password Authentication Protocol (PAP)

Das PAP ist ein einfaches Authentifikationsprotokoll, das zur Authentisierung einer sich einwählenden Person durch Benutzerkennung und Passwort dient. Es ist Bestandteil des PPP-Tunneling-Protokolls. PAP ist ein zweistufiges Authentifizierungsverfahren, bei dem der Client nach dem Verbindungsaufbau seine Benutzerkennung und sein Passwort unverschlüsselt an den Server sendet, der die Verifikation durchführt. Bei Übereinstimmung antwortet der Server mit einer Bestätigung und gibt den Zugang zum Netz frei. Bei fehlerhafter Eingabe wird die Verbindung abgebaut.

17.8.3.1.2.2 Challenge Handshake Protocol (CHAP)

Das Challenge Handshake Protocol (CHAP) dient zur Authentifizierung von Systemen untereinander und wird von Links eingesetzt, die das Tunneling-Protokoll PPP nutzen. Dem Verfahren nach handelt es sich um ein dreistufiges Authentifizierungsverfahren, bei dem sich der Teilnehmer in der ersten Stufe anmeldet, in der zweiten das Passwort von der Gegenstelle anfordert, von der auch der Schlüssel für die Verschlüsselung zur Verfügung gestellt wird, und bei dem in der dritten Stufe der externe Teilnehmer sein verschlüsseltes Passwort übergibt und anschliessend seine Zugangsberechtigung erhält.

17.8.3.1.2.3 Terminal Access Controller Access Control System (TACACS)

TACACS ist ein von Cisco entwickeltes Authentifizierungs-Protokoll, welches es einem Remote Access Server ermöglicht, Authentifizierungsdaten an einen speziellen Authentifizierungsserver weiterzuleiten. Die Passwörter zur Authentifizierung der Benutzer werden dabei in einer zentralen Datenbank verwaltet.

17.8.3.1.2.4 TACACS+

Obwohl es die Namensgebung vermuten lässt, ist TACACS+ mit TACACS nicht vergleichbar. TACACS+ ist ein gänzlich neues Authentifizierungs-Protokoll, das mit einer Message-Digest-Funktion für Passwörter arbeitet. TACACS+ kann auch PAP- und CHAP-Authentifizierung unterstützen. TACACS+ nutzt das Transmission Control Protocol (TCP).

17.8.3.1.2.5 Remote Authentification Dial-In User Service (RADIUS)

RADIUS ist ein Client/Server-Protokoll, welches es ermöglicht, dass Remote Access Server mit einem zentralen Server kommunizieren, um Dial-In-Benutzer zu authentisieren. Dabei wird auf dem zentralen Server eine Datenbank inklusive aller zugangsberechtigter User-Profile gepflegt. Dadurch, dass mit RADIUS die User-Datenbank zentral zu finden ist, kann diese auch zentral administriert werden, was eine enorme Erleichterung für den Administrator mit sich bringt. Ausserdem kann somit auch eine firmeneigene Security Policy sehr leicht umgesetzt werden. Des Weiteren ermöglicht diese Zentralisierung auch ein vereinfachtes Monitoring, statistische Auswertungen und bei Bedarf auch vereinfachte Abrechnung der Dienste.

17.8.3.1.2.6 Secure Shell (SSH)

SSH ist ein Sicherungsprotokoll, das die Authentifizierung und die Kommunikation selbst durch Verschlüsselung absichert, wenn sich ein Benutzer zum Beispiel auf einem Unix-Rechner anmeldet. Dabei kann die Authentifizierung des Benutzers zusätzlich zur Passwortüberprüfung mit einer Verschlüsselung durchgeführt werden. Der dabei genutzte öffentliche Schlüssel wird auf dem Zielsystem hinterlegt, der private Schlüssel wird vom Benutzer zur Authentifizierung benutzt.

17.8.3.2 Autorisierung

Autorisierung definiert, wer was in einem Netz tun darf. Basierend auf den jedem Nutzer zugewiesenen Rechten beschränkten Autorisierungs-Mechanismen den Zugang zu Ressourcen und definieren weiter, wie jeder Nutzer mit den Ressourcen arbeiten darf. Um wirksamen Schutz zu erreichen, sollten jedem Nutzer nur die Ressourcen zugänglich sein, die er unabdingbar dafür benötigt eine Aufgabe zu erledigen. Auch in Autorisierungs-Fragen ist eine Redundanz zu berücksichtigen. Ein Sicherheitsmechanismus sollte von einem weiteren nochmals bestätigt werden, bevor der endgültige Zugang zu einer Ressource freigegeben wird. Die Kontrolle über die Autorisierung muss, um wirklich effektiv zu sein, von zentraler Stelle aus erfolgen. Autorisierung kann durch die Implementierung von zum Beispiel folgenden Sicherheitsmassnahmen realisiert werden:

- IP-Adressen werden von zentraler, glaubwürdiger Stelle aus an Clients, die Zugang fordern, vergeben
- Adress-Filter beschränken den Zugang zu Ressourcen
- Applikations-Filter lassen nur erlaubte Applikationen zur Übertragung zu.

17.8.3.3 Intrusion Detection

Intrusion-Detection-Systeme arbeiten unter Verwendung so genannter Angriffssignaturen. Unter Angriffssignaturen versteht man typische Muster eines Angriffs oder einer Art von Angriff. Diese Signaturen definieren bestimmte Bedingungen, die erfüllt sein müssen, bevor Datenverkehr als Angriff identifiziert wird. Es gibt zwei sich ergänzende Intrusion-Detection-Technologien. Das netzwerkbasierende Intrusion Detection System (NIDS) überwacht alle Pakete die eine Collision Domain durchlaufen. Sobald das NDIS ein Paket oder eine ganze Reihe von Paketen erkennt, die einem vordefinierten Muster entsprechen oder die Vermutung nahelegen, dass es sich um einen Angriff handelt, wird ein Alarm ausgegeben und/oder die Sitzung beendet. Bei einem hostbasierenden Intrusion Detection System (HIDS) werden entsprechende Agenten in dem zu schützenden Host platziert. Diese Technologie greift dann, wenn ein Angriff direkt gegen genau diesen Host erfolgt. Es wird ebenfalls ein Alarm ausgeschickt und der Zugriff auf den Host beendet bzw. verweigert.

17.8.4 Schutz der Datenübertragung

Schutz der Datenübertragung ist dann erforderlich, wenn Daten über ungeschützte Netzwerke übertragen werden. Die Gefahr bei einer solchen Übertragung besteht darin, dass ein Angreifer die Daten mithören, auslesen und missbrauchen kann. Diese Absicherung ist nur durch Verschlüsselung der Daten zu realisieren. Verschlüsselte Daten können von Dritten zwar ausgelesen, aber ihr Inhalt nicht rekonstruiert werden, insofern die Verschlüsselung effektiv durchgeführt wurde. Das Entschlüsseln der Daten kann nur durch berechtigte, d.h. mit dem Entschlüsselungscode ausgestattete Nutzer vollzogen werden. Ein Beispiel für einen sehr oft verwendeten Verschlüsselungsalgorithmus ist IPSec, dank dem der Nutz-Inhalt von IP-Paketen wirkungsvoll verschlüsselt wird und welcher in der Praxis dann durch einen VPN-Tunnel vom Sender, der die Daten verschlüsselt, über das ungesicherte Netzwerk, zum Beispiel das Internet, zum Empfänger, der die Daten wieder entschlüsselt, gesendet wird.

17.8.4.1 Virtual Private Networks (VPN)

Die Einführung von **V**irtual **P**rivate **N**etworks (**VPNs**) bietet die Möglichkeit mobile User und Aussenstellen unter der Nutzung eines unsicheren, öffentlichen Netzes sicher an die Unternehmenszentrale anzubinden. Ein VPN kann vom Aspekt der Sicherheit her gemieteten Leitungen oder aber vom Nutzer selbst besessenen Leitungen gegenüber gestellt werden, bietet aber mehr Flexibilität und bei richtigem Einsatz auch Kostenvorteile, da VPNs nur dann aufgebaut werden, wenn auch Daten übertragen werden sollen. VPNs können dabei entweder über Wählzugänge im analogen Telefonnetz oder im ISDN-Netz genutzt werden, aber auch über das GSM-Netz und bei grossem Datenaufkommen auch über Standleitungen. Generell handelt es sich bei einem VPN um ein geschlossenes, logisches Netz, das in der Regel auf den Schichten 2 oder 3 des OSI-Referenzmodells aufsetzt und für eine bestimmte Benutzergruppe etabliert wird. VPNs verwenden Tunneling-Mechanismen für den IP-Verkehr.

17.8.4.1.1 Tunneling

Tunneling heisst der Prozess, bei dem zwei unterschiedliche Protokolle auf der gleichen Schicht miteinander verkapselt werden. Die Daten des einen Protokolls werden in die Datenpakete des zweiten Protokolls verpackt. Dieses Verfahren wird beim Übergang von einem Protokoll auf ein anderes angewendet. Es dient dazu Daten über ein unsicheres öffentliches Netz, wie das Internet, zwischen einem zentralen VPN Gateway und einem Remote VPN Client zu transportieren. Dabei wird zwischen den Endpunkten eine virtuelle Verbindung aufgebaut. Ein Tunnel wird dadurch aufgebaut, indem jedes Datenpaket einen zusätzlichen IP-Header erhält, darüber hinaus ein oder mehrere spezielle Kopffelder. Der Anfangspunkt des Tunnels ist dort, wo der IP Header hinzugefügt wird, der Endpunkt, wo dieser wieder entfernt wird. Authentifizierung und Verschlüsselung finden innerhalb des Tunnels statt. Tunneling kann auf Layer 2 und Layer 3 erfolgen.

17.8.4.1.1.1 Tunneling-Standards und -Protokolle

17.8.4.1.1.1.1 Generic Routing Encapsulation

Mit GRE, einem Standard, in dem ein Tunneling-Verfahren näher beschrieben wird, lassen sich protokollunabhängig Tunnels aufbauen. Das GRE-Tunnelpaket besteht aus dem Tunnel- und dem GRE Header und der Nutzlast (engl.: Payload). Der Tunnel Header enthält die Adressangaben, die Informationen über das verkapselte Tunnelprotokoll stehen im GRE Header und die Verschlüsselungsalgorithmen und die Nutzlast umfassen den Protokoll-Header des verkapselten Tunnelprotokolls und die reinen Nutzdaten.

17.8.4.1.1.1.2 Point to Point Protocol (PPP)

Das Point to Point Protocol (PPP) (deutsch: Punkt-zu-Punkt-Protokoll) wurde für die Verkapselung von Datagrammen über serielle Leitungen konzipiert und unterstützt die Übertragung von allen gängigen LAN-Protokollen. Das PPP-Protokoll hebt die Einschränkungen der Interoperabilität auf, die durch die von Brücken und Routern verwendete Encapsulation-Technik bei der Übertragung über Weitverkehrsverbindungen verursacht wird. Das PPP-Protokoll ermöglicht die Übermittlung von Daten über synchrone und asynchrone Wähl- und Standleitungen. Es ist dadurch in der Lage, unabhängig vom jeweiligen physikalischen Interface zu arbeiten. Die einzige Voraussetzung, die beim Einsatz des PPP-Protokolls gefordert wird, besteht in einer vollkommen transparenten, vollduplex-fähigen Datenleitung.

17.8.4.1.1.1.3 Point to Point Tunneling Protocol (PPTP)

Das federführend von Microsoft entwickete Point to Point Tunneling Protocol wurde 1996 der IETF als Standardprotokoll für das Internet Tunneling vorgeschlagen. PPTP ist eine Erweiterung von PPP. PPTP kapselt PPP-Pakete in IP-Pakete, so können Protokolle wie IP, IPX und NetBEUI über das Internet getunnelt übertragen werden. Für die Zugangskontrolle werden PAP und CHAP verwendet. Als Verschlüsselungsalgorithmen wird in der Regel der Data Encryption Standard
(DES) mit Schlüsseln zwischen 56 (DES) und 168 bit (3DES) Tiefe verwendet. Die Kontrolle über den Endpunkt eines Tunnels liegt bei PPTP beim Anwender.

17.8.4.1.1.1.4 Layer 2 Forwarding (L2F)

Das Layer 2 Forwarding (L2F), entwickelt von Cisco Systems, ist speziell für die Einbindung von Einzelrechnern gedacht. Zusammen mit PPTP bildet es die Grundlage für das Layer 2 Transport Protocol (L2TP), eine Weiterentwicklung beider Systeme. L2F unterstützt verschiedene Protokolle und mehrere unabhängige, parallele Tunnel. Die Benutzeridentifizierung ist etwas schwächer als bei PPTP und eine extra Verschlüsselung der Daten ist leider nicht vorgesehen.

17.8.4.1.1.1.5 Layer 2 Tunneling Protocol (L2TP)

Das Layer 2 Tunneling Protokoll unterscheidet sich nur in wenigen Merkmalen von PPTP. Zum einen unterstützt L2TP mehrere Tunnel, so wie L2F, zum anderen liegt die Kontrolle über den Endpunkt eines Tunnels nicht wie bei PPTP beim Anwender, sondern wird vom ISP vorgegeben.

17.8.4.1.1.1.6 IP Security Protokoll (IPSec)

Das IP Security Protokoll (IPSec) wurde speziell für die Verbindung zwischen zwei lokalen Netzwerken entwickelt. Dabei schützt IPSec die Datenpakete des IP-Protokolls vor möglichen Veränderungen oder Kopieren. IPSec beeinflusst dabei weder die Kommunikationsprotokolle noch die Anwendungsprogramme, so dass das Routing nicht beeinträchtigt wird. Authentisierungsverfahren, die mittels IPSec erstellt wurden, können zwischen den Daten von zugelassenen und nicht zugelassenen Kommunikationspartnern unterscheiden. Die Autorisierungsverfahren basieren auf den MD5-Hash-Algorithmen mit 128 bits, die Verschlüsselung auf dem DES-Algorithmus mit 56 bits oder 168 bits. Mit IPSec kann jeglicher IP-Datenverkehr geschützt werden, auch IPv6 kann via IPSec übertragen werden.

17.8.4.1.1.1.7 Layer 2 Security

Das Layer 2 Security-Protokoll (L2Sec) soll bestimmte Schwachstellen eleminieren, die IPsec bei Remote-Access-Lösungen aufweist. Bei L2Sec werden alle Datenpakete in einen Tunnel gepackt und dieser wird dann als Ganzes gesichert.

17.8.4.1.2 Verschlüsselungsstandards

17.8.4.1.2.1 Data Encryption Standard (DES)

Bei Data Encryption Standard (DES) handelt es sich um eine Blockchiffrierung, die Daten in Blöcken von 64 bit verschlüsselt. Der Algorithmus erhält als Eingabe einen Block von 64 bit Klartext und liefert als Ausgabe 64 bit Chiffretext. DES ist ein symmetrischer Algorithmus: Ver- und Entschlüsselung benutzen den gleichen Algorithmus und den gleichen Schlüssel. Die Schlüssellänge beträgt 56 bit. Der Schlüssel wird zwar gewöhnlich als 64 bit-Zahl ausgedrückt, doch dabei dient jedes achte bit einer Paritätsprüfung und wird ignoriert. Diese acht Parity bits sind jeweils die niederwertigsten bits der einzelnen Bytes des Schlüssels. Als Schlüssel kommt jede 56 bit lange Zahl in Frage. Ausserdem kann der Schlüssel jederzeit geändert werden.
Der DES-Standard wurde im Jahre 2001 durch eine verbesserte Version, den AES-Standard, abgelöst, da so genannte DES Cracker die Integrität des Schlüssels aufgehoben haben.

17.8.4.1.2.2 Triple Data Encryption Standard (3DES)

Bei dem Dreifach-DES-Schlüssel handelt es sich um eine Mehrfachverschlüsselung auf Basis des DES. Der symmetrische Verschlüsselungsalgorithmus 3DES benutzt zwei Schlüssel und drei DES-Durchläufe. 3DES arbeitet daher mit 168 bit Schlüssellänge und jeweils 56 bit für einen DES-Durchlauf.

17.8.4.1.2.3 Secure Socket Layer (SSL)

SSL ist speziell für die Verschlüsselung von Informationen im Internet entwickelt worden und setzt auf TCP/IP auf. SSL codiert mit Public Keys, die von einer dritten Partei standardgemäss bestätigt werden. Hohe Sicherheit wird dadurch garantiert, dass der Schlüssel zur Dechiffrierung nochmals individuell festgelegt werden muss und nur beim Anwender gespeichert ist und damit im Internet nicht übertragen wird.
Die Entwickler von SSL haben das Protokoll in zwei Ebenen angelegt: Die eine Ebene ist für die Verschlüsselung der Daten zuständig. Sie erlaubt verschiedene Algorithmen, darunter auch

DES und 3DES, und setzt voraus, dass beide Kommunikationspartner einen gemeinsamen, geheimen Schlüssel besitzen, der jeweils für eine Verbindung generiert wird. Die Echtheit der Daten wird zudem durch einen Prüfsummencheck verifiziert. Auf der zweiten Ebene findet der Austausch der privaten Schlüssel statt. Die Teilnehmer einer Kommunikationsverbindung authentifizieren sich, handeln einen Verschlüsselungsalgorithmus aus und schicken einander die codierten Sitzungsschlüssel.

17.8.4.1.2.4 Advanced Encryption Standard (AES)

Der Advanced Encryption Standard wurde 2001 als Reaktion auf die Sicherheitsprobleme des DES („DES Cracker") Standards entwickelt. Der AES basiert auf dem Rijndael-Schlüssel und kennt damit drei Schlüsselgrössen mit 128, 192 bzw. 256 bit. Der AES ist so sicher, dass er 10 hoch 21 mal so viele 128 bit-Schlüssel ermöglicht als der DES 56 bit-Schlüssel.

17.8.4.1.3 VPN-Konfigurationen

Der folgende Abschnitt befasst sich mit der Konfiguration und dem Aufbau von VPNs für verschiedene Anwendungsbereiche.

17.8.4.1.3.1 End-to-End VPNs

End-to-End VPNs stellen eine direkte Verbindung zwischen mehreren Arbeitsplatzrechnern dar. Eingesetzt werden kann diese Art der VPNs zum Beispiel, um Kunden über das Internet sicher mit einem Online-Shop zu verbinden, oder um mehreren Mitarbeitern an verschiedenen Standorten die Arbeit an einem gemeinsamen Projekt zu erleichtern. Zu beachten ist bei End-to-End VPNs, dass auf jedem der angeschlossenen Rechner das entsprechende VPN-Protokoll installiert sein muss, da die Arbeitsplatzrechner direkt untereinander und nicht über zwischengeschaltete VPN Server verbunden werden. L2F, L2TP und IPSec sind besonders geeignete Protokolle für den Aufbau von End-to-End VPNs. IPSec ist aber für Anwendungen, die ein Höchstmass an Sicherheit erfordern, am besten geeignet.

17.8.4.1.3.2 End-to-Site VPNs

End-to-Site VPNs (oder: Remote Access VPNs) dienen in erster Linie zur Anbindung von Aussendienstmitarbeitern an ein zentrales Firmennetz. Der Hauptvorteil eines solchen Netzes besteht darin, dass sich die Mitarbeiter über einen beliebigen POP des Service Providers der Firma in das Netz einwählen können. Durch End-to-Site VPNs können die meist sehr hohen Kosten für Fernverbindungen reduziert werden, da keine grossen Modem-Pools für die Einwahl von Mitarbeitern zur Verfügung gestellt werden müssen.

17.8.4.1.3.3 Site-to-Site VPNs

Site-to-Site VPNs stellen die klassische VPN-Variante dar. Es werden mehrere LANs verschiedener Standorte miteinander verbunden. Diese Konfiguration eignet sich zum Beispiel, um Firmennetze oder öffentliche Einrichtungen zusammenzuschliessen.
Sämtliche hier aufgeführten Protokolle können auch zur sicheren Einwahl in ein Firmennetz, dem Remote Access, eingesetzt werden.

17.8.4.2 Remote Access

Unter Remote Access versteht man den Fernzugriff auf Anwendungen oder Daten von Rechnern von einem System aus, das nicht direkt über ein LAN mit diesen Rechnern verbunden ist. Voraussetzung für den erfolgreichen Zugriff sind eine Reihe von Faktoren, welche im Einzelnen nachfolgend beschrieben werden. Erste Voraussetzung ist eine **Netzwerkverbindung** zwischen dem zugreifenden Rechner und dem System, auf dem sich die Daten oder Applikationen befinden. Im einfachsten Fall erfolgt die Verbindung über Modems, die jeweils an eine serielle Schnittstelle beider Systeme angeschlossen werden. Es können aber auch Communication Server mit daran angeschlossenen Modems eingesetzt werden. Wird ISDN als Übertragungsdienst gewählt, kommen interne ISDN-Controller oder seriell anschliessbare ISDN-Terminaladapter zum Einsatz. Prinzipiell sind auch alle anderen Verbindungstypen wie GSM, X.25 oder Frame Relay, die in den vorhergehenden Abschnitten bereits beschrieben wurden, einsetzbar.
Mehr und mehr gewann des Internet an Bedeutung als kostengünstiges Transportmedium für Verbindungen über das PPTP. PPTP erlaubt die Einrichtung gesicherter Tunnels für so genannte Virtual Private Dial-Up Networks (VPDN). Zweite Voraussetzung ist ein **Kommunikationsprotokoll** mit dem die Daten zwischen den Systemen oder auch über das Netzwerk transportiert werden. Die grösste Bedeutung kommt hier dem PPP zu. PPP ist ein spezielles Leitungsprotokoll für WAN-Verbindungen über serielle Leitungen. Es ermöglicht die Übertragung von LAN-Protokollen wie TCP/IP, IPX oder DECnet im asynchronen oder synchronen Verfahren. Auf die Funktionsweise und den Aufbau von PPP wird an anderer Stelle näher eingegangen. Die älteren Protokolle SLIP und CSLIP (Compressed Serial Line Internet Protocol) haben heute kaum mehr Bedeutung. Für X-Window-basierende Systeme wurde das so genannte **Low Bandwidth X Protocol (LBX)** entwickelt. Dieses Protokoll sorgt durch Datenkompression für eine Beschleunigung der Datenübertragung, wenn, wie bei seriellen Verbindungen, nur eine geringe Bandbreite zur Verfügung steht.

Typischerweise teilt man Remote-Access-Anwendungen in die folgenden drei Hauptgruppen: **Remote Control**, **Remote Node** und **Datentransfer**. Zwar sind alle diese Anwendungen mit sehr unterschiedlichen Systemen auf beiden Seiten denkbar; da jedoch bei den weitaus meisten Szenarien das zugreifende System unter einem Windows-Betriebssystem läuft, wird im Folgenden jeweils nur hierauf näher eingegangen. Das Gesagte lässt sich prinzipiell auch auf beliebige andere Systeme übertragen.

17.8.4.2.1 Remote Control

Unter Remote Control versteht man die Fernbedienung eines Rechners durch einen zweiten Rechner, der von aussen über die WAN-Verbindung zugreift. Beim fernbedienten Rechner kann es sich entweder um ein Standalone-Gerät handeln oder auch um eine Arbeitsstation in einem lokalen Netzwerk. Je nachdem, ob es sich bei dem fernbedienten Rechner um ein Single-User-System oder ein Multi-User-System handelt, ist die Fernbedienung exklusiv oder kann parallel erfolgen. Da sich die Datenübertragung auf Tastatur- und Bildschirminformationen beschränkt, ermöglicht die Remote-Control-Technik eine relativ hohe Arbeitsgeschwindigkeit, sofern man nicht mit Anwendungen arbeitet, die sehr häufig den Bildschirm komplett neu aufbauen oder grosse Mengen an Grafiken verwenden. Ein wichtiger Anwendungsbereich von Remote Control liegt in der Wartung eines einzelnen Rechners oder eines LANs über die WAN-Verbindung. So lassen sich Software-Probleme sehr einfach und preisgünstig beheben, die teure Anfahrt eines Spezialisten wird in vielen Fällen vermieden.

17.8.4.2.2 Remote Node

Bei einer Remote-Node-Lösung wird der Remote-PC zu einem Knoten des Netzwerks, in das er sich einwählt. Die Kommunikation erfolgt, wie im LAN, über das Netzwerkprotokoll, das mittels eines Trägerprotokolls über die Wählleitung betrieben wird. Der Remote-PC besitzt daher, wie ein direkter Knoten im Netz, eine eigene Netzwerkadresse. Diese wird entweder bei der Einwahl zugewiesen oder vorher fest vergeben. Bei Remote Node laufen alle Anwendungen auf dem zugreifenden Rechner. Damit die Anwendungsprogramme nicht immer über die vergleichsweise langsame Leitung geladen werden müssen, ist es sinnvoll, wenn sie auch dort lokal vorhanden sind. Da LAN-Protokolle wie TCP/IP, IPX oder DECnet nicht direkt über eine serielle Leitung übertragen werden können, ist ein spezielles Kommunikations- bzw. Trägerprotokoll nötig. Das mit Abstand am häufigsten verwendete Protokoll ist das **Point to Point-Protokoll (PPP)**. Die Aufgabe von PPP ist somit, Daten mit dem LAN-Protokoll zu transportieren. PPP ist folglich kein weiteres Protokoll im Sinne der LAN-Protokolle, sondern in der Hauptsache ein Trägerprotokoll für die vorhandenen LAN-Protokolle. Beim Transport übernimmt PPP verschiedenste Aufgaben, wie Aushandlung der Verbindungsparameter, Kompression, Festlegung der Blockgrösse, Ausblenden von Steuerzeichen, Überwachung der Leitungsqualität oder Passwortvalidierung über PAP (Password Authentification Protocol) und CHAP (Challenge Handshake Authentication Protocol). Über PPP können verschiedene Netzwerkprotokolle wie TCP/IP, IPX oder AppleTalk auch gleichzeitig benutzt werden. Ebenso ist es möglich, über eine PPP-Verbindung parallel mehrere Tasks laufen zu lassen, etwa ein telnet-Fenster für ein Unix-System plus einen Web-Browser über TCP/IP.

17.9 Hardware im WAN

17.9.1 Analoge Modems

Modems werden für die Datenübertragung im analogen Telefonnetz eingesetzt. Solange eine Vielzahl der weltweit installierten Anschlüsse nicht direkt auf das ISDN-Netz, sondern mit dem Endgerät auf das analoge Telefonnetz zugreift, werden Modems ihre Bedeutung für die Datenübertragung behalten.
Die Bezeichnung Modem ist ein Kunstwort, das aus den ursprünglichen Funktionen **Mo**dulation und **Dem**odulation entstand. Heute erfüllen Modems noch weitere Funktionen, wie zum Beispiel Fehlerkorrektur, Datenkompression und - in Verbindung mit entsprechender Kommunikationssoftware auf dem angeschlossenen PC - Faxfunktion und Anrufbeantworterfunktion. Ein Modem empfängt Daten vom Rechner in digitaler Form und wandelt sie in analoge Signale um, damit sie über die Telefonleitung transportiert und am anderen Ende von einem zweiten Modem demoduliert werden können und somit wieder in digitaler Form zur Verfügung stehen. Beim Anschluss eines Modems unterscheidet man zwischen jenen, die vorwiegend bei PCs als Steckkarten eingebaut werden, und externen Modems, die über die serielle RS-232-Schnittstelle angeschlossen werden. Alternativ hierzu sind mittlerweile auch Modems mit PC-Card-Schnittstelle (PCMCIA) sehr verbreitet, da nahezu alle modernen tragbaren Personalcomputer über diesen Anschluss verfügen.
Die Fähigkeit der Modems, auch Faxe versenden und empfangen zu können, hat spezielle Faxkarten vom Markt verdrängt.
Für das Konfigurieren und Steuern von Modems hat sich der Hayes-kompatible Befehlssatz durchgesetzt. Er wird auch AT-Befehlssatz genannt, da die Kommandos mit AT beginnen.

17.9.1.1 Übertragungsmodi

Die Vielzahl der verschiedenen auf dem Markt befindlichen Modems unterscheidet sich hauptsächlich im Übertragungsmodus (synchron, asynchron) und in der Übertragungsgeschwindigkeit.
Asynchrone Übertragungen arbeiten zeichenweise. Jedem zu übertragenden Zeichen wird ein zusätzliches Start-bit und ein oder zwei Stopp-bit hinzugefügt. Bei synchroner Übertragung werden alle Datenbits direkt aufeinander folgend gesendet. Die Synchronisation erfolgt durch separate Taktleitungen. Allerdings braucht man für Synchronmodems auch entsprechende synchrone Anschlüsse mit entsprechenden Protokollen, so dass man normalerweise asynchrone Modems einsetzt.
Die Übertragungsrate eines Gerätes wird in der Einheit bit/s gemessen. Die Einheit Baud gibt die Schrittgeschwindigkeit auf der Übertragungsstrecke an. Da bei neueren Übertragungsverfahren die Information nicht nur in der Frequenz, sondern auch in Amplitude und Phase kodiert sind, können pro Baud mehrere bit übertragen werden.

Für das Übertragen grosser Datenmengen können Modems nie schnell genug sein. Die höheren Anschaffungskosten für schnellere Modems amortisieren sich schon bald durch die geringeren Betriebskosten.
Mit dem Übertragungsstandard V.34+, der eine Brutto-Übertragungsrate von 33.600 bit/s spezifiziert, ist nicht die maximale Kapazität einer Telefonleitung ausgereizt, auch wenn Experten dies schon für 28.800 bit/s prognostiziert hatten. Die Geschwindigkeitskategorie 56.000 bit/s ist als V.90 standardisiert. Mit V.90 können in Downloadrichtung bis zu 56 Kbit/s übertragen werden. Voraussetzung hierfür ist ein so genannter 56k-Host. Erreicht werden die höheren Übertragungsraten dadurch, dass zwischen dem 56k-Host und der digitalen Vermittlungsstelle auf eine Analogkonvertierung des Signals verzichtet wird. Lediglich auf der Benutzerseite bleibt der analoge Anschluss bestehen.
Ältere herstellerspezifische Protokolle wie PEP, HST, V.32terbo oder V.Fast haben inzwischen ihre Bedeutung verloren, da mit dem V.90-Standard all diese Protokolle in der Übertragungsgeschwindigkeit übertroffen werden.

17.9.2 ISDN-Adapter

Die Kommunikation bestehender Anwendungen ist in der Regel auf serielle Analogmodems abgestimmt, die den Hayes-AT-Befehlsatz beherrschen. Möchte man trotzdem ISDN nutzen, empfiehlt sich der Einsatz eines **ISDN-Terminaladapters mit serieller Schnittstelle.** Da es sich um ein externes Gerät mit seriellem Anschluss nach RS-232 handelt, kann es direkt anstelle eines analogen Modems eingesetzt werden. Die Steuerung erfolgt, wie vom analogen Modem bekannt, über die erweiterten AT-Befehle. Daher eignen sich ISDN-Terminaladapter prinzipiell überall dort, wo Daten von der seriellen Schnittstelle über ISDN übertragen werden sollen. Einsatzbeispiele sind Workstations, für die kein interner ISDN-Controller zur Verfügung steht, sowie Remote Bridges und Router mit serieller Schnittstelle. Auch in Verbindung mit seriellen Communication Servern eignen sich ISDN-Terminaladapter zum Aufbau von leistungsfähigen Remote-Access-Anwendungen über ISDN. Zu beachten ist, dass nicht jede serielle Schnittstelle für die hohe Übertragungsrate von 64000 bit/s (bis zu 256000 bit/s oder mehr bei Kanalbündelung/Datenkompression) im ISDN geeignet ist. Näheres ist den technischen Spezifikationen der Schnittstelle zu entnehmen. In jedem Fall ist eine serielle Schnittstelle mit eingebautem Datenpuffer (UART 16550-kompatible Schnittstellen) von Vorteil.
Ergänzend sollte erwähnt werden, dass die meisten ISDN-Terminaladapter zusätzlich zum AT-Befehlssatz auch wahlweise über eine CAPI-Schnittstelle bedient werden können. Weitere Informationen zu CAPI sind im Abschnitt CAPI zu finden.

Herkömmliche Telefone, Anrufbeantworter, Faxgeräte der Gruppe 3 und Modems sind analoge Endgeräte und können nicht direkt am ISDN-Anschluss betrieben werden. Abhilfe schafft hier ein **ISDN-Terminaladapter mit a/b-Schnittstelle**, über den die vorhandenen analogen Endgeräte auch mit ISDN weiter benutzt werden können. Kleine ISDN-Nebenstellenanlagen mit bis zu 16 analogen Nebenstellenanschlüssen entsprechen im Prinzip einem 16fach-Terminaladapter. Die Qualität und die nutzbare Übertragungsgeschwindigkeit werden durch die geringere Leistungsfähigkeit der analogen Verbindung bestimmt.

ISDN-Controller bieten die einfachste und preisgünstigste Möglichkeit, Datenkommunikation im ISDN zu nutzen. Sie sind für die meisten Bussysteme und Hardwareplattformen erhältlich. Dabei sind je nach Karte sowohl Übertragungen über BRI als auch über PRI möglich. Die gebräuchlichste Form sind jedoch PCI-Steckkarten für PCs.

17.9.3 Router

Router verbinden, im Gegensatz zu Bridges, in OSI Layer 3 auch Netze unterschiedlicher Topologien. Sie sind Dreh- und Angelpunkt in strukturiert aufgebauten LAN- und WAN-Netzen. Mit der Fähigkeit, unterschiedliche Netztypen sowie unterschiedliche Protokolle zu routen, ist eine optimale Verkehrslenkung und Netzauslastung möglich. Routing wird dann erforderlich, wenn Kommunikation zwischen Stationen in unterschiedlichen Subnetzen erfolgen soll.
Router sind nicht protokolltransparent, sondern müssen in der Lage sein, alle verwendeten Protokolle zu erkennen, da sie Informationsblöcke protokollspezifisch umsetzen. Das heisst, die verwendeten Protokolle müssen routbar sein oder entsprechend umgesetzt bzw. in andere Protokolle eingepackt werden. Da nicht alle Protokolle geroutet werden können, sind die meisten Router auch in der Lage, Pakete zu bridgen.
Gegenüber Switches gewährleisten Router eine bessere Isolation des Datenverkehrs, da sie Broadcasts zum Beispiel nicht standardmässig weiterleiten. Allerdings verlangsamen Router den Datentransfer in der Regel. In verzweigten Netzverbunden, insbesondere in WANs, führen sie Daten jedoch effektiver zum Ziel. Router sind andererseits meist teurer als Switches. Deswegen muss im Bedarfsfall analysiert werden, was sinnvoller ist.

Die logischen Adressen in einem Netzwerk können von Routern ausgewertet werden, um mit Hilfe interner Routing-Tabellen den optimalen Weg (Route) vom Sender zum Empfänger zu finden. Router passen die Paketlänge der Daten der in einem Netzwerksegment maximal möglichen an, verändern die Paketlänge also beispielsweise beim Übergang von Ethernet zu X.25. Aber nicht nur Paketlängen werden von Routern verändert, Router führen vor allem beim Übergang vom LAN zum WAN eine Geschwindigkeitsanpassung durch. Dafür benötigen sie einen entsprechend grossen Puffer, der bei den meisten Modellen flexibel konfigurierbar ist.

Router gibt es in den verschiedensten Ausprägungen. So gibt es **Local Router**, die vor allem aus Sicherheitsgründen eingesetzt werden, wenn z.B. im LAN nur zwischen bestimmten Knoten die Kommunikation erlaubt werden soll. Oder aber sie werden eingesetzt, wenn das Datenaufkommen, das ein Netz auslastet, reduziert werden soll, sprich wenn Collision

Domains und damit auch die Anzahl und das Ausbreitungsgebiet von Broadcasts minimiert werden sollen. Local Router sind für alle Ethernet-Geschwindigkeiten verfügbar.

Als **Remote Access Router** werden aufgrund der grossen Zahl an verfügbaren ISDN-Anschlüssen und der attraktiven Gebührenstruktur von ISDN oft ISDN-Router eingesetzt. Aber auch DSL und, bei entsprechendem Datenaufkommen, Übertragungstechniken für bis zu 2 Mbit/s werden für Remote Access eingesetzt. Um Redundanz und damit eine hohe Verfügbarkeit zu gewährleisten, werden bei Remote Access Routern hoher Übertragungsraten ISDN-Verbindungen als Backup vorgesehen.
Die bisher beschriebenen Routertypen basieren alle auf einer Kombination aus Soft- und Hardware, aber es gibt auch reine Software-Lösungen, die auf Servern, Workstations oder PCs laufen. Man muss im Einzelfall abwägen, welche Lösung für die jeweilige Anwendung die geeignetste ist.
Grundlegende Komponenten und technische Eigenschaften von Routern sollen im Folgenden erläutert werden.

17.9.3.1 LAN Interfaces

Die meisten Router haben ein oder mehrere LAN-Interfaces, je nach Topologie für Token Ring, Ethernet, 100 BASE-T Fast Ethernet, FDDI oder auch ATM. Für den Anschluss entsprechender Medien sind entweder alternativ nutzbare Ports (z.B. Ethernet AUI, BNC, RJ-45) vorhanden oder der Anschluss ist als Einschub realisiert und kann daher den Erfordernissen angepasst werden.

17.9.3.2 WAN Interfaces

WAN-Leitungen werden von unterschiedlichen Anbietern mit unterschiedlichen Geschwindigkeiten angeboten. Entsprechend variieren die Kosten und die Schnittstellen.
Für kleinere Anbindungen (z.B. Workgroups) werden Verbindungen mit einer Übertragungsgeschwindigkeit von 64 Kbit/s empfohlen. Es gibt natürlich Applikationen, wo eine geringere Übertragungsrate ausreicht. Werden höhere Übertragungsraten benötigt, so bietet sich die in Europa übliche E-1-Verbindung (im Prinzip ein ISDN-Primärmultiplexanschluss) mit einer Übertragungsrate von 2048 Kbit/s, oder eine Anbindung über DSL an.

Router haben einen oder mehrere WAN-Ports, die entweder fest eingebaut sind oder bei modularen Modellen mit entsprechenden Schnittstellenmodulen aufgerüstet werden können. Übliche physikalische Schnittstellen für Synchronbetrieb sind RS-449, V.35 und X.21, für asynchronen Betrieb das RS-232-Interface. Für den Anschluss an ISDN wird die S0-Schnittstelle verwendet.

17.9.3.3 Protokollunterstützung

Router routen ein oder mehrere Netzwerkprotokolle. Das am häufigsten von Routern unterstützte Netzwerkprotokoll ist IP. Durch die Verbreitung heterogener Netze bieten die meisten Router auch Multiprotokoll-Fähigkeit. Ausser IP werden je nach Router und Ausstattung auch IPX, DECnet, AppleTalk, OSI, XNS, VINES und Apollo Domain unterstützt. Alle nicht routbaren Protokolle wie z. B. LAT und NetBIOS werden, sofern der Router auch die Bridge-Funktion unterstützt, gebridged.

17.9.3.4 Software

Gespeichert wird die Routersoftware im Allgemeinen in Flash PROMs, die den Vorteil des einfachen Upgrades bieten. Beim Booten des Routers wird dann die Software in das RAM geladen und ausgeführt. Was den Softwareumfang angeht, verfolgen die Hersteller unterschiedliche Strategien. Entweder wird mit dem Router eine Basisversion mitgeliefert, die dann später nach Bedarf erweitert werden kann, oder es wird gleich die gesamte Software mitgeliefert.

17.9.4 Firewalls

Firewalls sind Rechner, die als dediziertes Sicherheits-Gateway zwischen Netzen arbeiten und durch verschiedene Mechanismen die Sicherheit im Unternehmensnetz erhöhen sollen. Sie übernehmen die zentrale Kontrolle des Unternehmenszugangs zum Internet, indem sie User anhand Ihrer Identiät authentifizieren und auch nur freigegebene Dienste passieren lassen. Die Kriterien, anhand derer Firewalls Daten passieren lassen oder abblocken, werden in den Firewall-Regeln definiert. Wird eine solche Regel gebrochen, so wird der Datenfluss unterbrochen und, je nach Konfiguration, bei einem schweren Regelverstoss ein Alarm abgesetzt.

Eine Firewall besteht in der Regel aus mehreren Hard- und Software-Komponenten, die je nach Benutzeranforderung an die Dienste und die Sicherheit individuell konfiguriert wird. Durch die Konzentration des Zugangs auf eine einzelne Komponente werden das Sicherheits-Management, ebenso wie die Überwachungs- und Kontrollfunktionen, wesentlich vereinfacht.

17.9.4.1 Firewall-Technologien

17.9.4.1.1 Packet Filter

Paketfilter prüfen auf der IP-Ebene, ob ein Paket zugangsberechtigt ist oder nicht. Dazu werden Sender- und Empfängeradresse und der IP-Dienst überprüft. Die Hardwareanforderungen an Paketfilter sind relativ gering, so dass Paketfilter oft auf Routern mitimplementiert werden.

17.9.4.1.2 Stateful Inspection

Unter Stateful Inspection versteht man eine Paketfiltertechnik, bei der die Datenpakete analysiert werden und der Verbindungsstatus in die Entscheidung einbezogen wird. Bei dieser Technik werden die Datenpakete während der Übertragung auf der Vermittlungsschicht analysiert und in dynamischen Zustandstabellen gespeichert. Auf Basis des Vergleichs von mehreren Datenpaketen und durch die Ermittlung der Korrelation zwischen zusammengehörenden Datenpaketen werden die Entscheidungen für die Weiterleitung der Datenpakete getroffen. Firewalls mit Stateful-Inspection-Technik sind daher in sicherheitsrelevanten Anwendungen den Firewalls mit reinen Paketfiltern überlegen.

17.9.4.1.3 Circuit Level Gateways

Circuit Level Gateways ordnen Pakete bestehenden TCP-Verbindungen zu. Sie arbeiten mit einem Subnetz und einem externen und einem internen Router mit einem Host als Verbindungspartner. Jegliche Kommunikation läuft dabei über diesen Host. Das Circuit-Relay-Konzept ist mit dem Paketfilter vergleichbar, arbeitet allerdings auf einer höheren Ebene des Protokollstacks. Ein Rechner, der eine Verbindung aufbauen will, muss sich beim Host anmelden und eine Zugangsberechtigung nachweisen. Dank der Trennung von internem und externem Netz können von extern keine internen IP-Adressen ausgelesen werden.

17.9.4.1.4 Application Gateways

Application Gateways stellen die sicherste, aber auch aufwendigste Alternative einer Firewall dar. Bei Application Gateways werden die hinreichenden Sicherheitsmechanismen über mehrere Schichten realisiert. Sie können Netze logisch und physikalisch entkoppeln und erwarten von jedem Benutzer eine vorherige Identifikation und Authentifikation.
Das Application Gateway empfängt die Datenpakete an den entsprechenden Ports. Soll nur ein Dienst über den Port möglich sein, wird auf dem Application Server eine Software (ein Proxy Server) aktiv, die das Paket von einer Netzwerkseite auf die andere Netzwerkseite überträgt. Aus Sicht des zugreifenden Benutzers sieht es so aus, als würde er mit dem eigentlichen Server-Prozess des Dienstes auf einem Zielrechner kommunizieren. Tatsächlich kommuniziert der Benutzer aber mit dem Proxy Server, dem Stellvertreter, der nach beiden Seiten als Vermittler auftritt, so dass niemals eine Verbindung zwischen Zielrechner und Besucher zustande kommt.

18. LAN Core-Lösungen

18.1 Einleitung

Heutzutage wird es immer wichtiger, schnell miteinander zu kommunizieren und gemeinsam auf Informationen, Ideen und Ressourcen zuzugreifen. Aus diesem Grund sind Datennetzwerke eine entscheidende Voraussetzung für den geschäftlichen Erfolg.

Diese wirtschaftliche Situation verlangt von modernen Unternehmen wettbewerbsfähiger zu sein und ihre Produktivität zu steigern. Eine Optimierung des Datenflusses innerhalb des gesamten Unternehmens ist ein wichtiger Bestandteil dieses Prozesses geworden. Die Bereitstellung von bandbreitenintensiven Inhalten und anspruchsvollen Multimedia-Anwendungen fordert eine effiziente Nutzung. Und das bedeutet wiederum, dass eine stabile Netzwerkinfrastruktur benötigt wird.
Aufgrund dieser neuen Anforderungen gestaltet man Netzwerke so, dass sie den derzeitigen Geschäftsbetrieb unterstützen, sich aber auch auf künftiges Wachstum einstellen. Für Unternehmen jeder Grösse stellt die Zunahme geswitchter Netzwerke eine wichtige Entwicklung dar. Die Komplexität der Netzwerke verringert sich dadurch beträchtlich. Vormals vorherrschende Routing-Technologien verschwinden immer mehr in den Hintergrund. Mit leistungsstarkem LAN-Traffic bieten geswitchte Netzwerke eine kostengünstige Grundlage für die Bereitstellung von Anwendungen der folgenden Generation, darunter Video-Streaming und ausgefeilte Web-Dienste.
Die derzeit erhältlichen Layer 3 Switches führen sämtliche Funktionen eines herkömmlichen Routers aus. Sie lassen sich an jeder beliebigen Stelle innerhalb eines Netzwerk-Cores oder Backbones einsetzen und wirken in der Netzwerkschicht des OSI-(Open Systems Interconnection)Referenzmodells. Dadurch ist eine wesentlich höhere Datenübertragung gewährleistet. Die neue Switch-Generation ist speziell für den Betrieb in höheren OSI-Schichten entwickelt. Sie weist sogar noch flexiblere Funktionen auf und kommt so mit den verschiedensten Datenverkehrsarten zurecht. Darüber hinaus ermöglicht sie ein besseres Management des Netzwerks. Die neuesten Switches sind noch intelligenter und erreichen einen höheren Durchsatz. Dabei bieten sie allen Netzwerktypen beträchtliche Vorteile, beispielsweise die Anwenderauthentifizierung und Quality of Service (QoS). Layer 4 Switches, die den Datenverkehr anhand von Multilayer-Paketinformationen identifizieren und weiterleiten, ermöglichen eine Datenverkehrsverwaltung auf Netzwerkebene und nicht nur im zentralen Core.
Der Vorteil: schnellere Antworten sowie eine Maximierung der Nutzung und Verfügbarkeit am Server. Diese ermöglichen die Identifizierung und Priorisierung von kritischem Anwendungsdatenverkehr.
In den letzten zehn Jahren implementierten Unternehmen ständig neue Möglichkeiten zum Aufbau und zur Verwaltung von Unternehmensnetzwerken. Zur Unterstützung kritischer Geschäftsanforderungen geht diese Entwicklung weiter. Geswitchte Netzwerke sind wichtig,

um optimalen Datenzugriff und Dienste sicherzustellen. Gleichzeitig sind sie Garant für hochgradige Sicherheit, Mobilität, Bereitstellung von Inhalten und die im heutigen Geschäftsleben so wichtige Zusammenarbeit. Dieses Kapitel soll die derzeit erhältlichen Techniken ein wenig näher bringen.

18.2 Neue Strategien für Netzwerke

Ein Unternehmen verlässt sich heutzutage darauf, dass das Netzwerk den Anforderungen des Geschäftsalltags gerecht wird: das Akquirieren von Kunden, Abwickeln von Geschäften sowie das Erzielen von Wettbewerbsvorteilen. Wie kann ein Netzwerk dennoch mit den Leistungsanforderungen des täglichen Geschäftswachstums mithalten - vor allem ohne die finanziellen Mittel zu sprengen?
Diesen Herausforderungen stehen viele Netzwerkmanager heutzutage gegenüber. Dabei müssen die Geschäftsanforderungen im Rahmen des verfügbaren Budgets erfüllt werden. Das ist aber nur dann möglich, wenn das geplante Netzwerk ohne grossen Kostenaufwand ausbaufähig ist. Künftige Netzwerkerweiterungen sollten ohne grossartige Umstrukturierungen möglich sein, da diese garantiert wesentlich kostspieliger sind. Um dies zu erreichen, ist die Wahl des Netzwerk-Cores entscheidend.

18.2.1 Aufbau eines Netzwerk-Cores

Änderungen an der Struktur eines Unternehmens, ob in Form von Fusion, Übernahme oder einfach nur von Wachstum, stellen an den Netzwerk-Backbone grössere Anforderungen. Erhöhter Bedarf an Datenverkehr aufgrund neuer Standorte und neu hinzugekommener Anwender sollten im Idealfall die Budgetmöglichkeiten erfüllen, ohne jedoch künftiges Wachstum einzuschränken. Derartiger Bedarf tritt oft völlig unvorhergesehen ein; wenn beispielsweise bei einem grossen Projekt viele Auftragnehmer zusammenarbeiten, kommt es zu einem erhöhten Datenverkehr. Diese kurzfristigen Spitzenbelastungen dürfen dabei die langfristige Netzwerkstrategie nicht beeinträchtigen. Darüber hinaus muss der Betreiber in der Lage sein, neue Technologien kostengünstig einzurichten. Und dabei sollten trotz ständiger Erweiterung oder Neugestaltung virtueller LANs sichere Verbindungen und mehr Kostenkontrolle im Vordergrund stehen.
Welche wirtschaftlichen Faktoren sind bei der Entwicklung oder Auswahl von Core-Technologien entscheidend? Hier müssen die individuellen Anforderungen jedes Unternehmens in Betracht gezogen werden.

18.2.2 Kostenkontrolle

Die Anforderungen lauten: mit knappen Ressourcen immer mehr zu erreichen und Wachstum zu realisieren. Deshalb sind niedrige Anschaffungskosten ein entscheidender Faktor. In der heutigen Geschäftsumgebung ist es genauso wichtig, das Netzwerk langfristig für die Zukunft auszurichten. Die Gesamtbetriebsausgaben sollten einen wesentlichen Anteil an der Gleichung ausmachen. Wenn es möglich ist, hier einzusparen und gleichzeitig Ausfallsicherheit zu gewährleisten, wirkt sich dies wesentlich auf die Investitionsrendite aus. Unternehmen erhalten dann eine bessere Kontrolle über Ihre Ausgaben.

18.2.3 Skalierbarkeit und Flexibilität

Die Skalierbarkeit von Netzwerken ist ein wesentlicher Bestandteil der Gesamtbetriebsmittel. Bei Bedarf an zusätzlicher Funktionalität sollten spezielle Anforderungen und Finanzen sorgfältig gegeneinander abgewogen sein. Somit ist die Zukunftssicherheit eines Netzwerkes gleich optimiert. In vielen Unternehmen sind die Kapazitätsanforderungen dynamisch und nicht vorhersehbar. Aus diesem Grund ist Flexibilität bei der Konfiguration des Netzwerks ein wichtiger Faktor. Durch Einrichtung eines skalierbaren Netzwerks sichern Unternehmen bestehende Investitionen maximal.

18.2.4 Sicherheit

Geswitchte Netzwerke sind zwar von Vorteil, doch hat sich das Sicherheitsrisiko damit erhöht - und zwar genau dort, wo das Netzwerk nicht geschützt ist. End-to-End Sicherheit ist heutzutage zu einem aufgabenkritischen Teil der Netzwerkverwaltung geworden. Besonders, wenn die Begleiterscheinungen des e-Business, die Verwendung von Extranets sowie das gestiegene Datenverkehrsaufkommen in privaten Netzwerken einbezogen werden. Mehr denn je zuvor müssen Netzwerke heute Anwender, Systeme und geistiges Kapital schützen. Dazu sind vor allem erweiterte Authentifizierung und Kontrolle erforderlich.

18.2.5 Verfügbarkeit

Der Arbeitsplatz sieht heute völlig anders aus als noch vor wenigen Jahren. Es ist nicht mehr nur lästig, wenn das Netzwerk langsamer wird oder sogar ausfällt - es kann kritische Geschäftsabläufe vielmehr ernsthaft gefährden. Die meisten Unternehmen beschäftigen heutzutage kaum IT-Personal, das in der Systemverwaltung geschult ist. Ein Netzwerkausfall hat deshalb katastrophale Folgen. Um eine problemlose Kommunikation und ununterbrochenen Betrieb zu gewährleisten, ist resiliente Netzwerkinfrastruktur unabdingbar. Das Netzwerk muss jedoch auch selbstregenerierend arbeiten, leistungsstark sein und eine Vielzahl von Anwendungen und hohes Datenverkehrsaufkommen unterstützen. Hochgradige Verfügbarkeit und Fehlertoleranz hängen von der Konfiguration und den Funktionen der Geräte ab, die über das gesamte Netzwerk verteilt sind. Um Zugriff auf kritische Netzwerkanwendungen zu gewährleisten, sind Chassis-basierte Switches und stapelbare Konfigurationen vorteilhaft.

18.3 Aktuelle Lösungen

Die Netzwerkkapazität in sehr grossen Unternehmen ist in der Regel vorhersehbar oder statisch. Der Netzwerk-Core ist dabei nur von kleinen oder planmässigen Änderungen betroffen. Üblicherweise benötigen diese die Skalierbarkeit, Verfügbarkeit und Leistung eines zentralisierten Core Backbones. Grosse Netzwerke verlangen nach erweiterten Multilayer-Switching-Funktionen, um ausgefeilte Anwendungen zu unterstützen und Echtzeit-Datenverkehr wie Sprachkommunikation und Video zu priorisieren. Zentrale Highend Core Switches bieten Unternehmen die benötigte Verarbeitungsfunktionalität, Portdichte und Speicherkapazität. Wenn Netzwerke Unterstützung für Routing-Protokolle (z. B. IPX und AppleTalk) erfordern, ist dies sicherlich auch die effektivste Lösung.

In einem schnell expandierenden Unternehmen mittlerer Grösse mit nicht vorhersehbaren Kapazitätsanforderungen ist ein herkömmlicher Netzwerk-Backbone heute möglicherweise nicht ausreichend genutzt und morgen bereits überlastet.

Schauen wir uns einmal folgendes Beispiel an. Die Chassis-basierte Implementierung umfasst eine Routing Fabric mit mehreren Steckplätzen für Schnittstellenmodule. Wenn mehr Anwender hinzukommen fügen Sie einfach zusätzliche Module zum Chassis hinzu. Sie sollten vorab genau planen, wie stark die Netzwerkkapazität zunimmt, um dann das für Sie geeignetste Chassis zu wählen. Da die Kapazität nicht vollständig genutzt wird, sind die Anschaffungskosten höher. Übersteigt das Netzwerk bei weiterem Ausbau jedoch die Fähigkeiten des Switches, benötigen Sie einen zweiten Switch ähnlicher Konfiguration.
Wenn in einem Unternehmen jedoch die erwartete Kapazitätssteigerung genau vorherzusagen ist und ein Netzwerkgerät mit der auf die Anforderungen genau abgestimmten Portanzahl zur Verfügung steht, ist ein Chassis die richtige Lösung. Es ist wichtig, dass der optimal auf die Anforderungen abgestimmte Netzwerktyp gewählt wird. Für die meisten Firmen sollte eine Strategie mit End-to-End Verfügbarkeit, die das ganze Netzwerk abdeckt, das wahre Ziel sein. Für wachsende Unternehmen ist eine dynamische Netzwerk-Architektur wichtig, um eine realistische Ausgewogenheit zwischen der Unterstützung des heutigen Geschäftsbetriebs und künftigem Wachstum zu erreichen. Im Folgenden wird erläutert wie dies zu realisieren ist.

18.4 Netzwerke mit verteiltem Core

Es kommen neue Gerätegenerationen auf den Markt, mit dem Bedarf an Skalierbarkeit und Ausgangsbandbreite. Wichtige Funktionen, die einst nur mit dem Core Switch in Verbindung gebracht wurden, verschieben sich jetzt in Richtung Netzwerk-Edges. Skalierbare Switches, drahtlose Access Points sowie weitere intelligente Geräte im Edges-Bereich des Netzwerks gewährleisten nunmehr Dienstpriorisierung für Sprache oder Video und End-to-End Performance. Somit verbreitet sich die Information in zunehmendem Masse über das ganze

- DLA (Distributed Link Aggregation) liefert XRN Resilience
- Redundante Switching Fabrics bieten vollständige Redundanz und ermöglichen ein schnelles Umschalten
- Client-Verfügbarkeit durch VRRP Support im Core
- Die zweifache Verbindung der Server zu den Server Aggregation Switches sorgt für 100%ige Verfügbarkeit der Server Farm
- Priorisierung der Desktop Switch-Anwendungen führt End-to-End Performance aus
- Netzwerk-Telefonie ist sofort ausführbar
- Effiziente Nutzung von WAN-Bandbreite, wobei die Desktop und Workgroup Switches den Web-Datenverkehr automatisch zu einem Web Cache umleiten und dadurch die WAN-Gesamtausgaben senken.

18.6 Eine neue Richtung für Unternehmensnetzwerke

Die Weiterentwicklung geswitchter Netzwerke läuft auf vollen Touren, da sich die Bandbreitenanforderungen stark erhöhen. Somit muss der Bedarf an erweiterten Netzwerkfunktionen erfüllt sein. Netzwerkverbindungen sind weiterhin verdrahtet oder drahtlos. Flexibilität und Mobilität sollten ohne Beeinträchtigung der Sicherheit oder Benutzerfreundlichkeit gewährleistet sein. Damit ist der Anwender in der Lage, von Remote Sites aus eine Verbindung zu Ihrem Netzwerk herzustellen.
Auch die drahtlose „Roaming-Funktion" steht ihnen auf dem Firmengelände zur Verfügung. Von überall aus greifen sie sicher und schnell auf Geschäftsanwendungen und Dienste zu. Um die Gesamtbetriebskosten zu senken, unterstützen die Lösungen von 3Com eine neue Richtung bei Unternehmensnetzwerken. Früher stand Netzwerkintelligenz nur Core-Geräten zur Verfügung - heute kann jeder Switch, drahtloser Access Point und weitere Endpunkte der nächsten Generation hier anknüpfen. So lassen sich Funktionen wie Traffic-Priorisierung, Authentifizierung und Verschlüsselung näher zu Ihren Anwendern hin migrieren.
Das Ergebnis einer auf die Netzwerkbausteine verteilten Intelligenz ist eine „Pay as You Grow"-Kostenstruktur. Sie steht für eine bessere Kostenkontrolle und Verwaltbarkeit und eine gezielte Bereitstellung neuer Dienste und Funktionen.
Die verbesserte Interoperabilität zwischen den verschiedenen Netzwerkgeräten ermöglicht es, bestehende Netzwerkinvestitionen effektiver zu nutzen und Sprach-, Daten- oder Funkelemente bei Bedarf hinzuzufügen. Verschiedene Anwendungen, darunter Voice over IP (VoIP), Unified Messaging sowie eine Reihe geschäftsspezifischer Tools, können ohne hohe Kosten von der Stärke eines verteilten Netzwerk-Designs profitieren.

18.7 Zusammenfassung

Ein Netzwerk muss eine stabile Grundlage für die verschiedensten Anwendungen und Dienste schaffen, die strategische Vorteile bieten und den Geschäftserfolg unterstützen. Die neugeswitchten Netzwerke beziehen sich in ihrer Entwicklung auf echte Herausforderungen hinsichtlich Skalierbarkeit, erweiterter QoS und Sicherheit, einfacher Verwaltung und niedrigsten Betriebskosten.
Durch die Verteilung von Netzwerkintelligenz auf Switches der nächsten Generation, drahtlose Access Points und weitere intelligente Geräte im Edge-Bereich des Netzwerks können Sie skalierbare, verwaltbare Netzwerke aufbauen, die kostengünstiges Wachstum ermöglichen, das nicht zu Lasten der Performance oder Verfügbarkeit geht.
Seit über zwei Jahrzehnten entwickelt 3Com Corporation innovative Netzwerke und bietet immer wieder völlig neuartige Lösungen an. Somit werden sie dem Bedarf an neuen Diensten und produktivitätssteigernden Funktionen entsprechen, gleichzeitig eine bessere Kostenkontrolle erzielen und die Komplexität in der Verwaltung verringern.

Rechner unterscheidet nicht, ob die Daten vom Strichcodeleser oder von der Tastatur kommen. Das Umschalten zwischen der Dateneingabe über Decoder oder Tastatur erfolgt automatisch.

Inzwischen sind Funklösungen die Alternative, denn durch ihren Einsatz kann vor allem der Aufwand beim Wareneingang von unhandlicher Ware (z.B. Monitorpaletten) wesentlich reduziert werden. Die Funk-Basisstation wird zwischen Tastatur und Rechner eingeschleift, das Einlesen der Strichcodes erfolgt analog zu den herkömmlichen Leseeinheiten. Hauptvorteil ist die Mobilität, denn Funkscanner haben eine max. Reichweite von rund 30 m.
Unterschiede zwischen den Strichcodelesern bestehen in der Anzahl der lesbaren Codes, in der Funktion der Code-Erkennung (automatisch/einstellbar), im Ableseabstand und der Leseart. Hierbei kommen Lesestift, CCD und Laserpistole zum Einsatz. Stiftleser sind ideal bei geringen Datenmengen. Als Lichtquelle wird eine rote LED verwendet. Um den Code korrekt erkennen zu können, muss der Stiftleser direkten Kontakt mit dem abzulesenden Code haben.

Bei CCD-Barcodelesern handelt es sich um Nahkontaktleser. Der Leseabstand liegt zwischen direktem Kontakt und wenigen Zentimetern. Laser-Barcodeleser können Codes noch bei grossen Entfernungen (70 cm) und wechselnden sowie gekrümmten Oberflächen reproduzieren. Als Lichtquelle ist eine Laserdiode im Einsatz.

20. Datenkommunikation

20.1 KVM (Keyboard, Video, Maus)-Switching

Die Funktion eines jeden **KVM (Keyboard, Video, Maus)-Switches** gründet auf einem einfachen Prinzip: Mehrere Server können über nur einen oder auch mehrere Arbeitsplätze gesteuert und kontrolliert werden, als sässe man unmittelbar vor jedem einzelnen Gerät. Hierzu werden lediglich die Tastatur-, Video- und Maussignale direkt am Rechner abgegriffen und an einen zentralen Arbeitsplatz übertragen. Von dort aus kann ein Systembetreuer zum Beispiel BIOS-Einstellungen vornehmen, Systemdiagnosen durchführen oder seine Rechner neu starten. Selbst dann, wenn Netzwerkprotokolle oder Betriebssysteme nicht mehr arbeiten.

Diese ursprünglich analoge Technologie half bereits vielen Betreibern von Rechenzentren überflüssige Bildschirmarbeitsplätze einzusparen, mehr Platz in den Rechenzentren zu gewinnen, Betriebskosten und vor allem den wirtschaftlichen Schaden bei Server-Ausfallzeiten zu verringern.
Begrenzt waren diese Systeme indes im Hinblick auf die Zahl der zu verwaltenden Server sowie durch die eingeschränkte Möglichkeit, weitere Bedienplätze hinzuzufügen. Hier schaffen die so genannten **Matrix Switche** Abhilfe: Durch ihr modulares Design können sukzessive Serverzahl und die Anzahl der Benutzer erhöht werden. Ein Zugriff ist allerdings nur durch analoge Verkabelungen in einem Umkreis von wenigen hundert Metern vom Rechenzentrum möglich.
Die Spitze der heutigen Technologie markiert das **Digitale Datacenter Management over IP**: Entfernungsbeschränkungen entfallen beim Remote-Zugriff über IP-Verbindungen. Beliebig viele Server und serielle Geräte können verwaltet werden. Und der Zahl der Benutzer ist ebenfalls keine Grenze gesetzt.

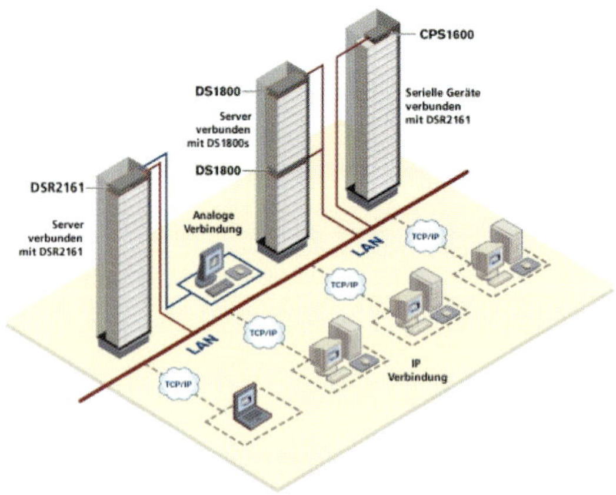

21. Terminals

PCs oder Workstations sind inzwischen ein fester Bestandteil von fast jedem Arbeitsplatz. Konventionelle Bildschirmterminals, die über die serielle Schnittstelle entweder direkt oder über einen Terminalserver mit dem Rechner verbunden sind, werden immer seltener eingesetzt.
Nur noch bei Anwendungen, die ohne Grafik auskommen, wenig rechenintensiv sind und bei denen es auf die Kosten pro Arbeitsplatz ankommt, kommen sie noch zum Einsatz. Vor allem im Unix-Bereich bekommen diese Terminals immer mehr Konkurrenz von leistungsfähigen Arbeitsplatzrechnern wie Workstations oder PCs: Diese können die Daten lokal verarbeiten, sind aber erheblich teurer und wartungsintensiver als die Bildschirmterminals. Von ihrer Funktionalität und vom Anschluss her stehen die X-Window-Terminals zwischen Bildschirmterminals und Workstations.
Network Computer (NC) sind inzwischen zwar am Markt erhältlich, aber durchgesetzt haben sie sich bislang noch nicht, zumal mit den so genannten Windows Based Terminals (WBTs) eine Alternative vorhanden ist.
Für beide Bereiche scheint es im ersten Ansatz wieder ein Schritt zurück zu sein, da ähnlich wie bei X-Terminals die Daten zentral gehalten und Anwendungen über eine einheitliche Oberfläche dargestellt werden. Bei genauerer Betrachtung werden aber die damit verbundenen Vorteile gegenüber dezentralem Programmablauf ersichtlich.
Die Entscheidung, welcher Gerätetyp und welches System eingesetzt werden soll, ist wegen der hohen Anschaffungskosten und Folgekosten für Betreuung, Wartung, Energieverbrauch usw. besonders wichtig.

21.1 Alphaterminals

Alphaterminals sind dort sinnvoll einsetzbar, wo keine Grafikfähigkeit notwendig ist, d.h. zum Beispiel dann, wenn das Terminal ausschliesslich zur Datenbankabfrage eingesetzt wird. Zur Kommunikation mit dem angeschlossenen Rechner müssen lediglich die benötigten Protokolle von dem jeweiligen Terminal unterstützt werden. Historisch bedingt haben die verschiedenen Hersteller für ihre Systemumgebungen spezifische Protokolle und damit Terminals zur Kommunikation mit dem Computer entwickelt. Alphaterminals sind in Single- und Multi-Session-Versionen erhältlich.

21.2 X-Window-Terminals

X-Window-Terminals wurden entwickelt, um eine einheitliche Benutzeroberfläche für unterschiedliche Rechner-Plattformen zu erhalten. Der Bedarf für ein solches Window-System, das hersteller- und hardwareunabhängig Informationen über das Netzwerk verteilt, entstand bereits in den frühen achtziger Jahren am **MIT** (**M**assachusetts **I**nstitute of **T**echnology) in Boston. Basierend auf diesen Anforderungen wurde das X-Window-System entwickelt, das

1986 mit der Version 10 (X10) kostenlos an Dritte weitergegeben wurde. Viele Hersteller nutzten diese Möglichkeit und unterstützen die aktuelle Version **X11R6** als Grafik- und Window-Protokoll für ihre Produkte. Inzwischen werden die klassischen X-Window-Terminals immer mehr durch Thin Client-Lösungen abgelöst. Bei dieser Lösung werden PCs oder auch NetPCs mit entsprechender Software (Exceed von Hummingbird) um die X-Windows-Terminal-Funktionen erweitert. Die Xware-Applikationen können unter Windows 3.1/95/98/ME und Windows NT/2000/XP installiert werden.

Das X-Window-System wird eingesetzt, um Systemen und Anwendungen, die unter den unterschiedlichsten Architekturen und Betriebssystemen laufen, eine problemlose Kommunikation zu ermöglichen. Über die grafische Benutzeroberfläche können an jedem X-Window-Terminal oder Thin Client mit Xware-Software mehrere Applikationen aufgerufen werden, ohne laufende Anwendungen zu verlassen. Informationen können so aus einer Anwendung in eine andere übernommen werden (Copy and Paste Funktion), was vor allem bei Büroarbeitsplätzen mit wechselnden Anwendungen von grossem Vorteil ist. Durch das X-Window-System erscheint dem Benutzer das Netzwerk als ein einzelnes, grosses Computer-System.

Das **X-Window-Terminalkonzept** setzt auf dem Client-Server-Modell auf. In diesem Fall wird das X-Window-Terminal als **Server** bezeichnet wird, während der **Client** eine X-Applikation ist, die z.B. auf dem Prozessor eines Unix-Hostrechners läuft. Der Server ist als darstellender Teil zuständig für die Darstellung und die Verarbeitung der Ein- und Ausgabe über Bildschirm, Tastatur und Maus. Auf dem funktionellen Teil, dem Client, läuft hingegen die eigentliche Applikation. Client und Server können auf getrennten Systemen laufen, solange diese über ein Netzwerk miteinander verbunden sind. Wichtig ist nur, dass Server und Client das gleiche Netzwerkprotokoll, in der Regel TCP/IP, zur Verständigung nutzen.

Verglichen mit Workstations stellen X-Window-Terminals eine preisgünstige Alternative dar, zumal hier die Systemverwaltung ausschliesslich zentral erfolgen kann, was den Aufwand für das Systemmanagement erheblich verringert. Die beim Einsatz von X-Window-Terminals möglichen Netzwerkengpässe sollten jedoch, z.B. durch den Einsatz von schnellen Backbones, vermieden werden. Die Leistungsfähigkeit von X-Window-Terminals wird durch einen standardisierten Benchmark ermittelt und in so genannten XStones angegeben. Die benötigte Speichergrösse differiert je nach Anzahl der geöffneten Fenster und Grafikapplikationen, so dass hier keine generellen Angaben gemacht werden können.
Es gibt Entwicklungen, die darauf abzielen, die Leistungsfähigkeit und Einsatzgebiete von X-Window-Terminals deutlich zu erweitern. Bedingt durch die enorme Anzahl kaufmännischer und technischer Software für Microsoft-Betriebssysteme ist man bestrebt, auch diese Applikationen auf X-Terminals zu integrieren. Das X-Terminal ist dann in der Lage, gleichzeitig neben den X-Anwendungen eines Unix-Servers auch **Windows-Anwendungen** eines Windows-Servers verarbeiten und darstellen zu können. Es ist sogar möglich, mit Copy and Paste

Informationen zwischen X- und Windows-Applikation auszutauschen. Hierzu gibt es auf dem Markt diverse Softwarelösungen, die in Funktionalität und Systemvoraussetzung stark variieren. Mit der oben bereits kurz erwähnten Xware-Software wird ein gegensätzlicher Weg beschritten, indem PCs um die X-Windows-Funktionen erweitert werden.

21.3 PCs und Workstations

Alternativ zu Bildschirmterminals werden heute oft **PCs** mit Terminalemulationen eingesetzt, falls der Benutzer auf Anwendungen eines Host-Rechners zugreifen will. Vorteil ist, dass der zentrale Rechner mit kleineren Aufgaben, wie beispielsweise Textverarbeitung, nicht belastet wird und die PCs auch für andere Aufgaben eingesetzt werden können. Nachteil einer solchen Lösung ist allerdings, dass der Systemaufwand für die Administration erheblich ansteigt, da ein Teil der Daten nur lokal vorhanden ist und ausserdem Updates an jedem Rechner separat eingespielt werden müssen. Mit der Anzahl an PCs, die mit einem Netzwerk verbunden sind, steigt daher der Aufwand für die Systempflege erheblich an.
Ein weiterer Nachteil von PCs ist der grössere Aufwand für den Anwender, der nicht nur die Bedienung des zentralen Rechners, sondern auch die des PCs erlernen muss. Dieser Nachteil kann durch den Einsatz von **Workstations** mit gleicher CPU-Architektur oder zumindest gleichartigem Betriebssystem wie dem des Hostrechners (Beispiel dafür sind SPARCserver und SPARCstations mit Solaris) behoben werden. Solche Workstations sind in der Lage, durch die Möglichkeit der lokalen Verarbeitung den Hostrechner zu entlasten. Im Vergleich zu den X-Window-Terminals kann bei Workstations lokaler Plattenplatz bereitgestellt werden. Gegenüber PCs ergibt sich der Vorteil der einheitlichen Benutzung sowie der einfacheren Systemadministration. Andererseits ergibt sich hieraus der Nachteil, dass die üblichen Personal Productivity-Anwendungen wie z.B. Office-Pakete nur mit Mühe verwendbar sind.

21.4 Windows Based Terminals (WBTs)

Ein Windows Based Terminal (WBT) ist eine Thin Client-Hardware mit Windows CE.NET als Betriebssystem, die mit einem Windows Terminal Server (für Windows 2000 bzw. Windows NT 4.0) oder MetaFrame Server verbunden wird. Ein WBT benutzt entweder das von Microsoft entwickelte so genannte **R**emote **D**esktop **P**rotokoll (RDP, früher auch als T.SHARE bekannt) oder das **I**ndependent **C**omputing **A**rchitecture Protokoll (ICA) von Citrix, um mit dem Server zu kommunizieren. In der Regel werden beide Protokolle unterstützt.

Die Besonderheit von Windows Based Terminals ist, dass sie, wie der Name bereits sagt, vollständig auf die Besonderheiten der Windows Plattform abgestimmt sind. Zu ihrem Betrieb ist daher eine Multiuser-Version von Windows 2000 oder Windows NT zwingend notwendig, sie können nicht mit anderen Systemen kooperieren. Die Interaktion, beispielsweise mit

Java-Applikationen oder spezieller Unternehmenssoftware muss hier mithilfe eines Browsers realisiert werden.
Beim Einsatz von WBT werden alle Anwendungen auf dem Server ausgeführt, und auch die Datenspeicherung erfolgt zentral auf dem Server. Lokal sind zu keiner Zeit Daten vorhanden. Dadurch bieten WBTs Sicherheit sowohl gegen Datenverluste wie auch gegen Datendiebstahl.

Wichtig ist in diesem Zusammenhang die Lizenzierung. **Jeder Client** benötigt zuerst eine Server Client Access-Lizenz (CAL). Zusätzlich ist auf dem Client eine Terminal Services CAL nötig. Systeme mit Windows 2000 Professional und Windows XP Professional enthalten automatisch eine solche Lizenz, sie müssen nicht zusätzlich lizenziert werden.
Um auch nicht-windows-basierte Hardware ansprechen zu können, bietet Citrix das Produkt **MetaFrame** an. Das Nachfolgeprodukt von WinFrame erweitert den Windows Terminal Server sowohl server- als auch clientseitig. Unter Nutzung des ICA-Protokolls wird es so u.a. möglich, auch Java-basierende Rechner, MACs, Unix Rechner oder ICA WBTs zu unterstützen.

Die ICA-Technologie beinhaltet 3 massgebliche Komponenten:
Die **Server-Komponente**: Diese auf dem Server installierte Software-Komponente arbeitet eng mit dem jeweiligen Multi User-Betriebssystem zusammen. Folgende Betriebssysteme werden unterstützt: Windows 2000 Serverfamilie, Windows NT 4.0 Terminal Server Edition, HP-UX, IBM AIX, Sun Solaris. Das Betriebssystem auf dem Server sorgt für die Ausführung der Anwendung und die ICA Server-Komponente für die Entkopplung der Anwendungslogik von der Anwendungsoberfläche.
Die **Protokoll-Komponente**: Diese Komponente sorgt dafür, dass die entkoppelte Anwendungsoberfläche über das Netzwerk zum Endgerät transportiert wird, überträgt Tastatureingaben und Mausklicks des Benutzers zum Server und liefert die Antwort des Servers wieder zum Endgerät zurück. Mit der Citrix ICA-Technologie belegen die Anwendungen nur etwa ein Zehntel der Netzwerkbandbreite, die sie normalerweise in einer Client/Server-Architektur verbrauchen würden.
Die **Client-Komponente**: Diese auf dem Endgerät installierte ICA-Komponente (der so genannte ICA Client) zeigt dem Benutzer die Anwendungsoberfläche an und ermöglicht ihm die Interaktion mit der auf dem Server ausgeführten Applikation. ICA Clients gibt es für nahezu jeden beliebigen Endgeräte-Typ. Sie ermöglichen die plattformübergreifende Arbeit mit sonst inkompatiblen Technologien.
ICA Clients stehen zum kostenlosen Download bereit: http://www.citrix.com/download

21.5 Network Computer (NCs)

Bei einem **Network Computer** handelt es sich um ein Thin Client-System, das eine Java-basierende Technologie nutzt. Dabei können Applikationen auf dem Server und als Java Applet auch auf dem Client ausgeführt werden.

Sie sind zum Einsatz im Intra- und Internet ausgelegt. Daher setzen sie nicht auf die für die Windows-Plattform spezifischen Protokolle ICA und RDP (siehe Windows Based Terminals), sondern auf im Internet üblichen Protokolle. Das bedeutet aber nicht, dass NCs nicht auch für ICA- und RDP-Umgebungen geeignet sind.
Als Client ist in dieser Architektur kein hochgerüsteter PC mehr erforderlich, sondern eben nur noch der NC. Dieser zeichnet sich hauptsächlich durch folgende Eigenschaften aus:
- NCs benötigen keine Festplatte
- NCs sind für den Einsatz im Intranet vorbereitet
- Leistungsfähige CISC- oder RISC-Prozessoren
- Umfassende Grafik- und Audiofähigkeit.

Im Vergleich zu einem PC weist der NC signifikante Vorteile auf, die dem Anwender bereits vor der Kaufentscheidung bewusst sein sollten. Das bedeutet unter anderem:

- Administrationskosten um ein Vielfaches geringer
- Sicherheit und Integrität des netzwerkorientierten Systems deutlich höher (Stichwort: zentrale Datensicherung)
- Wartung des Clients bzw. der Client-Software entfällt
- wesentlich geringere Helpdesk-Funktionen erforderlich
- Zentrale Verwaltung der Anwendungen, dadurch jederzeit gleicher Versionsstand im Unternehmen
- Neueste Software-Versionen können ohne aufwendige Installations- und Wartungsarbeiten bereitgestellt werden, da die entsprechenden Module nur auf den Server geladen werden müssen
- Web Browser als Client-Software stehen preisgünstig zur Verfügung
- Geringer Schulungsaufwand.

Zusammenfassend kann dies auf einen Nenner gebracht werden:
Wesentliche Reduzierung der Total Cost of Ownership (TCO) als genereller Vorteil der Thin Clients.

Von den Firmen Apple, IBM, Netscape, Oracle und Sun wurde ursprünglich in einem so genannten „Network Computer Reference Profile" genau definiert, welche Mindestanforderungen ein NC erfüllen muss. Mittlerweile wurde das Profil von **The Open Group (TOG)** übernommen. Diese internationale Organisation ist auch dafür verantwortlich, dass das Profil stets auf den aktuellen Stand gebracht wird. Mehr über TOG und ihre Mitglieder unter www.opengroup.org

NCs von Herstellern wie NCD (NCD NC), Tektronix (Netstation), IBM (Network Station), Neoware (Workstation) oder Sun (JavaStation) erfüllen diese Vorgaben vollständig, wobei sie sich aber in Ausstattung und Zusatzfeatures teilweise unterscheiden.

21.6 Network PCs

Im Gegensatz zu den NCs, die hauptsächlich mit Intel i960- und PowerPC-Prozessoren (NCD, IBM, Neoware) bzw. MicroSparc-II-Prozessor (Sun) ausgestattet sind, basieren die Network PCs (z.B. von Microsoft) auf Intel Desktop CPUs. Hauptunterschiede gegenüber NCs oder WBTs: Das Betriebssystem der NetPCs bleibt ebenso wie die typische Hardwareausstattung (z.B. lokale Laufwerke und Festplatten) sehr umfangreich. Teurere Anschaffungskosten für den Client sowie erhöhte Cost of Ownership sind die Folge. Das Konzept der zentralen Datenverwaltung und Administration ist damit in diesem Produktbereich nicht voll verwirklicht. Vielmehr bilden Network PCs zwischen PCs und Thin Clients eine weitere Kategorie an Arbeitsplatzrechnern.
Welche Hersteller und welche Produkte sich am Markt letztlich durchsetzen werden, ist momentan noch nicht klar abzusehen. Fest steht jedenfalls, dass sowohl PCs als auch NCs und WBTs ihren Einsatzbereich haben werden und immer mehr Anwendungen durch das Internet beeinflusst werden. Bei der Entwicklung der Internet Appliances steht als Zielsetzung, aus Geräten des normalen Gebrauchs autonome und kommunizierende Geräte zu entwickeln. Die Internet Appliances sind untereinander vernetzt und können Daten austauschen. Mittlerweile gibt es interessante Zwischenergebnisse dieser Entwicklung, so z.B. die Vernetzung von Haushaltsgeräten mit dem Ziel, jedes Gerät unabhängig vom Standort des Besitzers zu steuern und zu kontrollieren. So kann von nahezu jedem Internet-Terminal die gesamte Haus- und Heimelektronik gesteuert werden. Dabei tritt die zugrunde liegende Technologie in den Hintergrund, die Anwender- und Bedienungsfreundlichkeit werden den Bedürfnissen des Nutzers angepasst.

22. Ausgabegeräte

22.1 Bildschirme

22.1.1 Masseinheiten und Begriffe

Die **Auflösung** eines Monitors steht für die Anzahl der Bildpunkte, die auf dem Monitor dargestellt werden. Ein Bildpunkt, auch Pixel genannt, entspricht der kleinsten adressierbaren Einheit.

Die **Bildwiederholfrequenz** gibt an, wie oft das gesamte Bild pro Sekunde aufgebaut wird. Je höher sie ist, desto ruhiger erscheint das Bild. Optimal sind Werte ab etwa 73 Hz, bei denen das Auge kein Flimmern mehr erkennen kann: Damit ist bei längerem Arbeiten am Bildschirm ein ermüdungsfreies Arbeiten möglich. Der empfohlene Richtwert liegt heute bei 85 Hz.

Die **Zeilenfrequenz** steht für die Zeit, die für den Aufbau einer Bildschirmzeile benötigt wird. Sie errechnet sich aus der Bildwiederholfrequenz und der Zeilenzahl des dargestellten Videomodus und wird in kHz angegeben. Sie ist also abhängig von der Auflösung und der Bildwiederholfrequenz des Monitors.

Die **Videobandbreite** spiegelt die Qualität des Videoverstärkers wieder. Wenn die Videobandbreite zu gering ist, kann es bei hellen senkrechten Linien auf schwarzem Hintergrund zu Schattenbildungen kommen.

Der **Kontrast**: Mit der Kontrastregelung wird die gewünschte „Bildhelligkeit" eingestellt. Der Kontrast sollte so eingestellt werden, dass das Bild ausreichend hell, aber nicht übersteuert ist. Eine Übersteuerung äussert sich in farbig ausreissenden rechten Bildrändern.

Der **Fokus** bezeichnet die Form des Elektronenstrahls, die beim Auftreffen auf den Phosphor bei allen Auflösungen und Frequenzen möglichst kreisrund über den gesamten Bildschirmbereich sein sollte. Bei einem schlechten Fokus werden die dargestellten Zeichen und Linien besonders in den Bildschirmecken unscharf. Dabei sollte man bedenken, dass die Bildschärfe ausserdem auch durch die Videobandbreite, die Konvergenz und die gewählte Bildschirmauflösung beeinflusst wird.

Die **Bildstabilität**: Um die Hochspannung eines Monitors unter den verschiedensten Betriebsbedingungen stabil zu halten, muss ein hoher Aufwand getrieben werden. Eine schlechte Stabilisierung zeigt sich vor allen Dingen beim Hell-/Dunkelwechsel. Eine schwache Hochspannungsstabilisierung führt dann zu ständigen Bildbreitenänderungen, dem so genannten „Pumpen" des Bildes.

Mit dem **Nachzieh-Effekt** bezeichnet man das Phänomen, wenn ein bewegtes Objekt auf dem Bildschirm keine sauberen Abgrenzungen mehr aufweist, sondern einen „Schweif" hinter sich herzieht. Dieser Effekt tritt vor allen Dingen bei passiven LCDs (STN, DSTN) auf und ist durch die Trägheit der verwendeten Flüssigkristalle bedingt. Bei schnellen, bewegten Bildern mit grossen Kontrastunterschieden können die Flüssigkristalle nicht ausreichend schnell den neuen Zustand annehmen. Ähnliche Effekte können bei TFT-Displays und Bildröhrenmonitoren nur in erheblich geringerem Mass festgestellt werden. (Bei Bildröhren muss für die verwendeten Phosphore immer ein Kompromiss zwischen schnellen Reaktionszeiten und der Unterdrückung von Bildflimmern durch ausreichende Nachleuchtdauer des Phosphors gesucht werden.)

Mit der **Helligkeitsregelung** wird die (Hinter-)Grundhelligkeit bzw. der Schwarzanteil des Bildes eingestellt (Die Einstellung der „Bildhelligkeit" erfolgt mit Kontrast.). Ist die Helligkeit zu hoch eingestellt, wirken schwarze Bildteile grau.

Konvergenz bezeichnet die Lage der drei Elektronenstrahlen für Rot, Grün und Blau zueinander. Im Idealfall liegen diese Strahlen direkt übereinander, damit ein sauberer, weisser Bildpunkt erzeugt werden kann. Ist dies nicht der Fall, zeigen sich farbige Ränder an Linien und Zeichen und sogar Unschärfen.

Unter **Moiré** versteht man bogenförmig über den Bildschirm verlaufende Störstreifen, die sich bei Änderung der Bildbreite und -höhe verändern, und die nur bei bestimmten Auflösungen auftreten. Sie entstehen durch Interferenzen zwischen dem Videosignal und der Bildschirmmaske und treten vor allen Dingen bei Linien- oder Punktmustern auf. Bedauerlicherweise hat man bei einer sehr guten Fokusformung oftmals eine verstärkte Moirébildung. Als Testbild eignen sich besonders Linien- bzw. Punktmuster, die über den gesamten Bildschirm verlaufen.

22.1.2 Bildschirmtypen

22.1.2.1 CRT-Monitore

22.1.2.1.1 Funktionsprinzip

Bei **CRT**-Monitoren (**C**athode **R**ay **T**ube) entsteht das auf dem Monitor angezeigte Bild durch das Auftreffen eines Elektronenstrahls auf dem Leuchtstoff an der Innenseite der Monitor-Scheibe. Zur Erzeugung der Farben stehen drei Leuchtstoffe für die Grundfarben Rot, Grün und Blau zur Verfügung. Der Farbmischung liegt das so genannte additive Verfahren zugrunde, d. h., wenn ein Strahl auf einen der Leuchtstoffe trifft, wird Licht in der entsprechenden Farbe ausgestrahlt. Durch die Kombination der drei Grundfarben können somit Farben mit unterschiedlicher Helligkeit erzeugt werden.

Damit die Strahlen auf den jeweils richtigen Leuchtstoff treffen, ist vor dem Leuchtstoff eine Maske angebracht.
Zur Zeit befinden sich drei Bildröhrenarten auf dem Markt, die sich durch die Art der verwendeten Maske unterscheiden:

22.1.2.1.2 Loch-, Schlitz- und Streifenmaske

Bei der **Lochmaske** besteht die Maske im Prinzip aus einem gelochten Blech aus Metall oder Keramik mit runden Löchern, durch die der Elektronenstrahl bzw. die Elektronenstrahlen geführt werden, so dass er/sie den korrekten Punkt auf dem Bildschirm trifft/treffen. Der kürzeste Abstand zweier gleichfarbiger Bildpunkte auf einem Bildschirm gibt Aufschluss über die Feinheit der Lochmaske und indirekt damit verbunden über die Anzahl der Grafikpunkte, die ein Monitor als einzelne Elemente darstellen kann. Je kleiner die Lochmaske, desto schärfer die Abbildung.
Die Löcher bei der **Schlitzmaske** hingegen sind rechteckig ausgeführt. Im Bereich der Monitore ist diese Maskenart nicht mehr verbreitet, lediglich Hersteller von TV-Geräten nutzen noch diese Technologie in den Fernsehapparaten.
Die **Streifenmaske** besteht hingegen nur aus vertikalen Fäden, die unter hoher Spannung stehen, durch die der Elektronenstrahl gelenkt wird.

Die Vor- und Nachteile der verschiedenen Maskentypen:
Die **Loch- und Schlitzmasken-Bildröhren** sind aufgrund des „Lochbleches" weniger empfindlich gegen Erschütterungen, können bisher aber nicht den Kontrast und die Farbbrillanz einer Streifenmaske bieten. Ausserdem neigen sie aufgrund der vergrösserten Oberfläche stärker zum so genannten Dooming. Damit wird der Effekt bezeichnet, der infolge einer verstärkten Erwärmung durch den Elektronenstrahl besteht. Die Erwärmung führt zu einer Verformung der Maske. Der Elektronenstrahl kann so nicht mehr ungehindert die Lochmaske passieren. Dadurch entstehen Farbunreinheiten speziell in den Ecken des Bildschirms, sowie eine schlechte Helligkeitsverteilung. Durch die Unempfindlicheit bei Erschütterungen bieten sich die Lochmaskenbildschirme besonders zum Einsatz in industriellen Umgebungen an.

Die **Streifenmaske** setzt aufgrund ihrer Konstruktion einen geringen Teil der in den Elektronenstrahlen enthaltenen Energie in Wärme um. Dementsprechend neigt sie weniger zu Farbverfälschungen und kann höheren Kontrast und Farbbrillanz erreichen. Dafür ist sie ein wenig erschütterungsempfindlicher und wird durch zwei Stabilisierungsdrähte stabilisiert, die einem geschulten Auge wie leichte Schattenlinien auffallen können. Weiterhin besitzt ein Trinitron-Monitor (Trinitron ist eingetragenes Warenzeichen der Sony Co.) den Vorteil einer flacheren Bildschirmoberfläche. Bei herkömmlichen Lochmaskensystemen ist die Grundform eine Kugel, die sich selbst bei den moderneren FST-Bildschirmen (Flat Screen Tube) nur schwer abflachen lässt. Ein Streifenmasken-Monitor ist dagegen wie ein Zylinder geformt.

Der Bildschirm liegt wie ein Fenster in diesem Zylinder. Durch einen vergrösserten Radius des Zylinders nähert sich die Bildschirmoberfläche eines Trinitron-Monitors immer mehr der einer ebenen Fläche an. Die flachere Bildschirmoberfläche verhindert Verzerrungen. Gerade Linien sehen gerade aus und erfüllen die Anforderungen für moderne CAD/CAM- und Grafikanwendungen. Darüber hinaus wird durch das schwarzgetönte Glas, das bei Black-Trinitron-Bildschirmen eingesetzt wird, einfallendes Fremdlicht (wie Sonnenstrahlen oder Lampenlicht) weitestgehend absorbiert.

22.1.2.2 LCD-Bildschirme

22.1.2.2.1 Funktionsprinzip

Bei dieser Art von Anzeige bedient man sich der speziellen Eigenschaften einer Gruppe von chemischen Elementen, den so genannten Flüssigkristallen (**L**iquid **C**rystal), die transparent und deren Moleküle verdreht (twisted) sind. Die Drehung der Moleküle verändert die Polarisierung durchgehenden Lichts. Bei Anlegen eines elektrischen Feldes richten sich die Kristalle entsprechend aus. Diese Eigenschaften werden bei LCDs benutzt, um den Lichtdurchlass durch die Displays zu regeln. Das Licht wird von Lichtquellen (Backlight) auf der Rückseite des Displays erzeugt und durch Polarisationsfilter ausgerichtet.

Solange kein elektrisches Feld angelegt wird, wird die Polarisation entlang der gedrehten Moleküle geändert. Anschliessend trifft dieses Licht auf einen zweiten Polarisationsfilter, der im rechten Winkel zu dem ersten angeordnet ist. Aufgrund der Drehung durch die Flüssigkeitskristalle kann das Licht diesen passieren. Wird ein elektrisches Feld an den Kristall angelegt, so wird der Drehwinkel der Kristalle und damit des Lichtes geändert, und entsprechend kann nur ein Teil des Lichtes das Display passieren.

Auf diese Weise kann die Helligkeit geregelt werden, um die notwenige Anzahl von Graustufen für ein hochwertiges Display zu erhalten. Der Bildschirm ist in Bildelemente (Pixel) unterteilt, aus denen das Gesamtbild zusammengesetzt wird. Um ein Farbdisplay zu erhalten, werden pro Bildpunkt drei Pixel verwendet, deren Farbe Rot, Grün oder Blau per Farbfilter erzeugt wird. Das Bild wird durch eine Matrix von Pixeln erzeugt.

Es gibt zwei Typen von LC-Displays:

22.1.2.2.2 Aktiv- und Passivmatrix LCDs

Die Steuerung der Helligkeit jedes einzelnen Pixels, als Adressing bezeichnet, ist der wesentliche Unterschied zwischen den zwei verfügbaren Typen von LCDs.

Anders als bei den passiven Flüssigkristallanzeigen erfolgt die Ansteuerung bei den **Aktivmatrix** TFT-Displays aktiv. Dies bedeutet, dass für jeden einzelnen Bildpunkt drei „elektronische Schalter", je einer für die Farben Rot, Grün und Blau, verwendet werden, um die Zelle zu regeln. Diese Schalter sind in der Regel Dünn-Filmtransistoren (Thin Film Transistor = TFT), die den Pixel auch vor der Beeinflussung durch benachbarte Pixel schützen und Übersprechen (Crosstalk) verhindern. Die Steuerung über Transistoren hat den Vorteil, dass die Zelle ihren Zustand so lange aufrecht erhält, bis sie erneut angesteuert wird. Dadurch können schnellere Flüssigkristalle verwendet und der Nachzieheffekt vermieden werden. Diese Thin Film-Transistoren werden in einem Verfahren ähnlich der Herstellung von Halbleiterchips produziert.

Aufgrund der dabei anfallenden hohen Ausschussraten sind die Produktionskosten und damit der Gerätepreis noch recht hoch (um z. B. ein Display mit einer Auflösung von 1024 mal 768 Bildpunkten herzustellen, müssen 1024 x 768 x 3 = ~2,36 Millionen Transistoren aufgebracht werden).
Technologisch bedingt findet man bei den digitalen LCD-Displays natürlich keine Fehler wie Geometrieverzerrungen, Kovergenzabweichungen oder Unschärfen, da sich jeder Bildpunkt, bestehend aus drei Pixeln Rot, Grün und Blau, in einer festen Anordnung befindet. Stattdessen muss je nach verwendeter Technologie mit folgenden Einschränkungen gerechnet werden:
- Nicht voll funktionsfähige Pixel (Missing Dots)
- Nachziehen (Smearing) bei bewegten Bildern
- Ungleichmässige Ausleuchtung aufgrund der Hintergrundbeleuchtung.

Passivmatrix (STN, DSTN): Bei dieser Art von Flüssigkristallanzeigen erfolgt die Ansteuerung der einzelnen Zellen zeilenweise, wie bei einem Monitor. Die Kristalle werden durch kurzzeitiges Anlegen eines elektrischen Feldes ausgerichtet und „verlieren" diese Ausrichtung anschliessend wieder. Um diesen Effekt zu verringern, werden träge Flüssigkeitskristalle verwendet. Diese haben den Nachteil, dass bei bewegten Bildern durch die Trägheit der Kristalle Nachzieheffekte entstehen.

22.1.3 Anforderungen an Monitore

22.1.3.1 Bildschirmdiagonale und Anwendung

Wichtig für die benötigte **Bildschirmdiagonale** ist die Art der Anwendungen, für die ein Monitor eingesetzt werden soll. Klarer Trend ist der Wechsel von herkömmlichen Röhrenmonitoren auf die immer preiswerter und besser werdenden Flachbildschirme. Die heutigen Applikationen mit ihren zahlreichen Menü- und Buttonleisten erfordern eine grafische Auflösung von mindestens 1074 x 768 Bildpunkten bei einer TFT-Bildschirmdiagonale von 38,1 cm (15"). Sollen jedoch mehr Applikationen bzw. Fenster gleichzeitig geöffnet werden, stösst der Anwender bei einem 15"-Flachbildschirm unter Umständen an die Grenzen. In diesen

Fällen eignen sich 17"-Flachbildschirme, die heute gängigerweise eine Auflösung von 1280 x 1024 Bildpunkten aufweisen. Für platzintensive Anwendungen stehen dem Anwender im normalen Büroumfeld nebst den 18"-Flachbildschirmen mehr und mehr grössere Bildschirme mit 19" und 20" zur Auswahl. Bei den 20"-Displays ist eine Auflösung von 1600 x 1200 dpi bereits Standard. Flachbildschirme in dieser Grösse, die durch Extrapolation eine höhere Auflösung erreichen, sind für kurzzeitige Anwendungen durchaus geeignet, allerdings ist mit jeder Extrapolation auch ein Qualitätsverlust verbunden, daher empfiehlt es sich, einen Bildschirm mit dieser Auflösung zu kaufen, der diese 1600 x 1200 physikalisch unterstützt.
Inter-/Extrapolation: Verfahren zur Vergrösserung oder Verkleinerung von Bildern durch Hinzurechnen bzw. Eliminieren von Pixeln. Die Güte des Interpolationsverfahrens entscheidet über die resultierende Bildqualität.

Speziell im graphischen Bereich, CAD/CAM und Anwendungen, bei denen es auf die absolute Farbechtheit und Brillanz ankommt, empfiehlt es sich, einen CRT-Monitor mit Streifenmaske den Flachbildschirmen vorzuziehen.
Im industriellen Umfeld, wo Erschütterungen und Stösse unvermeidbar sind, sollte auf CRT-Monitore mit Lochmasken zurückgegriffen werden. (Vgl. Vor- und Nachteile der verschiedenen Maskentypen.)

Für CAD-, Grafikdesign- und DTP-Anwendungen sind 48 cm bzw. 50 cm (19"), 50,8 cm (20") oder 53 cm bzw. 55 cm (21") Monitore mit einer Auflösung von 1280 x 1024 Bildpunkten geeignet. Für komplexere Anwendungen in diesem Bereich sollten 1600 x 1200 Bildpunkte gegeben sein.

22.1.3.2 Ergonomie

Ergonomieanforderungen an Monitore:
Minimalanforderung: MPR II (geprüft in TÜV Rheinland), Blauem Engel und TCO-Siegeln.
Entscheidend ist: Grösse und Bildqualität, flimmerfrei, ausreichender Kontrast, gute Bildschärfe, dynamische Fokussierung, einstellbare Konvergenzregelung, ausreichende Zeichengrösse, frei von Störungen und Reflexen, frei und leicht dreh- und neigbar.
Arbeitsplatzgestaltung: Auch das richtige Einrichten des Computerarbeitsplatzes ist ein wichtiger Bestandteil, um entspanntes Arbeiten zu ermöglichen und die Gesundheit zu wahren. Die Stuhleinstellung, Arbeitshaltung und Sehbedingungen tragen dazu ihren Teil bei, nähere Informationen dazu sind bei transtec erhältlich.

22.1.3.3 Strahlung

Ein weiterer wichtiger Punkt bei der Auswahl von Monitoren ist die Stärke der vom Monitor ausgehenden Strahlung. Hier sind von verschiedenen Instituten Richtwerte definiert worden.

Ein wichtiger Standard ist **MPR-II**, eine Strahlungsempfehlung für elektromagnetische Wechselfelder, elektrische Wechselfelder und elektrostatische Aufladungen vom Schwedischen Prüfinstitut aus dem Jahre 1990. Monitore, die die Werte dieser Empfehlung unterschreiten, bezeichnet man üblicherweise als strahlungsarm.

Seit Januar 1999 besteht die aktuelle Richtline: **TCO 99**, welche auf den Vorgängern TCO 92 und TCO 95 aufbaut. Um nach TCO 99 zertifiziert zu werden, müssen Monitore neue und verschärfte Anforderungen an Qualität und Ergonomie erfüllen. Erstmals wird eine Mindest-Bildwiederholfrequenz von der Auflösung und Gerätegrösse abhängig gemacht (Beispiel: 17"-Monitor mit 1024 x 768, mind. 85 Hz). Weitere Neuerungen: nur noch 15 Watt Stromverbrauch im Energiesparmodus (vorher 30 Watt), Verbot von brom- und chlorhaltigen Stoffen und Vermeidung von Schwermetallen sowie verbindliche Recyclingvorschriften in den jeweiligen Ländern.

Ganz neu seit Ende 2002 bzw. Anfang 2003 verabschiedet und noch nahezu unbekannt ist die **TCO 03**, die auf der gängigen Norm TCO 99 aufbaut und verschärfte Anforderungen an die beiden Bereiche Röhrenmonitore und Flachbildschirme stellt. Hier werden z.B Höhenverstellbarkeit, Anforderungen an die Kabel, Gehäuse und Recycling definiert.

22.1.4 Grafikstandards

Im PC-Bereich haben sich im Laufe der Zeit unterschiedliche Grafikstandards entwickelt, die sicherstellen, dass Grafikkarten, Monitore und Anwendungsprogramme untereinander kompatibel sind. Der Video Graphics Array-Standard (VGA-Standard) und der Super-VGA-Standard sind heute am wichtigsten. Die Auflösung beim **VGA**-Standard beträgt 640 x 480 Punkte, wobei 16 aus einer Palette von 256 Farben gleichzeitig dargestellt werden. In einem zusätzlichen Modus können 256 Farben gezeigt werden, jedoch nur bei 320 x 200 Bildpunkten.

Super-VGA (**SVGA**) und **XGA** stehen für höhere Auflösungen von bis zu 1024 x 768 Bildpunkten. Für die Darstellung von 16 aus 256 Farben wird ein Bildschirmspeicher von 512 KB benötigt. Bei 1 MB Speicherausbau können insgesamt 256 Farben aus einer Palette von 16,7 Millionen Farben dargestellt werden. Für Workstations sind die Grafikstandards aus dem PC-Bereich nur von geringer Bedeutung. So ermöglichen die im Compaq/Digital-, HP-, IBM- und SGI-Umfeld einsetzbaren Grafikkarten Auflösungen von 1024 x 768 und 1280 x 1024 bis zu maximal 1600 x 1280 Pixel bei unterschiedlichen Bildwiederholfrequenzen. Die in SPARC-Stations eingesetzten Grafikkarten unterstützen meist eine Auflösung von 1152 x 864 Bildpunkten bei einer Bildwiederholfrequenz von 66 oder 76 Hz. Daneben stehen aber auch im SPARC-Bereich Grafikkarten zur Verfügung, die den VGA-Standard unterstützen oder Auflösungen von 1024 x 768 bis zu 1600 x 1280 erreichen.

22.2 LCD-Projektoren

Für Präsentationen vor grösseren Gruppen bietet es sich an, die Bildschirmdarstellung allen Teilnehmern mit Hilfe eines Projektors zugängig zu machen. Wird bei der Präsentation mit Hilfe eines Overheadprojektors eine längere Vorbereitungszeit benötigt (Folien drucken, Kopien erstellen, etc.) so reduziert sich durch den Einsatz von LCD-Projektoren dieser Aufwand deutlich und Änderungen können bis zur letzten Minute, sogar während der Präsentation, vorgenommen werden und Präsentationen können durch Animationen interaktiv und damit auch interessanter gestaltet werden.
Die Entwicklung der heutigen Projektorengeneration geht hin zu immer handlicheren und leiseren Geräten für den Einsatz in Konferenzräumen, zum mobilen Einsatz und bei Veranstaltungen sämtlicher Grössen. Gängig sind bereits Lautstärken unter 30 dB, hochmoderne Lampen mit Lebensdauern von bis zu 6000 Stunden und Gewichte von unter 2 kg.
Die stetig ansteigenden ANSI-Lumen-Zahlen ermöglichen den Einsatz in nahezu taghellen Räumen. Die Projektoren von Philips beispielsweise arbeiten mit der so genannten Limesco-Technologie (**Li**ne **Me**mory **S**can **Co**nverter), welche einen Chip beinhaltet, der es dem Projektor ermöglicht, höhere Grafikstandards bildschirmauffüllend über seine eigene Grafikauflösung heraus darzustellen.

22.2.1 Die Technologien

Die am weitesten verbreitete Technologie ist die **LCD-Technik**. Das Licht wird in die Grundfarben Rot, Grün und Blau gesplittet, durch je ein LC-Display als Lichtventil geleitet und am Ende dieses Prozesses wieder zusammengefügt, jeder einzelne Bildpunkt und jede der drei Grundfarben hat also ein LC-Display zur Verfügung.
Die **DLP-Technologie** setzt auf vielen, äusserst kleinen, quadratisch geformten Spiegeln auf, die auf einem DMD-Chip aufgesetzt sind. Das Licht wird nur über geneigte Spiegel zur Leinwand reflektiert. Das menschliche Auge kann diese hohe Frequenz des Ein- und Ausschaltens der Lichtpunkte nicht wahrnehmen und die Darstellung von Farbabstufungen wird ermöglicht, durch das Farbband mit den drei genannten Grundfarben werden die Farben erzeugt.

22.2.2 Vor- und Nachteile der beiden Technologien

Ein hoher Sättigungsgrad der Farben und eine gleichmässige Ausleuchtung sind die Vorteile der zuverlässigen LCD-Technologie. Auch in der Anschaffung haben die Geräte mit der LCD-Technik einen Vorteil durch günstige Preise.
Farbechtheit in der Darstellung und der Wegfall eventueller Pixelfehler sind die klaren Vorteile der ein wenig teureren DLP-Geräte, die mit einer grossen Lichtausbeute und einer sehr guten Bildqualität überzeugen.

22.3 Drucker

Wenn es um verschiedene Druckertechnologien geht, sind die wichtigsten Themen Tintenstrahldrucker und Laserdrucker, während Nadeldruckern und Thermodruckern immer weniger Bedeutung zugewiesen wird.

22.3.1 Die Technologien

22.3.1.1 Tintenstrahldrucker

Für Tintenstrahldrucker wurden verschiedene Technologien entwickelt. So unterscheidet man die Festkörpertintenstrahler von den Flüssigkörpertintenstrahlern sowie die Drop-on-Demand-Technik von der Continous-Flow-Technik.

Die **Festkörpertintenstrahldrucker** werden für den Farbdruck verwendet. Eine bei Zimmertemperatur gelartige Farbmasse wird erhitzt und im geschmolzenen Zustand auf das Papier gespritzt, wo sie sofort wieder erkaltet. Aufgrund der Zustandsänderung des Farbstoffes (fest - flüssig - fest) werden diese Drucker auch als Phase-Change-Tintenstrahler bezeichnet. Das Druckbild ist sehr gut, allerdings sind diese Geräte im Anschaffungspreis und im Unterhalt relativ teuer. Es ist die Technik, die diese Geräte so teuer macht: Für jede Farbe ist eine getrennte Schmelzkammer vorgesehen, in der die Masse verflüssigt und im Tintenreservoir zum Drucken bereitgehalten wird. Nach dem Abschalten des Druckers erkaltet die Farbmasse.

Das hat eine aufwendige Reinigung des Drucksystems und lange Wartezeiten beim Wiedereinschalten zur Folge, bis die Betriebstemperatur erreicht ist und die jeweiligen Farbstoffe im geschmolzenen Zustand verfügbar sind. Die Druckerzeugnisse sind, ganz ähnlich wie beim Thermotransferverfahren nur bedingt alltagstauglich: Sie sind empfindlich und müssen daher sehr vorsichtig behandelt werden.

Continous-Flow-Tintenstrahldrucker verlieren immer mehr an Bedeutung, lediglich einige wenige Drucker arbeiten noch mit dieser Technologie. Dabei fliesst Tinte kontinuierlich in einem elektrostatischen Feld von einem Vorrats- in einen Auffangbehälter. Beim Drucken werden aus diesem Tintenstrom einzelne Tropfen auf das Papier abgelenkt. Mit dieser Technologie wird eine sehr hohe Qualität speziell im Farbdruck erreicht, jedoch ist diese Technologie sehr teuer und in der Form der Geräte nicht kompakt genug für die normalen Druckanforderungen. Es sind Sonderlösungen für spezielle Anforderungen.

Thermische Tintenstrahldrucker
Diese Tintenstrahltechnologie von HP hat sich auf dem Markt als führende Technologie etabliert. Drucker nach diesem Prinzip sind schnell, haben eine hohe Druckqualität und

sind preiswert in Unterhalt und Anschaffung. Mit diesen Geräten wurde ein sehr robustes System geschaffen, bei dem Druckermechanik und die hochpräzisen Druckköpfe voneinander unabhängig sind. Der gesamte Druckkopf ist in auswechselbaren Tintenpatronen untergebracht. Diese werden mit der gleichen Fertigungstechnik hergestellt, wie auch die Mikrochips produziert werden. Die mikrolithografische Herstellungstechnik erlaubt eine wirtschaftliche Serienproduktion bei konstanter Qualität. Ausgangsmaterial ist ein runder monokristalliner Siliziumwafer. Aus diesem werden die nötigen Strukturen für den Tintentransport, die Tintendrüsen und natürlich auch die elektrischen Verbindungen und Bauteile herausgeätzt. Wenn eine Tintenpatrone leer ist, so erhält der Anwender mit der neuen Patrone automatisch einen neuen Druckkopf, was eine konstant hohe Druckqualität auch noch nach Jahren gewährleistet. Und das zu einem vergleichsweise niedrigen Preis.
Bei diesem Druckverfahren fährt der Druckkopf auf einem Transportschlitten horizontal über das Papier, das nach dem Drucken einer Zeile verschoben wird, dann wird die nächste Zeile gedruckt. Der Druckvorgang erfolgt berührungslos. Wo immer ein Druckpunkt gesetzt werden soll, wird ein winziger Tintentropfen aus einer der Drüsen im Druckkopf abgegeben. Daher wird der Vorgang auch als Drop-on-Demand (Tropfen bei Bedarf) bezeichnet, im Unterschied zu der Continous-Flow-Technologie. Dies stellt sicher, dass nur soviel Tinte verbraucht wird, wie tatsächlich zum Ausdrucken benötigt wird. Im Inneren laufen in der Zwischenzeit sehr komplexe Vorgänge ab.
Die Düse, aus der die Tinte herauskommt, ist eine winzige Kammer, an deren Boden sich ein Widerstand befindet, der bei Stromzufuhr heiss wird. Die Tinte, die dank der Kapillarkräfte aus dem Vorratsbehälter durch Kanäle zur Düsenkammer gelangt, wird dort in Sekundenbruchteilen auf gut 300°C erhitzt. Die am Kammerboden entstehende Dampfblase drückt die restliche Tinte in der Kammer durch den Düsenschacht aus der Öffnung. An der Düsenöffnung, die dünner als ein halbes menschliches Haar ist, fällt die Dampfblase in sich zusammen. Dadurch werden Kräfte frei (Schockwellen), die den Tintentropfen mit einer Geschwindigkeit von rund 100 km/h abstossen. Nachdem der Tintentropfen die Düse verlassen hat, entsteht in der Düsenkammer ein Unterdruck, der für das Nachfliessen der Tinte aus dem Vorratsbehälter sorgt. Der Prozess kann sich einige tausend Mal in der Sekunde wiederholen.

Die Tropfenbildung und der Ausstoss werden heute in aufwendigen Computersimulationen untersucht. Damit ist eine ständige Weiterentwicklung des Vorgangs möglich. Wichtig ist dies zum Beispiel im Hinblick auf die Dynamik des Prozesses, so bewegt sich ja während des Druckens der Druckkopf kontinuierlich weiter. Der Tropfen fliegt nicht entlang einer gradlinigen, sondern beschreibt eine genau berechnete, bogenförmige Bahn in Richtung Papier. Diese technischen Parameter werden bei der Steuerung des Druckers berücksichtigt und der ganze Vorgang entsprechend optimiert.

Auch der Grösse der Tintentropfen gilt das Augenmerk der Entwickler. Obwohl bereits heute in Grössenordnungen von zehnmilliardstel Litern, werden die Tropfen stetig verkleinert, was eine bessere Dosierung der Tintenmenge ermöglicht, indem man mehrere Tropfen übereinander druckt. In der Praxis ergeben sich daraus folgende Vorteile: Es können mehr Farben pro Druckpunkt dargestellt werden, die Druckqualität ist auch auf Normalpapier sehr hoch und die Druckgeschwindigkeit wird gesteigert.

22.3.1.2 Laserdrucker

Während die oben genannten Druckertechnologien auf dem so genannten Zeilenprinzip beruhen - eine Druckdatei, die im Computer erzeugt wird - basiert die Lasertechnologie auf dem Seitenprinzip. Laserdrucker arbeiten nach elektrofotografischem Verfahren, einem physikalischen Druckprozess, bei dem keine chemischen Prozesse stattfinden und somit keine flüssigen Lösemittel benötigt werden: Beim Druckvorgang wird zuerst die im Drucker befindliche Bildtrommel elektrisch geladen. Anschliessend überträgt ein über ein Spiegelsystem geleiteter Laserstrahl zeilenweise das Druckbild auf die Trommel. Für jeden Zeilenpunkt, der nicht gesetzt
werden soll, schaltet der Drucker den Laserstrahl ab. Am Auftreffpunkt des Laserstrahls wird die elektrische Ladung der Bildtrommel neutralisiert. An diesen neutralisierten Punkten nimmt die Trommel im weiteren Verlauf des Druckvorganges den Toner auf, der dann auf das Papier übertragen und durch Hitze und hohen Andruck fixiert wird.
Dieses Verfahren trifft sowohl für monochrome als auch für Farblaserdrucker zu. Nur wird bei den angebotenen Farblaserdruckern der gesamte Vorgang einmal für jede Mischfarbe (C, Y, M und K) wiederholt. Allerdings läuft nicht das zu bedruckende Papier viermal durch das Gerät, sondern ein spezielles Band, auf dem die zu druckende Seite aufgezeichnet wird. Von der Druckertrommel wird dieses Druckbild in einem einzigen Arbeitsgang auf Papier oder Folie übertragen.
Einige Hersteller haben Verfahren entwickelt, die durch steuerbare Punktgrössen oder variable Punktpositionierung das Druckbild deutlich verbessern. HP beispielsweise nennt sein Verfahren **R**esolution **E**nhancement **T**echnology (RET). Dieses eingebaute Feature kann softwareunabhängig durch die Optimierung der Punktgrösse und deren Positionierung im Verhältnis zu den benachbarten Punkten besser gerundete Kurven, schärfere Linien/Kanten und glattere Übergänge erzeugen.
Der Vorteil von Laserdruckern liegt vor allem in der hohen Druckqualität und Grafikfähigkeit sowie der geringen Geräuschentwicklung beim Druckvorgang. Da ihr Anschaffungspreis über dem von Tintenstrahldruckern liegt, werden Laserdrucker vor allem für höhere Druckaufkommen empfohlen.

22.3.1.3 Nadeldrucker

Noch vor wenigen Jahren fanden sich Nadeldrucker in der Nähe von fast jedem PC. Mit ihnen konnte man erstmals Schriften und Grafiken, auch gemischt auf einer Seite, drucken.

Abgesehen davon, dass ihr aus einzelnen Punkten zusammengesetztes Schriftbild nicht besonders ansprechend ist, machen die Nadeldrucker vergleichsweise laute Druckgeräusche. Einige Nadeldrucker können auch farbige Ausdrucke erstellen, dazu wird anstelle des schwarzen Farbbandes ein Drei- oder Vierfarbband eingesetzt. Abgesehen von der äusserst geringen Arbeitsgeschwindigkeit steigen dabei die Verbrauchskosten, da beim Drucken des öfteren dunkle Farben auf den Y-Streifen des Farbbandes gelangen und diesen verschmieren. Dennoch sind Nadeldrucker auch heute aus einigen Bereichen nicht wegzudenken, speziell in Logistikunternehmen und anderen Bereichen, in denen man Dokumente mit Durchschlägen drucken muss.

22.3.1.4 Thermodrucker

Unter dem Begriff Thermodrucker betrachten wir vor allem zwei Technologien: Die Thermotransfer- und die Thermosublimationsdrucker. Die wenigen Thermodrucker, die durch Hitze im Papier eingelagerte Farbstoffe sichtbar machen (ähnlich den Thermofaxgeräten) spielen auf dem Markt praktisch keine Rolle mehr.
Für hochwertige Farbdrucke werden **Thermosublimationsdrucker** angeboten. Sie erhitzen farbiges Wachs, das sich auf einer Trägerfolie befindet und drucken es auf Papier. Das Wachs wird dabei so heiss, dass es verdampft und in das Papier eindringt.
Mit dem Thermosublimationsdrucker lassen sich auch feine Farbabstufungen in einer Qualität drucken, die für Proofdrucke im grafischen Gewerbe ausreicht. In diesem Zusammenhang ist es interessant, dass diese Drucker ihre hochwertige Bildausgabe mit einer vergleichsweise niedrigen Auflösung von sogar unter 200 dpi erreichen.

Dies ist ein weiterer Beweis dafür, dass die Farbdruckqualität nicht von der Auflösung, sondern von der Art der Farbmischung definiert wird. Allerdings sind sowohl die Anschaffungskosten als auch die Betriebskosten (Farbfolien, Spezialpapier) so hoch, dass Thermosublimationsdrukker für den Büro- und Heimbereich nicht in Frage kommen. Die speziell für den Heimbereich angebotenen preiswerten Varianten bleiben hinter der Qualität der Profimodelle so weit zurück, dass ihr Nutzen zweifelhaft ist.
Eine vereinfachte Bauart ist der **Thermotransferdrucker**. Er arbeitet ebenfalls mit Wachsfolien, jedoch wird das Wachs nur so weit erhitzt, dass es schmilzt und als farbiger Punkt auf das Papier gebracht wird. Die Farbwiedergabe ist ausreichend gut, die Ausdrucke sind aber empfindlich gegen Knicke und Kratzer. Es können nur spezielle Papiere und Folien verwendet werden und die notwendigen Wachsfolien sind teuer. Auch wenn einige Drucker im unteren

Preissegment angeboten werden, sprechen die hohen Kosten für die Verbrauchsmaterialien gegen ihre allgemeine Verwendung. Eingesetzt werden sie vor allem von professionellen Grafikern, für die sie eine ernsthafte und vor allem preiswerte Alternative zum Thermosublimationsdruck sind.

22.3.2. Druckerprotokolle

Als Synonym zu dem Begriff Druckerprotokoll wird häufig auch das Wort Druckersprache benutzt.
Die meisten Laserdrucker beherrschen die Protokolle **HP PCL** und/oder **PostScript**. PostScript ist eine druckerunabhängige Seitenbeschreibungssprache, bei der ein Schrifttyp (Font) durch mathematische Kurven (Bezier-Kurven) definiert ist. Wegen ihrer hohen Leistungsfähigkeit und der flexiblen Befehlsstruktur wird in vielen Bereichen mit PostScript gearbeitet.
HP PCL (**P**rinter **C**ommunication **L**anguage) ist eine von HP entwickelte Seitenbeschreibungssprache zur Ansteuerung von Druckern, speziell von Plottern, die auch von zahlreichen anderen Herstellern genutzt wird. HP PCL 6 ist eine Weiterentwicklung von HP PCL 5 und zu dieser abwärtskompatibel. Neuerungen in PCL 6 sind beschleunigtes Drucken vor allem komplexer Grafiken, verbesserte Druckqualität sowie erhöhter Netzdurchsatz durch Verwendung kleinerer und kompakterer Befehle. Deutliche Leistungssteigerungen sind vor allem unter Microsoft Windows zu erwarten, da die PCL 6 Befehle das Graphical Direct Interface (GDI) unterstützen.
Einige Geräte beherrschen auch die Plottersprache HP-GL (HP **G**raphics **L**anguage). Das in HP PCL integrierte Protokoll HP-GL/2 ist eine Weiterentwicklung von HP-GL. HP-GL ist eine vektorbasierte Sprache, was höchste Druckqualität sicherstellt.

Eine Implementierung der Plottersprache HP-GL oder HP-GL/2 auf Laserdruckern hat den Vorteil, dass Plotterkommandos vom Laserdrucker aufbereitet und in eine entsprechende Grafikdarstellung überführt werden können. Der Austausch eines Plotters gegen einen HP-GL- oder HP-GL/2-fähigen Laserdrucker kann deshalb völlig problemlos und ohne Treiberanpassungen vorgenommen werden. Die Ausgabe von Grafiken, die auf einem Plotter technisch bedingt lange dauern, kann mit einem Laserdrucker in Sekundenschnelle realisiert werden.

23. Multimedia

Multimedia ist inzwischen nicht mehr nur ein weitverbreitetes Schlagwort, sondern in vielen Anwendungen bereits fest implementiert.

Allgemein wird unter Multimedia die **Kombination von verschiedenen Medienformen wie Standbilder (z.B. unter Verwendung digitaler Kameras), Audio, Bewegtbilder, Texte und Grafiken** bezeichnet. Viele Rechner erledigen weitere Aufgaben. Es können normale Musik-CDs abgehört und E-Mails mit Toninformationen verschickt werden. Der PC dient auch als Telefonanlage, der Anrufe weiterleitet, oder als Anrufbeantworter, der ankommende Telefonate beantwortet.

Videokonferenzsysteme bekommen eine immer grössere Bedeutung, da nicht nur ein normales Videobild übermittelt werden kann. Es ist möglich, Konferenzen mit mehreren angeschlossenen Partnern abzuhalten und Dokumente über grosse Entfernungen schnell und kostengünstig auszutauschen. In Verbindung mit Multimedia werden immer auch CD- und DVD-Laufwerke sowie Jukeboxen genannt. Der Grund hierfür ist, dass die Datenmenge generell sehr hoch ist und deswegen besonders preisgünstige, schnelle Speichermedien mit hoher Kapazität benötigt werden.

23.1 Digitale Kameras

Digitale Kameras nehmen durch die rasant wachsenden Multimedia-Anwendungen einen immer grösseren Stellenwert ein. Sollen Bilder mit dem Computer bearbeitet werden, muss bei einer konventionellen Kamera erst der Film entwickelt und dann das Dia oder der Papierabzug gescannt werden. Bei der digitalen Kamera wird das Bild digital auf einem internen Speicher abgelegt und über eine Schnittstelle, eine Diskette oder CD/DVD zum Computer übertragen. Der Anwender kann Bilder vergrössern, verkleinern, in Dokumente integrieren und über Online-Dienste verschicken. Desktop-Publishing, Präsentationen sowie einfachere Marketingbroschüren können ohne Scanner schnell und einfach mit Bildern gefüllt werden. Steht zudem ein geeigneter Farbdrucker - z.B. von HP - zur Verfügung, kann der Arbeitsablauf **„fotografieren - sehen - bearbeiten - ausdrucken"** komplett abgeschlossen werden.

23.2 Sprachanwendungen

Sprache ist ebenso wie Musik ein analoges Signal, das durch Digitalisierung in eine rechnerverarbeitbare Form gebracht und dann von einer Soundkarte wieder in analoge Signale gewandelt werden kann. Zur Ein- und Ausgabe sowie zur Bearbeitung von Toninformationen wird eine so genannte Audioschnittstellenkarte, im PC-Bereich auch Soundkarte genannt, benötigt.

Das über Mikrofon oder Überspielkabel eingespeiste analoge Audiosignal wird von der Audiokarte mehrere tausend Mal pro Sekunde abgetastet (Sampling). Die Qualität der Abtastung ist abhängig von der Auflösung des Digital-Analog-Umsetzers (z.B. 8, 10 oder 16 bit) sowie von der Abtastfrequenz (Anzahl der Messungen pro Sekunde). Dieses Verfahren nennt man **P**uls **C**ode **M**odulation (**PCM**). Möchte man Sprache über weitere Strecken, z.B. via E-Mail, übertragen, müssen die Datenmengen möglichst klein gehalten werden. Dazu werden die Signale über **ADPCM** (**A**daptive **D**ifferential **PCM**) vor dem Senden komprimiert und beim Empfänger wieder dekomprimiert.

23.3 Videobearbeitung

Videokarten finden heute in den unterschiedlichsten Bereichen Anwendung. Neben dem Einsatz zur Erstellung digitaler Videoclips für Schulungszwecke oder Präsentationen wird auch die Darstellung von Live-Video oder Video-on-Demand ein immer grösseres Thema. **Live-Video** ermöglicht dem Anwender, parallel zu laufenden Applikationen Nachrichtensendungen mitzuverfolgen.

Ein weiteres Anwendungsgebiet ist die Echtzeit-Übertragung komprimierter Videobilder über Netzwerke. Die Videos können auf einem Videoserver, der mit einer solchen Karte ausgerüstet ist, gespeichert werden. Entfernt sitzende Anwender, die über das Netzwerk Zugriff auf diesen Videoserver haben, können dann via **Video-on-Demand** die gespeicherten Videofilme auf ihrer Workstation anschauen oder dort zur Weiterverarbeitung abspeichern.
Zur Erstellung von **Präsentationen** können Videos von einem angeschlossenen Videorecorder oder einer Videokamera in die Workstation eingelesen werden und - je nach Wunsch - entweder ganze Videosequenzen manipuliert oder Standbilder abgespeichert und in Demos eingebunden werden.
Voraussetzung für die Erstellung von Videoclips ist der Einsatz einer Videokarte, die die Videosequenzen oder Standbilder von einem angeschlossenen Videorecorder, einer Videokamera oder TV-Geräten auf der Festplatte abspeichert. Videosoftware bietet dann die Möglichkeit zur Manipulation der Videos. Da die Videodaten ohne bemerkbaren Qualitätsverlust vervielfältigt und geschnitten werden können, ist der Videoschnitt letztlich eine Frage von Dateikopier- und löschbefehlen. Darüber hinaus bietet die Videoverarbeitung per Computer den Vorteil, dass auf jedes einzelne Bildstück des digitalisierten Materials sekundenschnell zugegriffen werden kann. Lästige Umspulzeiten entfallen.
Die Übernahme einzelner Videobilder oder ganzer Videosequenzen in den PC oder in die Workstation kann über Videokarten mit unterschiedlichen Leistungsmerkmalen erfolgen, die im Folgenden aufgezeigt werden.
Um Echtzeit-Videos oder Fernsehbilder am Monitor darzustellen, wird eine so genannte **Overlaykarte** benötigt, die die aufwendige Digitalisierung der Videodaten umgeht. Diese Overlaykarten besitzen meist keine bzw. nur eine eingeschränkte Grabbing-Funktion und

sind damit lediglich als Fernsehempfänger oder für Überwachungskameras einsetzbar. Das Videosignal wird von der Overlay- auf die Grafikkarte übertragen, so dass die Darstellung keine Rechenzeit erfordert. Das Videobild wird in einem separaten Fenster auf dem Monitor angezeigt.

Zusätzlich zur Video- und Overlayfunktion ist bei einigen Videokarten bereits eine **Grafikkarte** integriert. Damit wird eine separate Grafikkarte überflüssig und für beide Funktionen wird nur ein Steckplatz im PC benötigt. Noch einen Schritt weiter gehen solche Videokarten, die über einen **TV-Tuner** verfügen. Damit kann neben Live-Videos jede beliebige Live-TV-Sendung in einem Fenster am Bildschirm dargestellt werden.
Um ganze Videosequenzen am Bildschirm darzustellen und zu digitalisieren, werden **Echtzeit-Digitizer** benötigt, die das Videosignal in digitale Bilderfolgen umwandeln.

Das Hauptproblem beim Abspeichern von Videosequenzen sind jedoch stets die enormen Datenmengen, die bei der Digitalisierung von Bildern und Videos anfallen. Für die Digitalisierung von einem Videobild mit 24-bit Farbtiefe werden ca. 1.2 MB benötigt. Bei einem PAL-Signal von 25 Bildern pro Sekunde entsteht so eine Datenmenge von 30 MB pro Sekunde. Zum Abspeichern von Videosequenzen sollte daher eine Videokarte mit **Hardware-Kompression** zum Einsatz kommen. Die Datenkompression verringert den Speicherbedarf und erhöht gleichzeitig die Verarbeitungsgeschwindigkeit der Videobilder. Ausserdem wird durch die Kompression die benötigte Bandbreite bei Datenübertragungen über das Netzwerk verringert.
Eine Kompression ohne Verlust an Qualität ist mit vertretbarer Rechenzeit nur bis zu einem Verhältnis von 1:2 möglich. Praktisch alle Lösungen für Videokompression müssen aber weit höhere Kompressionsraten erreichen. Softwarelösungen verwenden Algorithmen, die mit geringen Verlusten an Bildqualität Kompressionsraten bis 1:20 bewirken. Aufgrund dieser eingeschränkten Kompressionsrate setzen viele Video-Digitizer auf den Kompressionsstandard **JPEG**. Spezielle integrierte Schaltungen auf der Videokarte erlauben es, Videos in Echtzeit, d.h. mit mindestens 25 Bildern pro Sekunde, bis um den Faktor 1:10 zu komprimieren und zu dekomprimieren. Dieser Kompressionsalgorithmus arbeitet jedoch vor allem bei höheren Kompressionsfaktoren nicht verlustfrei, d. h., man kann Original und komprimiertes Bild nicht nur unterscheiden, sondern aus dem komprimierten Bild lässt sich das Original nicht mehr rekonstruieren. Es entstehen so genannte Würfeleffekte, die Bildbestandteile werden extrem grobkörnig. Der Grad der Kompression kann variabel eingestellt werden. In der Praxis muss hier ein Kompromiss gefunden werden, da hohe Qualität geringe Kompression und damit eine hohe Datenmenge bedeutet.
Motion JPEG arbeitet ebenfalls nur mit Einzelbildern, es entsteht im Prinzip eine Datei aus vielen JPEG-komprimierten Einzelbildern.
MPEG berücksichtigt darüber hinaus auch, dass die Veränderung von einem Bild zum nächsten meistens nur gering ist. Das Verfahren eliminiert die Ähnlichkeiten aufeinander

folgender Bilder. Nur noch jeweils zwei Bilder pro Sekunde enthalten die volle, unabhängige Information des Einzelbildes. Alle dazwischenliegenden Bilder enthalten nur noch die Veränderungen zum vorhergehenden Bild. Festzustellen, welcher Teil des Bildes sich im nächsten wiederverwerten lässt, verlangt eine enorme Rechenleistung. Aus diesem Grund sind Video-Digitalisierungskarten mit MPEG-Bewegungskompression sehr teuer.
Um eine angemessene **Ausgabequalität** der erstellten Videosequenzen zu gewährleisten, empfiehlt es sich, von vornherein nur hochwertiges Ausgangsmaterial zum Digitalisieren zu verwenden. Beim Digitalisieren von VHS-Videos stösst man schnell auf Probleme bei der Bildqualität. S-VHS oder, noch besser, professionelles Betacam eignet sich weitaus besser. Falsch ist, dass wegen der Qualitätsverluste durch Kompression die Eingangsqualität keine grosse Rolle spielt. Fehler wie Drop-Outs oder Rauschen machen sich nach der Digitalisierung doppelt bemerkbar. Insbesondere auf Rauschen reagieren die Kompressionsverfahren wie MPEG sehr empfindlich, da sich dann von Einzelbild zu Einzelbild sehr viele Informationen ändern.
Sind die Videobilder auf der Festplatte gespeichert, können diese über Videobearbeitungs-Software beliebig geschnitten und manipuliert werden. Mit Hilfe von Überblendungen und anderen Trickeffekten können so eigene Videofilme erstellt werden.

Werden entsprechende Bibliotheken und Programmierschnittstellen mitgeliefert, können für die Bildverarbeitung auf der Workstation oder auf dem PC eigene **Programme** geschrieben werden. Für Schulungs- und Präsentationszwecke lassen sich so die gewünschten Bildfolgen zusammenstellen und beispielsweise mit Texteinblendungen kombinieren.

Lernprogramme können so gestaltet werden, dass der Benutzer individuell auswählt, welches Kapitel er mit welchem Schwierigkeitsgrad am Bildschirm dargestellt haben möchte. Die Software sucht dann die entsprechenden Bilder.
Vor allem für Produktpräsentationen bietet es sich an, die zuvor digitalisierten Videosequenzen nach der Bearbeitung auf dem Videorecorder oder Fernseher auszugeben. Hierfür muss die Videokarte einen eigenen **Video-Ausgang** besitzen. Vorteil ist, dass ein Fernseher wesentlich preisgünstiger ist als ein Grossbildschirm mit entsprechender Diagonale. Darüber hinaus können die Videos auch einem grösseren Publikum über einen Videoprojektor präsentiert werden. Ebenso stellt die Erstellung von Video-Tapes einen interessanten Aspekt dar, zumal die auf dem Tape gespeicherten Daten dann über jeden beliebigen Videorecorder am Fernseher angezeigt werden können.

23.4 Videokonferenzsysteme

Videokonferenzsysteme bekommen eine immer grössere Bedeutung in Unternehmen, da sie eine enorme Kostenersparnis bedeuten können. Kommunikation mit Ton und Bild bedeutet eine leichtere und deutlichere Verständigung zwischen einzelnen und ganzen Gruppen von Kommunikationspartnern. Durch die flächendeckende Verbreitung von ISDN ist es einfach geworden Videokonferenzsysteme aufzubauen. Die meisten heute erhältlichen Systeme beinhalten eine geeignete Grafikkarte, Videokamera, Mikrofon, eine ISDN-Karte sowie die benötigte Software. Durch die ITU-Industriestandards H.323 (LAN), H.320 (ISDN) und T.120 (gemeinsamer Datenzugriff) ist es auch möglich, mit Videokonferenzsystemen anderer Hersteller, die diese Normen beinhalten, zu kommunizieren.

24. Unterbrechungsfreie Stromversorgungen

Unterbrechungsfreie **S**trom-**V**ersorgungen versorgen sämtliche elektrischen Verbraucher mit Strom aus der Batterie, sollte die Netzspannung ausfallen.Ein unerwarteter Netzausfall kann zum Verlust von Daten und Programmen führen und die daraus resultierenden Kosten und Schäden sind unkalkulierbar. Der Inhalt einer Platte kann in einen inkonsistenten Zustand geraten, wenn der Stromausfall während eines Schreibvorgangs stattfindet oder Inhalte von Write-Cache-Speichern nicht vor dem Stromausfall auf die Platte geschrieben wurden. Deshalb ist es wichtig, den Shutdown des Rechners bei solchen Störfällen geregelt durchzuführen.
Bei Netzstörungen sollte man aber nicht nur an Stromausfälle denken, die Probleme können durch verschiedenste Ursachen auftreten und in unterschiedlichen Arten auftreten.

24.1 Probleme, Ursachen und Wirkung

Problem	Ursache	Wirkung
Netzausfall	Unwetter, Transformatorausfälle, Generatorenausfälle, Bauarbeiten	Netzbetriebene Verbraucher fallen aus, Datenverlust
Spannungsunterbrechung	Unwetter, Kurzschlüsse, EVU-Schalthandlungen	Fehlschaltungen, Systemabstürze, Datenverlust
Unterspannung, Überspannung, Spannungsschwankungen	Überlastung des Netzes, Motorenlauf, Verbraucherabschaltung, Motorabschaltung	Hard- und Softwareschäden, Systemabstürze, Undefinierbare Fehlersymptome
Frequenzschwankungen	Dieselgeneratoren	Hard- und Softwareschäden, Systemabstürze
Spannungsverzerrungen	Oberwellen, getaktete Netzteile, Kurzschlüsse, Netzrückwirkungen	Hard- und Softwareschäden, Instabilitäten (Symptome teilweise nicht erkennbar)
Schaltungsspitzen, Transienten	Blitzeinschläge, Gleichrichter, Wechselrichter, Magnetfelder, Transformatoren	Hard- und Softwareschäden, Instabilitäten (Symptome teilweise nicht erkennbar)

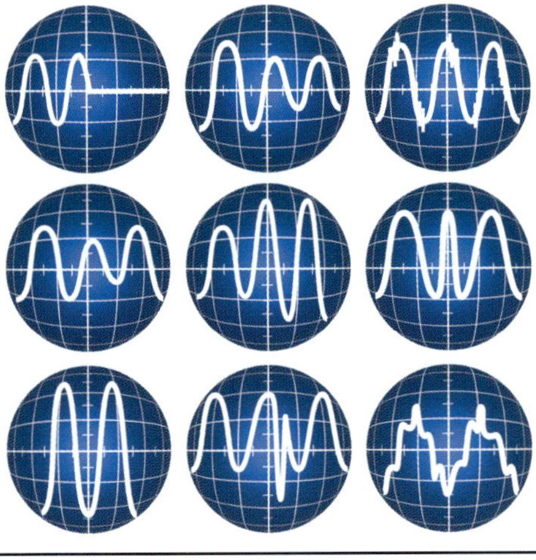

24.2 Technologien

24.2.1 Die Offline-Technologie

Die Verbraucher werden direkt über einen Filter vom Netz versorgt, keine Spannungs- und Frequenzregelung. Die Verbraucher werden nach einer Umschaltzeit von < 10 ms über den Wechselrichter von der Batterie versorgt. Die Offline-Modelle arbeiten also wie ein Notstromaggregat und schalten sich erst dann ein, wenn der Strom ausgefallen ist. Die genannten Umschaltzeiten reichen bei PCs in der Regel aus, ohne dass eine Störung im Rechner auftritt. Bei anderen Systemen hingegen kann schon diese kurze Umschaltzeit zu Datenverlusten führen.

24.2.2 Die Line-Interactive-Technologie

Wie bei der Offline-Technologie werden bei der Line-Interactive-Technologie die Verbraucher über einen Filter direkt vom Netz versorgt, bei dieser Technologie ist jedoch die Spannungsregelung möglich. Durch einen parallel zur Spannungsversorgung der USV geschalteten Regelkreis werden die Schwankungen der Netzspannungen auf einen für den Verbraucher tolerierbaren Wert reguliert und Netzressourcen optimal genutzt, da bei Spannungseinbrüchen nicht gleich auf Batteriebetrieb geschaltet wird. Dies erhöht die Batterielebensdauer. Sollte die Netzspannung ausfallen, werden die Verbraucher nach < 10 ms über den Wechselrichter von der Batterie versorgt. Daher ist auch diese verbesserte Version der Offline-Technologie nicht ausreichend, wenn die angeschlossenen Geräte auf durch das Umschalten auftretende Phasenverschiebungen empfindlich reagieren. Das ist zum Beispiel bei vielen Telekommunikationsanlagen der Fall.

24.2.3 Die Online-Technologie

Mehr Datensicherheit bieten diese Modelle, die allerdings aufgrund der aufwendigeren Technologie normalerweise teurer sind als entsprechende Offline- oder Line-Interactive-Modelle. Die eingehende Netzspannung wird galvanisch getrennt und gleichgerichtet. Die gleichgerichtete Spannung wird geglättet, stabilisiert und wieder in eine saubere Wechselspannung gewandelt. Dieses Verfahren gewährleistet für die angeschlossenen Verbraucher weitestgehende Abschirmung von Spannungsschwankungen, Unterbrechungen, Rauschen oder Spikes. Die Aufladung der Batterie erfolgt während des Normalbetriebs. Fällt das Netz völlig aus, übernimmt die ständig aufgeladene Batterie gleitend und unterbrechungsfrei den Energiefluss zum Wechselrichter. Diese Technologie erzeugt permanent eine völlig neue, netzunabhängige Spannung. Neben den fehlenden Schaltzeiten haben die Online-Geräte also auch den weiteren Vorteil, als Spannungs-Konstanthalter und Netzfilter arbeiten zu können. Nachteilig bei Online-Modellen sind die höheren Energieverluste durch die kontinuierliche Versorgung über den

Wechselrichter. Die hohe Wärmeentwicklung bedingt den Einsatz von Lüftern, was wiederum zu einer höheren Geräuschentwicklung führt und den optimalen Einsatzort der Anlage in Rechnerräumen begründet.
Um die Verbraucher nicht nur unabhängig vom Netz sondern auch von der USV selber zu halten, besitzen die gängigen Modelle einen Bypass. Im Falle eines Wechselrichterdefektes wird die Anlage überbrückt und der Verbraucher wird somit direkt aus dem Netz mit der Energie versorgt.
Zudem verfügen die Anlagen über eine Handumgehung, durch ein einfaches Umlegen eines Schalters ermöglicht diese Einrichtung den Tausch und die Wartung von Batterien im laufenden Betrieb, ohne die Verbraucher zu beeinflussen.
Nochmals übersichtlich im Vergleich dargestellt:

Features	Offline (oder Stand By)	Line-Interactive (oder Delta Conversion)	Online (oder Doppelwandler)
Autonomiezeiten	Einige Minuten	Einige Sunden	Mehrere Stunden
Spannungsregelung	Nur im Batteriebetrieb	Begrenzt	Permanent
Filterung	Begrenzt	Begrenzt	Permanent
Frequenzregelung	Nein	Nein	Ja
Wirkungsgrad	> 98%	> 98%	92% bis 97%
Geräuschentwicklung	keine	keine, bzw.sehr leise	Ventilatorkühlung
Typ. Anwendung		Netzwerkräume	Netzwerkräume, kritische Umgebungen

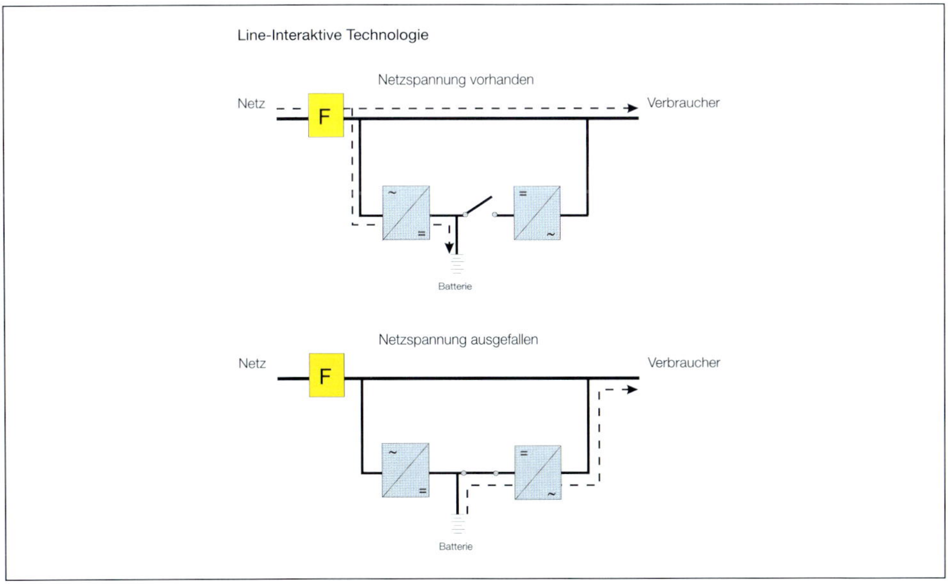

Schaltbild Line-Interactive-Technologie

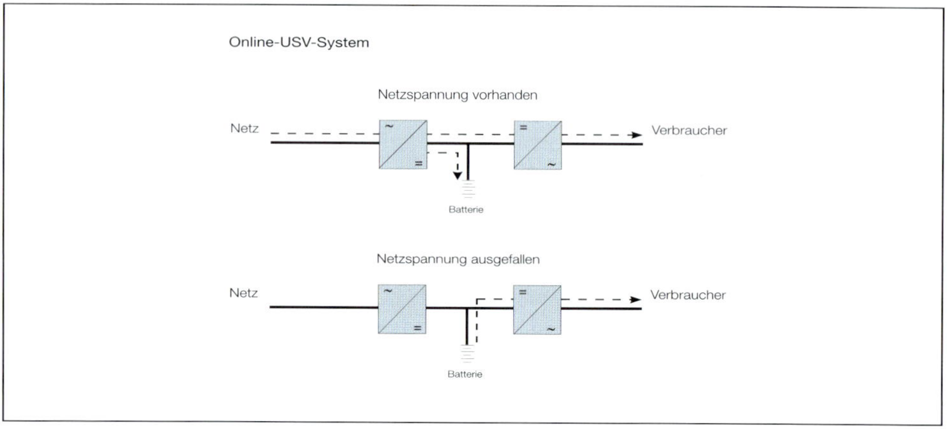

Schaltbild Online-USV-System

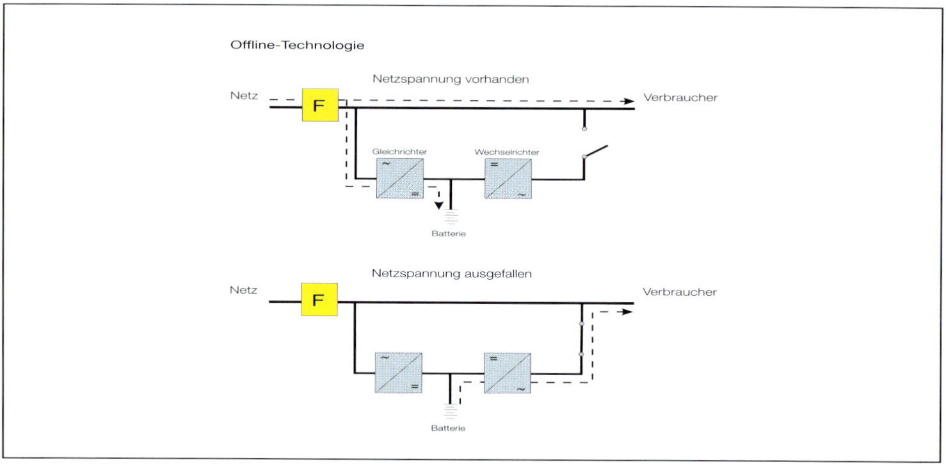

Schaltbild Offline-Technologie

24.3 Dimensionierung

Die richtige Dimensionierung erfolgt nach der auf den Typenschildern angegebenen Leistung in VA (VoltAmpere) oder der Berechnung der Scheinleistung bei nichtlinearen Lasten. Wird auf dem Typenschild die Leistung in VA angegeben, kann die Leistung der einzelnen Geräte einfach addiert werden. Dazu gehören unter anderem auch Bildschirme, Terminals, externe Datenspeicher und Peripheriegeräte. Erfolgt die Angabe in Watt, so muss die Scheinleistung rechnerisch ermittelt werden. Hierzu wird die Angabe in Watt mit einer Konstanten multipliziert. Bei den derzeit üblichen Schaltnetzteilen kann ein Faktor von 1,4 angesetzt werden.

Rechenbeispiel: Typenschildangabe von 150 W
Wert in VA ergibt sich zu 150 * 1,4 = 210

Sind Systemerweiterungen geplant oder abzusehen, sollten diese Komponenten bei der Dimensionierung der USV mit berücksichtigt werden. Generell wird empfohlen, eine Anlage mit 20% mehr Leistung anzuschaffen als aktuell benötigt wird. Übersteigt der Stromverbrauch der angeschlossenen Geräte durch eine nachträgliche Erweiterung die Leistungsfähigkeit der USV, dann kann ein ordentliches Herunterfahren der Systeme nicht mehr gewährleistet werden. Die USV-Anlagen beinhalten einfach ausgedrückt einen Selbstschutzmechanismus, der bei einer zu grossen Überlast die Anlage einfach abschalten lässt, ehe sie dadurch zerstört werden könnte.

Es wird empfohlen, in regelmässigen Abständen die Funktionsfähigkeit der USV mit allen angeschlossenen Geräten zu testen.

Da eine USV in der Regel lediglich eine vorübergehende Sicherung eines Systems ermöglicht, können die angeschlossenen Rechner und Peripheriegeräte nur für kurze Zeit mit Batteriestrom versorgt werden. Diese **Überbrückungszeit** lässt sich so auswählen, bzw. durch Batterieerweiterungssets anpassen, dass Daten wie auch Programme im Falle eines Stromausfalls ordnungsgemäss gesichert werden können. Für kritische Anwendungen, die konstant weiterlaufen müssen, stehen auch Anlagen mit Überbrückungszeiten von mehreren Stunden zur Verfügung.

Wichtigster Bestandteil jeder USV sind die Batterien, deren durchschnittliche Lebensdauer bei 3 bis 5 Jahren liegt und stark von der Batterietemperatur beeinflusst wird. Tests von Herstellern haben ergeben, dass bei einer Erhöhung der Umgebungstemperatur um 5 Grad Celsius die Lebensdauer der Batterie um bis zu 25% sinkt.

24.4 Alarm, Schnittstellen, netzwerkweite Kommunikation

Die Alarmierung bei kritischen Zuständen, wie zum Beispiel einem Stromausfall oder einer Störung der USV selbst, sollte gleichermassen über das Netzwerk, E-Mail, Pager, Fax sowie GSM-Telefone möglich sein. Bei einer Meldung der USV sollte gewährleistet sein, dass vordefinierte Befehle oder Scripts (*.exe, *.bat, *.com, *.cmd, etc.) automatisch ausgeführt werden. Durch vielfältige Kommunikationsoptionen ist der direkte Zugriff (mit userabhängigen Restriktionen) auch über das Internet möglich.
Das Managen einer USV-Anlage ist von jeder Arbeitsstation im Netz möglich. Sind innerhalb eines Netzwerks mehrere USVs installiert, können diese von jedem berechtigten Arbeitsplatz

netzwerkweit administriert werden. Meldungen, durch die USV-Management-Software ausgelöst, können zeitgesteuert an vordefinierte Netzwerkteilnehmer gesendet werden. Diese Meldungen können editiert werden und Änderungen von jeder Arbeitsstation sind sofort aktiv. Somit entfällt ein erneutes Rebooten der Shutdown-Software oder gar des Rechners. Funktionen wie Verändern von Einstellungen, Rebooten des Netzwerkes o.ä. sind passwortgeschützt. Sind mehrere Netzwerkteilnehmer (Server, Workstations, Gateways, Hubs, Router etc.) des gleichen Netzwerkbetriebssystems an eine USV angeschlossen, so kann eine Gruppe erstellt werden. Dies bedeutet, dass ein Rechner seriell mit der USV verbunden ist und als Gruppen-Controller arbeitet. Dieser stellt die USV-Informationen im Netzwerk zur Verfügung. Auf allen weiteren Netzwerkkomponenten ist die Shutdown-Software installiert; die Komponenten sind als Gruppenmitglieder definiert. Deren Verhalten kann jedoch unabhängig vom Controller vorgegeben werden. Somit ist z.B. ein sequentieller Shutdown aller dieser Netzwerkkomponenten gewährleistet.
Ebenso sollte auch der Test aller in einem Netzwerk befindlichen USV-Anlagen durch den Anwender von einer Arbeitsstation aus initialisierbar sein.

Alle Vorkommnisse werden in einer Logdatei gespeichert. Das Führen einer separaten Batterie-Log-Datei ist dabei aufgrund der Wichtigkeit der Batterie als Energiespeicher der USV-Anlage unbedingt erforderlich, um ihren Status eindeutig beurteilen zu können.
USV-Geräte sind in der Regel mit einer RS-232-Schnittstelle und meist auch mit einer USB-Schnittstelle ausgestattet, über die der Anschluss an den Rechner erfolgt. Bei allen USVs ist in der Regel im Lieferumfang eine Management- und Shutdownsoftware für alle gängigen Betriebssysteme enthalten. Updates können kostenlos von der Homepage des jeweiligen Herstellers heruntergeladen werden. Die Installation ist aufgrund der Benutzerführung sehr einfach durchzuführen.

24.5 Shutdown

Ein durch die USV-Management-Software ausgelöster Shutdown beinhaltet folgende Merkmale:
1. Speichern des Cache-Inhaltes auf der Festplatte
2. Speichern des aktuellen Zustandes der offenen Dateien (Windows)
3. ordnungsgemässes Beenden sämtlicher Applikationen
4. Ausführen eventuell hinterlegter Befehle (z.B. Backup durchführen, Datenbank sichern etc.)
5. Durchführen eines ordentlichen Systemabschlusses und
6. Abschalten der USV

Es ist möglich, einen genau festgelegten Ein- bzw. Ausschaltplan für die USV zu definieren.

Notizen